# 東アジア資本主義
# 形成史論

中村　哲著

汲古書院刊

このゼミには経済学部だけでなく、文学部、農学部などからも参加
者が多かった。当時の京大には東アジア経済を研究する講座はなく、
経済学部も東洋経済史の講義は専任でなく、外部からの非常勤講師（中
国農業史の天野元之助氏）であった。そのため私のゼミには東アジア経
済・経済史研究を志す京大の優秀な大学院生が集まったのである。朝
鮮・台湾・旧満州を取り上げていったが、それぞれ専門にしている院
生がいて素人の私の方が教えられることが多かった。議論も活発で活
気にあふれていた。その過程で主題が次第に植民地支配から植民地以
前も含むその国・地域の経済・経済史そのものに変化していった。次
には中国を4年間やった。このゼミは1984年6月まで続いた。私はこ
のゼミを通じて東北アジア各国・地域についての関心を深め、知識を
蓄えるとともに、日本を含めて比較経済史の方法を作っていった。

## 韓国研究者との共同研究

私の東アジア経済史研究の次の転機は1986年の日本・韓国両国研究
者による共同シンポジュウムである。韓国における朝鮮・韓国近代経
済史の代表的研究者である安秉直（ソウル大）、金泳鎬（慶北大）両教授
が日本に滞在されている好機会に、両氏と日本の研究者8人が合宿し
て率直な議論を行ったのである。このシンポジュウムの報告・討論は
中村哲・堀和生・安秉直・金泳鎬編『朝鮮近代の歴史像』（日本評論社、
1988年）として公表されたが、熱のこもった意欲的な内容である（韓国
版は1995年、知識出版社から出版）。

このシンポジュウムを土台にして、日・韓研究者による本格的な共
同研究を計画した。当時は韓国研究者の間には日本に対するわだかま

り、警戒心が強かった。特に植民地期朝鮮を宗主国であった日本の研究者と共同で研究することには拒否感があった。韓国側研究者を説得するために私と堀和生氏が韓国に行き、共同研究に参加してほしい研究者に集まってもらい、共同研究の研究計画、意図、方法などを説明し、韓国側の疑問・質問に丁寧に応対し、何とか積極的にやろうという合意を得ることができた。この時は本当にうれしかった。安秉直氏の積極的意見が韓国側研究者を動かしたこともある。

　1987年10月、日本側8人、韓国側8人で韓国経済史研究会を組織し、その成果を89年に韓国、90年に日本で公表した。中村哲・梶村秀樹・安秉直・李大根編著『朝鮮近代の経済構造』（韓国は比峰出版社、日本は日本評論社）。ついで本格的に資料調査を行い多くの資料を発掘し、それに基づいてメンバーがテーマを分担し、何度も合宿して報告・討論を繰り返した。その成果は工業編・農業編の2冊（中村哲・安秉直編『近代朝鮮工業化の研究』1993年、日本は日本評論社、韓国は一潮閣、宮嶋博史・松本武祝・李栄薫・張矢遠著『近代朝鮮水利組合の研究』1992年、日本は日本評論社、韓国は一潮閣）、として公表した。

　この共同研究で植民地期朝鮮の経済史に対する見方は大きく変わった。その最も基本的な点は、植民地期に朝鮮経済は停滞でも後退でもなく、急激に資本主義化していったこと、それは植民地政府（朝鮮総督府）と日本大資本が主導したが、朝鮮側にも、すでに日本帝国主義の開発政策に対応できる経済基盤（たとえば、小農社会）が成立しており、朝鮮人資本も広範な中小資本の形成・発展があったということである。また、共同研究を通じて日・韓両国の研究者の間に信頼感・友情が育っていった。

序　言　　　　vii

　なお、この共同研究に対してトヨタ財団から88〜90年に相当多額の
研究助成を受けた。それがなければ、かなりの規模の現地調査を含む
共同研究は不可能であった。


## 台湾・韓国の研究者との共同研究

　韓国との共同研究が成功したので、次に台湾を加えた共同研究を計
画した。

　1980年代には台湾はまだ国民党支配の時代で、台湾政府が中国の正
統な政府だという建前であり、台湾はその一つの省に過ぎないとされ、
また、台湾人の大半を占める本省人（戦前から台湾に住んでいる人とその
子孫）に反国民政府感情が強かったため、国民政府によって台湾史の
研究は抑圧され、台湾史を研究すること自体が反政府的な行為だとみ
なされていた。大学にも台湾史のポストはなく、歴史教科書の自国史
は大陸中国の歴史で、台湾史ではなかった。当然、台湾史研究者はほ
とんどおらず、台湾との共同研究は不可能だった。

　そんな状況が80年代末から急速に変わり始めた。経済の発展と社会
構造の変化を背景に政治の民主化が進み始め、李登輝氏が総統になる
とそれが加速した。台湾史研究が始まり、90年代後半から一挙に進ん
だ。

　ようやく台湾との共同研究の条件ができたので、1999年から3年間
科学研究費の交付を受けて日・韓・台の研究者10人（日4、韓・台各3）
による共同研究を行った。台湾研究者の石田浩氏（関西大）に加わって
いただいた。共同研究は三国の相互関係と植民地期朝鮮・台湾の比較
を中心にした。その成果は堀和生・中村哲編著『日本資本主義と朝鮮・

台湾──帝国主義下の経済変動』（日本版　京都大学学術出版会2004年、台湾版　博揚文化事業2010年）。

　台湾人の台湾研究の盛り上がりは激しく、若い人、例えば修士論文に優れた台湾史研究が出され、台湾の大学に次々と台湾史のポストが置かれた。ただ、台湾人による台湾史研究はまだまったくの揺籃期で研究関心も台湾史に限定され、朝鮮との比較には関心が低かった。共同研究でも、韓国人研究者は既に比較史の方法に習熟し、植民地期朝鮮と台湾の比較を中心に据え、台湾人研究者は植民地台湾の研究に集中するという傾向の違いが出たのはやむを得なかった。

## 中国・韓国・台湾の研究者との共同研究

　中国との共同研究は、長年の懸案だったが、なかなか実現しなかった。個人の研究・調査は何回もしたし、中国研究者との国際シンポジュウムも何回かしたが、国際共同研究はいろいろな障害があり、ようやく2004年に鹿児島国際大学の強い援助があって実現した。「東アジア資本主義形成史」というテーマで、日本7人（内鹿児島国際大4）、韓国・台湾各2人、中国1人、計12人の体制で3年間、順番に4か国で年2回数日の合宿研究会を行い、その後全員で調査旅行をした。費用は全額鹿児島国際大が出してくれた。研究会は活発で、相当強行だったが、成果は毎年公表された。『東アジア近代経済の形成と発展』日本評論社、2005年、『1930年代の東アジア経済』日本評論社、2006年、『近代東アジア経済の史的構造』日本評論社、2007年。このうち『東アジア近代経済の形成と発展』と『東アジア近代経済の史的構造』は、中国（人民出版社、2005年、2007年）、韓国（一潮閣、新書院、2005年、

2007年）、台湾（中央研究院人文社会科学研究中心、2005年、2007年）でも
公表した。

　私も76歳となり、前年に鹿児島国際大を退職していたので、私が中
心になって組織した国際共同研究はこれで終わった。


## 国家・財政に関する東アジア・西ヨーロッパの比較

　しかし、もう一つ仕事が残っていた。私の東アジア経済史研究は、
15〜18世紀には東アジアと西ヨーロッパはほぼ並行的に経済発展した
という説だが、19世紀に西ヨーロッパが産業革命によって世界資本主
義の形成を主導したのに対し、東アジアは逆にその世界資本主義に受
動的に組み込まれた。この違いの原因は何か、という課題である。こ
の問題の鍵は経済内部ではなく国家の在り方にあると以前からみてい
たが、研究したことはなかった。そこで不十分ながら、「近代移行期
（17〜20世紀初）における東北アジア（中国・日本・朝鮮）経済の特徴——
国家・財政を中心とする西ヨーロッパとの比較」（『新しい歴史学のため
に』267号、2008年1月）を書いた。

　本書の構成はほぼこれで出来上がった。


## 比較の座標軸としてのメキシコ

　もう一つだけ付け加えたい。1990年3〜4月に約1か月メキシコの
名門大学エル・コレヒヨ・デ・メヒコ（日本ではメキシコ大学院大学と言
われている）に招かれて、日本・韓国経済の講義をした。このときメキ
シコ資本・外資系の会社・工場、近代的大農場（ラティフンディオ）、
小農（ミニフンディオ）、それにインディオの2つの村を精力的に見て

回った。その他の調査や経験も加えて総合的に見ると、東アジアとの異質性が強く印象付けられた。東アジアの知識と関連づけると、中小零細企業が少なく、弱く、大企業（国営・外資が多い）の力が圧倒的に大きい。もう一つは農業における大土地所有・大経営の発達と小農の経営能力の低さ。それとも関連するが、分断された階層社会である（最上層は白人、中間層は多種・多様なメスティーソ〈白人、インディオ、黒人などの混血〉、最下層にインディオで貧富の格差もほぼそれに比例している）。

　この短い滞在の体験では危険かもしれないが、私は東アジアを見る場合、西ヨーロッパ（イギリスとドイツに各1年滞在）とメキシコを一方に置いて見ると、割合客観的になるように思っている。この3者はそれぞれ独自のタイプの社会・経済なので、東アジアと西ヨーロッパの2者比較よりもずっと客観性をもつのである。


（付記）

　メキシコの社会・経済については、「日本の資本主義化と中小工業——日本資本主義形成の一特質」（後藤靖編著『近代日本社会と思想』吉川弘文館、1992年、のち中村哲『近代東アジア史像の再構成』桜井書店、2000年所収）に日本との比較を一部行っている。また、メキシコ滞在中は毎日、日記をつけていた。内容的に興味あるものなので、何らかの形で公表したい考えをもっている。

# 目　　次

序　　言 ……………………………………………………………………………… i

第Ⅰ編　総論 ……………………………………………………………………… 3

第1章　東アジア資本主義形成史序説 ……………………………… 5

　　はじめに──分析視角 …………………………………………… 5

　1．第1段階（萌芽期）──16〜18世紀 ……………………… 7

　2．第2段階（形成期）──19〜20世紀前半 ……………… 20

　3．第3段階（確立期）──20世紀後半〜21世紀 ………… 33

第2章　東アジア資本主義研究の課題 ……………………………… 41

　　はじめに …………………………………………………………… 41

　1．東アジア資本主義論・アジアNIEs論の今日 ………… 42

　2．世界資本主義の発展段階 ……………………………… 45

　3．東アジア資本主義形成の内的諸条件 ……………… 49

　　あとがき …………………………………………………………… 63

第3章　現代の歴史的位置 ……………………………………………… 65

　1．現在、世界で起こっている重要な変化 …………… 65

　2．資本主義の終焉についての考え方 ………………… 69

　3．資本主義の成熟 ……………………………………… 73

　4．人間の再生産とその社会化 ………………………… 77

　　おわりに …………………………………………………………… 83

# 目　次

第Ⅱ編　小農社会・複線的工業化・中進国型帝国主義日本 ……… 95

第4章　小農社会と複線的工業化 ………………………………… 97

　　はじめに ………………………………………………………… 97

　1．小農社会 ……………………………………………………… 98

　2．複線的工業化 ……………………………………………… 103

　3．1930年代東アジアの工業化と貿易——転換期 ………… 106

　　まとめ ………………………………………………………… 112

第5章　小農経営の比較史的検討——日本・朝鮮・台湾—— ……… 115

　　はじめに ……………………………………………………… 115

　1．労働力 ……………………………………………………… 116

　2．多角化・複合化 …………………………………………… 118

　3．商品化・集約化 …………………………………………… 119

　4．経営規模別構成 …………………………………………… 122

　5．地主制と小作料 …………………………………………… 124

　　まとめ——いくつかの論点 ……………………………… 126

第6章　転換期の1930年代東アジア …………………………… 135

　　はじめに ……………………………………………………… 135

　1．研究の視角——両大戦間期を19世紀資本主義から
　　　20世紀資本主義への過渡期・移行期と捉える ………… 136

　2．1930年代を中心とする東アジアの工業化と貿易 ……… 138

　3．中進国型帝国主義としての日本 ………………………… 147

　4．1930年代における東アジア国際経済関係 ……………… 152

目　次　　　xiii

第Ⅲ編　東アジア三国（中国・日本・朝鮮）の
　　　　18世紀における分岐と「源蓄国家」の不在 …………… 161

第7章　東アジア三国経済の近世と近代（1600〜1900年）…………… 163
　　はじめに ………………………………………………………… 163
　　1．小農社会の成立と発展 ……………………………………… 164
　　2．東北アジア三国（中国・日本・朝鮮）の分岐 ………… 172
　　3．支配体制と財政の類型的差異 ………………………… 180
　　おわりに──東北アジア工業化への展望 ………………… 186

第8章　「源蓄国家」の不在──西ヨーロッパとの決定的差異 ……… 203
　　はじめに ………………………………………………………… 203
　　1．東北アジア三国（中国・日本・朝鮮）の国家財政（17〜19世紀）
　　　　………………………………………………………………… 204
　　2．西ヨーロッパの国家財政（16〜18世紀）………………… 211
　　3．東北アジア三国（中国・日本・朝鮮）の
　　　　近代国家への移行と財政 ………………………………… 213
　　4．主要な結論　近代移行における国家・土地所有・経済の類型
　　　　──東北アジアと西ヨーロッパ── ………… 217

あとがき ……………………………………………………………… 235

事項索引 ……………………………………………………………… 243

東アジア資本主義形成史論

# 第Ⅰ編　総　論

# 第1章　東アジア資本主義形成史序説

はじめに──分析視角

　東アジア資本主義に対する評価がたえず揺れ動いている原因は、私見では、（1）理論と現実のミス・マッチ、（2）歴史的研究の遅れ、にある。

　（1）現在、世界のなかで、資本主義経済圏は、EUを中心とするヨーロッパ、北アメリカ（NAFTA）そして東アジアである。東アジアはその歴史や社会のあり方が欧米とはかなり異なり、そのために資本主義のあり方も欧米とは相違する面が多い。経済学、広くいえば社会科学は欧米で成立し、発達してきた。そのため、どうしても欧米中心主義的な偏り・歪みがある。その理論では東アジアの社会・経済をうまく説明できないことが多い。日本の経済学・社会科学は、いまだに輸入学問的な性格を残している。東アジアの現実を十分に調査・分析し、それを理論化する努力を積み重ねなければならない。

　（2）東アジア経済は、急速に発展し、また、変化が激しい。研究はその変化を追いかけることに努力を費やしてきた。歴史的な研究、特に戦後、20世紀後半の東アジア経済を歴史的な観点からとらえる研究が非常に不足している。すでに、戦後も50年以上経っているのであり、それを歴史的な分析の対象としなければならない時期にきている。

　以上のような考え方に立って東アジア資本主義を歴史的にとらえてみたい。ただし、戦後の歴史的研究については、まだ今後の課題である。

最近、10～15年くらいで東アジアの経済史研究は、実証的・理論的にかなり進んできた。本章ではそれらの研究成果を吸収して、16世紀から20世紀前半期の東アジア資本主義の形成についての見とおしを立てたい。

なお、従来、東アジアとは、中国、日本、韓国・朝鮮、台湾などを含む地域を指す場合が多かったが、私は、東アジアを東南アジアを含む地域名称とし、従来、東アジアといわれてきた地域を東北アジアという。最近、東北アジアと東南アジアの政治的・経済的関係が強まり、一つの経済圏を形成しており、今後ますます、その傾向が強まると考えられるし、また、最近の研究の進展により、歴史的にも東北アジアと東南アジアの関係が、従来考えられてきたよりも強いことがわかってきた。

念のために付け加えると、東アジアは日本を含む地域概念である。一般に東アジアというと日本を除いた東アジア地域を指す場合が多い。日本人がそのような認識をもつのには、さまざまな原因がある。日本が経済的に先進国で、それ以外の東アジア諸国が発展途上国であること（現在はそうではなくなりつつある、たとえば、韓国、台湾は先進国化している）、近代東アジアの歴史を日本帝国主義と半植民地（中国）・植民地（朝鮮、台湾など）あるいは占領地（東南アジア）との対立という枠組みでとらえる考えが有力であること、日本人の欧米志向（脱亜意識）、学問分野が日本とそれ以外の東アジアとに分かれていて、その間の研究交流があまりない、歴史教育も日本史と世界史に分かれ、世界史は事実上日本を含まない他国史であり、その他国史は西ヨーロッパ中心で、東アジアの記述が少なく、断片的であること、などなど。しかし、日本は東アジアのなかで歴史を形成してきたし、他の東アジアの側からみても、日本を除いてその歴史を理解することは困難である。意識的・無意識的に日本を除いて東アジアを考える、あるいは日本を東アジアにとって外在的なものとしてとらえる思考様式が日本人の

東アジア理解を歪めてきたのである。日本を含め、東アジアを相互依存的・相互補完的で連関性を持つ全体として把握する理論と方法をつくっていかなければならない。

## 1. 第1段階（萌芽期）──16〜18世紀

### 新しい世界史の見方

　これまでの近代資本主義成立史の通説的な見方は次のようなものであった。すなわち、近代資本主義は16世紀に西ヨーロッパで発生し、東ヨーロッパとアメリカ大陸を従属的に組み入れ、18世紀末からのイギリス産業革命を画期として、アジア、アフリカをも含みこんで、地球的規模における世界的システムになった、というものである。最近の I. ウォーラーステインの世界システム論にいたるまで、基本的枠組みは共通している。しかし、これはヨーロッパ中心史観に基づいた見方である。

　それに対して、梅棹忠夫氏は、『文明の生態史観』（中央公論社、1967年、最初に考えを発表したのは1957年）で、ユーラシア大陸の文明は、隣接する乾燥地帯の遊牧民の破壊にさらされ、専制帝国の建設と破壊がくり返されたが、その周辺に位置した日本とヨーロッパは、乾燥地帯から遠く離れ遊牧民の侵入と破壊からまぬかれ、順調な発展を遂げて近代文明を生み出したとした（図1の太線の間の中央ユーラシアが、乾燥地帯とそれに隣接する文明地帯）。生態史観[1]という独自の理論から、日本、西ヨーロッパ並行発展説を打ち出したのである。その説を、人間の歴史に果たす海の役割をとり入れて、川勝平太氏が修正した（川勝平太『文明の海洋史観』中央公論社、1997年）。

　これは新しい理論・枠組みによって、ヨーロッパ中心史観を否定し、西ヨーロッパ・日本並行発展説を提唱したすぐれた考えであると思うが、な

**図1　中央ユーラシア**

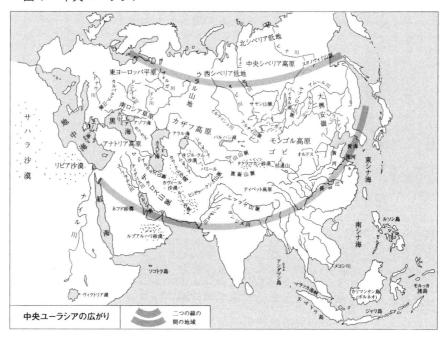

出所）杉山正明『遊牧民から見た世界史——民族も国境もこえて——』日本経済新聞社、1997年

お、問題も多い。一つは、西ヨーロッパと日本を同等に扱っている点であり、日本と他の東北アジアを切り離して、日本を他の東北アジアとは異質な地域であるとした点である。自然的・歴史的・文化的にみて、日本だけでなく中国中・南部沿海地域、韓国（朝鮮南部）を含む地域、つまり環黄海・日本海・東シナ海地域を考えるべきである（図1をみても、中央ユーラシアの東の端の沿海部が中国中・南部沿海地域、韓国（朝鮮南部）、日本であり、中央ユーラシアの西の端の沿海部が西ヨーロッパである）。もう一つは、生産力の発展、とくに小農社会の成立を重視する必要がある。文明論的な歴史観は、経済的要因として交換・流通を重視する傾向があるが、交換・流通を

### 図2 モンゴル帝国

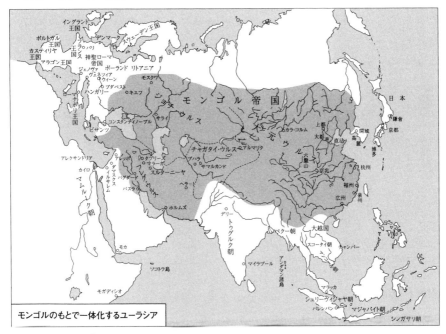

モンゴルのもとで一体化するユーラシア

出所）杉山正明『遊牧民から見た世界史——民族も国境もこえて——』日本経済新聞社、1997年

生産と結びつけて考えなければならない。

## モンゴル帝国の成立とユーラシア大交易圏の成立

　13世紀後半のモンゴル帝国の成立は、ユーラシアの大部分が政治的に統一されるという、歴史上初めての事態の出現であり、モンゴル帝国は領域内の通商の自由・交通の安全を保障したのでユーラシア全域の交易が急激に発達した（図2）。とくに、1279年、南宋を滅ぼし、豊かな江南を支配に収め、陸上だけでなく海上交通もインド洋と南シナ海を通じてユーラシア東西をつないだ。船による水上輸送は陸上輸送よりもはるかに大量輸送が

可能であった。フビライの死（1294年）以後の内乱が終わり、帝国東西の和合が成立した1305年からの14世紀前半がユーラシア広域交易の全盛期であった。

　モンゴル帝国の財政はムスリム官僚が担当し、極端に流通主義的であった。中央政府収入の80％以上が塩の専売利益であり、10〜15％は商税であった。土地からの税収は地方財政に当てられた。塩税、商税は銀で支払われた。ユーラシア広域通商の担い手も、ムスリム商人であり、交換手段は銀であった。

　このユーラシア大交易圏の成立による商品経済の発達と小農社会の成立とが結びついた東北アジア沿海部と西ヨーロッパにおいて資本主義の最初の萌芽が形成されたと考えられる。


## 小農社会の成立

　小農社会とは、単婚小家族（一組の夫婦とその子供を中心とする小家族）の農民が主として家族労働のみによって、独立の農業経営を行なう小農が支配的存在であるような社会である。農業における単婚小家族の経営は、原始社会の解体以後世界的に存在するが、経営的に不安定であり、農業経営において支配的存在ではなかった。経営的に安定していたのは何らかの形で他人労働を導入した比較的大きな経営であった。たとえば、領主的な経営、家父長制的奴隷制経営、雇農を雇う上層農民など。経営的に自立し、安定的な経営を行なう小農が形成され、それが農業経営において支配的な存在になるためには、社会的分業と農業生産力の発達が必要であり、歴史の一定の段階であり、かなり新しい時代である。小農社会が成立したのは世界のなかでも15・16世紀の東北アジアと西ヨーロッパであり、その他の地域では、自立的・安定的小農の形成はもっと遅れるか、あるいは形成さ

れなかった[2]。

なぜ、東北アジアと西ヨーロッパで、15・16世紀に小農社会が形成され
たか、その原因は複雑であるが、モンゴル帝国によるユーラシア大交易圏
の成立とその14世紀後半の崩壊、これもモンゴル帝国が成立し、人の長距
離移動がはげしくなったことによる14世紀後半からユーラシア全域に広が
ったペストの大流行、それによる人口の激減（ヨーロッパは人口の3分の1
が消滅し、中国の人口は半分になった）、15世紀半ばにユーラシア全域を襲っ
た気候変動による凶作・飢饉、貨幣素材の深刻な不足（「金銀荒」「銭荒」）
と商品経済の後退、戦争、反乱、農民の蜂起、その他の条件によって、旧
来の支配体制が解体、あるいは弱体化し、農民の立場が強化され、その地
位が向上したことによると推測される[3]。14世紀から15世紀にわたる大変
動を経験した全ユーラシアのなかで、東北アジア沿海部と西ヨーロッパだ
けがこの危機のなかから新しい社会体制（小農社会）を成立させたのであ
る。その歴史的前提として、両地域における長期にわたる農業生産の発達
と農村社会の組織化（村落共同体の発達や局地的市場圏の形成など）があった。

## 環シナ海交易圏の成立

モンゴル帝国の経済を生産面で支えたのが長江下流域の江南であり、杭
州、蘇州、寧波などの大都市（杭州は人口100万を超え、世界最大）を初め都
市が発達し、農村の商品経済化を促進し、局地的市場圏（定期市を数個含
み、住民が自分の住居から1日で往復できる地理的範囲であり、人口は数千人から
1万人程度で、住民の日常的生活圏であった）を結ぶ交易ネットワークが発達
する。この交易ネットワークの網の目は、さらに中国沿海部、日本、朝鮮、
琉球、東南アジア諸地域に広がり、環シナ海交易圏（東・南シナ海だけでな
く日本海、黄海から東南アジアのジャワ海、バンダ海を含む）が成立する。この

交易圏は、農村の小農経営の発達を基礎にその多様な生産物を含む点で、それまでの交易圏よりも発達した性格をもち、小農からその生産物を集荷する在地小商人、定期市や農村小都市で在地商人から商品を買い入れる遠隔地商人、さらに交易の中心地の国際的取引を行なう大商人というネットワークが成立した。

　この環シナ海交易圏に16世紀に銀が交換手段として導入される。しかし、農村の局地的市場の交換手段は銅銭であり、銀ではなかった。むしろ小農経済の発達に伴う農村の貨幣需要の増大によって従来の商品貨幣（その土地における交換量の多い商品で、米や布）に代わって銅銭の使用が増加した。小農の零細な取引には高価な銀は適当でなかったし、農業の季節性によって農村の貨幣需要の変動が大きいので、遠隔地取引用の銀では対応しにくかった。農村には、貨幣需要のピークをまかなえる銅銭が蓄蔵され、需要のないときは個別の農民に分散して蓄えられたのである。遠隔地から買い付けにくる商人は、高額貨幣である銀を現地の農民の使用する少額貨幣である銅銭に交換しなければ買い付けができず、遠隔地間（国際交易だけでなく、国内でも遠距離で、大量な取引）に使用される銀と局地的に使用される銅銭とに貨幣市場が分断される傾向があった（銀と銅銭は代替的ではなく補完的である）。


## 環シナ海交易圏の発達と銀経済

　16世紀、とくにその後半以降、アジアの物産（香辛料、絹、綿織物、陶磁器、茶など）を求めて、西ヨーロッパ勢力が参入してくる。その対価には銀が使われた。東アジアでは、とくに1570年代からアカプルコ―マニラ経由で直接、南米銀がもたらされ、ついで日本銀の生産が急増して、大量の銀が東アジア交易に投入された。交易量も急速に増大し、16世紀末から17世

第1章 東アジア資本主義形成史序説　　　13

図3　日本人南洋移住考定図

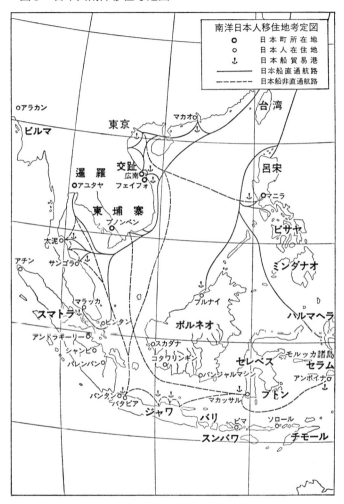

出所）岩生成一『続南洋日本町の研究』岩波書店、1987年

紀前半に環シナ海交易圏は全盛期を迎える。日本人もこれに積極的に参加した。朱印船を初め多くの船が交易に従事し、渡航者は数万人を数え、東南アジア各地に日本人町がつくられた（図3）。

環シナ海交易圏は、それまでの中国を中心とする東アジア国際秩序である冊封・朝貢体制[4]からは自立した、自然発生的な交易圏であり、国家の規制からはかなり自由な市場であった。浜下武志氏は、この時期の東アジアの交易システムを朝貢貿易体制ととらえるが、朝貢・冊封体制は、東アジアの政治秩序ではあるが、経済的には国際交易の一部を占めるにすぎず、政治秩序としてもきわめてゆるやかなもので、多分に形式的・儀礼的なものであった[5]。

　西ヨーロッパ勢力は、絶対主義国家を後ろ盾とする組織的貿易勢力（国家・王室が直接運営するか、オランダ、イギリスの東インド会社のように国家から特権を与えらえた特許会社）であり、彼らは集中した国家権力をバックにした組織的勢力であるという点で、それまでの環シナ海交易圏の参加者とは異質であったが、環シナ海交易圏の主導権を握ったわけではなく、新規参入者であった。

## 技術移転と輸入代替

　環シナ海交易圏の重要な役割に、中国から周辺への技術移転がある。技術移転によって周辺諸国・諸地域の生産力が上昇し、中国との経済格差が縮小ないし解消した。また、域内の国際分業を発達させ、環シナ海交易圏の発達を促進した。中国から周辺部への技術移転には二つのタイプがある。

①　中国商人が中国内の生産を国外に移転する場合である。たとえば、シャム（暹羅）の造船業は17世紀に始まり、つくられた船は中国に輸出されたが、造船に適したチーク材に注目した中国商人が中国から職人を連れて行き、生産したのである。シャムでは19世紀になっても、中国移民の職人が造船、鉄釜製造、大工職などで優位を占めた。ジャワの甘蔗栽培、砂糖製造は中国移民によって開発され、発達した。こ

のタイプの技術移転は、東南アジアにおいて一般的な形態である。

②　周辺諸国・諸地域が主体的に導入した場合。日本が代表的であり、琉球もある程度行なっている。日本では、綿花、綿織物、高級生糸（白糸）、高級絹織物、磁器、茶、砂糖、タバコ、などは、中世末、近世初期には輸入品であったが、近世に国産化され（輸入代替）、それによって日本人の生活様式が大きく変わった。さらに、幕末開港以後、生糸、茶等が日本の主要輸出品となった。鎖国を行なうことができたこと自体、輸入代替の進行があったからである。また、日本の技術導入の大きな特徴は幕府（中央政府）が貿易赤字による貨幣素材（金・銀・銅）の大量流出を食い止めるための政策であったことである。つまり、明確な輸入代替政策であったのである。

中国からの先進的技術の導入に最も熱心であったのは日本である。16世紀後半からの日本の銀生産の急増も、1533年に朝鮮経由で中国の灰吹き精錬法が導入されたからであり、最大の輸入品であった白糸（中国から輸入された高級生糸）の国産化は、1685年の幕府の白糸輸入制限令によって開始され、18世紀中ごろに自給を達成する。綿花、綿織物は15世紀末に国産化が始まり、16世紀に戦国大名が戦略物資として、争って生産を奨励し、17世紀初めには自給を達成した。砂糖はやや遅れるが、18世紀はじめ、幕府が砂糖輸入の削減のため国産化奨励策をとり、19世紀に入って自給を達成する。陶磁器は16世紀末の朝鮮出兵のとき、参加した諸大名が職人を連れて帰り、領内で生産させて高級陶磁器が各地でつくられるようになった。とくに有名な伊万里焼（現在の有田焼）は、この朝鮮の技術と、長崎経由で導入された中国の明代の新技術（万暦赤絵）が総合されて成立した。伊万里焼は成立してまもなく明清交替時の中国の混乱による景徳鎮などの磁器産地の衰退に代わって、オランダ東インド会社によって大量に西ヨーロッパに

輸出されている（オランダでは磁器をイマリという）。

　琉球では、1623年、政府の役人が福建から製糖技術を導入し、17世紀中期に政府は砂糖専売制を実施している。

　また、日本は17世紀前半に、幕府が国際的貨幣流通から独立した統一的な貨幣制度をつくることに成功した（金・銀・銅の三貨制）。大きい藩（半独立国家）では、藩札の発行や専売制を行ない、近世後期には重商主義的政策をとった。この政策は、幕藩体制の統一性を弱め、幕府と対立することが多かったが、領内の経済発展を刺激し、領内商業資本の発達、金融制度の整備、資本蓄積を促進する役割を果たした。日本が東アジアで最も早く資本主義化する条件となる。

## 東北アジアにおける小農経営の特徴

　東北アジアは西ヨーロッパと並んで世界のなかでも小農経営が最も発達した地域であるが、両地域の小農経営のあり方はかなり異なる。それは基本的に農法の違いに規定され、中耕農法と休閑農法の違いである[6]。農法の差異は主として気候条件によって規定される（飯沼二郎『農業革命の研究──近代農学の成立と破綻──』農山漁村文化協会、1985年）。東北アジア、特にそのモンスーン地帯（ほぼ環シナ海交易圏）は夏に高温多湿であり、作物の生育は旺盛であるが、雑草も繁茂する。雑草を駆除しないと作物は雑草との競争に負けて収穫が激減してしまうが、除草をよくすると作物の収穫は飛躍的に増加する。作物が生育している耕地で除草しなければならない、つまり中耕除草なので、除草は人間が手で行なわなければならない。そのため、きわめて労働集約的となり、家族労働による経営面積は小さくなるが、土地生産性はきわめて高い。

　西ヨーロッパ（アルプス以北）は、夏に気温はそれほど高くならず、雨量

も多くない。そのため雑草が繁茂しないので、3年に1回耕地を休閑して雑草を駆除すればよく、作物の生育していない耕地の除草であるから、馬や牛で牽引する犂で休閑耕を行なった。この方法は除草労働が比較的少なくてすむので、同一労働で東北アジアよりも広い面積の経営が可能である。しかし、単位面積当たりの作物の収穫量は東北アジアよりはるかに少ない。しかも冬寒冷のため一年一作しかできない。相対的に大面積経営になるため、耕起も畜力耕になり、農業において耕種とともに牧畜が重要性をもつ。東北アジアでは経営面積が小さく人力耕が多いので牧畜が発達せず、耕種中心の農業である。

## 東北アジア小農の多角的・複合的発展

　農耕は気候と作物の生育に規定されて季節性が大きく、労働需要もそれに伴って年間を通じて大きく変動する。それに比べると牧畜は労働需要の季節的変動がはるかに小さい。そのため、耕種中心の東北アジアの小農は、経営を発展させるうえで、労働需要の年間を通じての変動を小さくし、なるべく平均化することが決定的に重要である。労働の季節性の異なる作物を組み合わせ、二毛作、三毛作を行ない、稲作でも早稲、中稲、晩稲を栽培したり、各種商品作物を栽培する、さらに農閑期には農産加工業を営むなど、労働需要の季節差を小さくし、同一労働力で経営の総生産物を増加させる必要があった。

　東北アジアでは、小農経営の発達は労働集約的な多角化に向かい、さらに、小農が余剰労働力を使って収入を増やそうとすると、兼業化に向かうことになる。農業のかたわら副業として商工業、サービス業、賃労働などに従事するのである。そして、個別経営が年間を通じて、各種の、季節によっても異なる労働を複雑に組み合わせて、経営としての効率性を高める

ためには、家族労働力が最も適合的な労働力である。

東北アジアにおいて、小農社会が最初に成立したのは15世紀、長江下流域の江南であったと考えられるが、小農社会が最も発達したのは、17世紀末〜18世紀の日本であった。その重要な条件は、中国から先進技術を導入したことである。江戸時代の小農の兼業のなかでも最も主要なものは、綿工業と絹工業であり、両者とも15〜18世紀に中国からの技術導入によって成立・発展したことからも理解されよう。小農経営が比較的安定的に成立し、永続性をもつようになると、経営体としてのイエの存続が重要となり、イエの存続を願う祖先崇拝が成立する。また、複雑な各種の労働を統合し、年間を通じて効率的・合理的経営を行なうためには、計画を立て、家族労働を指揮・監督する経営機能が重要性をまし、それをになう家長の権限が強化され、家父長制が発達することになる。家父長制、イエの存続、祖先崇拝などは、支配階級のなかではそれ以前から存在していたが、小農社会では一般庶民にまで広がり、社会の普遍的な制度、観念になった点で画期的であった。それとともに勤労倫理が庶民のなかに浸透した[7]。

## 農村工業の発達

このような小農経営の多角的・複合的発展のなかから農村工業が発達してくる。農村工業が発達するのは、世界のなかでも西ヨーロッパと東北アジア、とくに日本であった。しかし、西ヨーロッパにおける小農経営の発達は、東北アジアのような兼業化、複合経営の発達という形態ではなく、むしろ専業化、農工分離の方向をとった。労働粗放的であった西ヨーロッパ農業では、生産性を高めるために経営面積の拡大が進み、農業（牧畜を含む）に専業化する地域と農業に適さないため農業を兼ねながらむしろ工業に主力を移していく農村工業地帯に地域的分化が進んだのである。西ヨー

ロッパの農業は、一年一作しかできなかったし、耕地強制を伴う村落共同体が強固であったことも、小農経営の多角的・複合的発展には不利であった。

　農村工業の発達は、東北アジアでは農家兼業、経営内分業の高度な発達という形態であり、西ヨーロッパでは農工分離、社会的・地域的分業の発達という形態をとった。このような違いは、従来は発展の程度・段階の違いと考えられることが多かったが、以上のように考えると、むしろ類型的な差異であると考えるのが適当であろう。

　東北アジアのなかでも日本は農村工業が最も発達し、18世紀末・19世紀初に初期資本主義の段階（プロト工業化段階）に達していた。初期資本主義段階とは、自給的な、あるいは単純商品生産的な小経営の広範な展開のなかで、資本制的家内工業（問屋制家内工業）を中心とし、小資本家経営（小経営に少数の賃労働者が導入された経営）、マニュファクチュアが加わる初期資本主義的経営が発達する農村工業の段階である。この段階まで農村工業が発達していたことが、幕末開港以後、早期に資本主義化する一つの基礎条件になった（以上の点については、中村哲『日本初期資本主義史論』ミネルヴァ書房、1991年を参照）。


**なぜ東アジアの資本主義の萌芽は本格的な資本主義に発展しなかったのか**

　結局それは、国家権力の集中の度合いと強さにある。もともと封建社会であった西ヨーロッパでは、封建領主（地方権力）の自立性が強く経済の発達とともに、その成果を吸い上げて権力の強化が進み、絶対王政が成立して国家間競争が激しくなり、国内経済の統合、国家財政の膨張、国債の発行、遠隔地交易の国家による推進・統制、軍事力の強化が進む。東アジアでは、中華帝国体制が存続し、国家間競争はなく、国民国家の形成、国家

財政の膨張・国債の発行もなかった。むしろ、17世紀後半以後、日本、朝鮮の鎖国（国際交易の国家による管理・統制）、東南アジアの植民地化の進行により、環シナ海交易圏は衰退に向かう。日本は国内的には封建社会であり、とくに15・16世紀に封建領主の権力集中が急速に進むのであるが（戦国時代）、国際的条件に規定されて幕府による全国的な権力集中と国民国家形成は遅れた。この違いが資本主義形成の速度に決定的な影響を与えたのである。東アジア資本主義は、萌芽の段階から次の段階に発展するのではなく、19世紀に欧米主導の世界市場に組み入れられ、それに規定されてつぎの発展を開始するのである[8]。

## 2．第2段階（形成期）——19〜20世紀前半

### 欧米主導の東アジア市場の再編成

18世紀末から19世紀初めにかけてのイギリス産業革命を起点として、世界経済は新しい段階に入っていくが、イギリスを中心とする19世紀的産業資本主義が、世界経済を一応統合するのは19世紀中期である。資本主義が地球規模の世界体制になるのである。東アジアにおいては、東南アジアが19世紀にシャム（現タイ）を除いてヨーロッパの植民地になり、フィリピンは19世紀末の米西戦争の結果スペインからアメリカの植民地になった。シャムも1855年に不平等条約を結ばされ、1893年に保護国であったラオ族三王国をフランスに奪われた（現ラオス）。東北アジアは、1840年のアヘン戦争に中国が敗北し、南京条約（不平等条約）を強制されて以後、日本（1858年）、朝鮮（1876年、日本によって）も不平等条約[9]を結ばされて、欧米主導の国際秩序に受動的・従属的に組み込まれる。

経済的には、19世紀中期からの運輸・通信手段の飛躍的発展（欧米—東

アジア間の汽船の定期航路開設、スエズ運河開通、欧米—東アジア間の海底電線開通など）、ヨーロッパ系銀行の貿易金融への進出などにより、東アジア貿易の主導権は欧米資本（とくにイギリス資本）が握ることになった。貿易の内容も、イギリスを中心とする欧米との間の工業製品輸入・一次産品輸出が中心になった。東アジアは19世紀、とくにその中期を画期として欧米主導の世界体制にその従属的部分として組み込まれたのである。

## 東アジア域内分業・市場の発展

　しかし、ラテンアメリカ、アフリカなどが宗主国を中心とする欧米との間の工業製品輸入・一次産品輸出の垂直的分業・貿易体制に組み込まれたのに対し、東アジアは、そのような関係を中心としながらも、域内貿易が発達するという特徴があった（杉原薫『アジア間貿易の形成と構造』ミネルヴァ書房、1996年）。1883〜1913年（1913年は第一次世界大戦の始まる前年で、19世紀的貿易構造の最後の年）に、東アジア・インドの対欧米貿易の成長率は年平均4％で、世界貿易の成長率とほぼ同じであるのに対し、東アジア・インドの域内貿易は5.5%でかなり高い[10]。そのため、東アジアでは、生産された経済余剰のうち、かなりの部分が欧米に吸い上げられず、域内に蓄積された。東アジアは、欧米中心の世界市場に従属的に組み入れられながら、その条件を主体的に利用して域内経済を発展させ、欧米からの相対的自立性を獲得していったのである。その条件は、つぎの三つである。①欧米との貿易（副次的に域内貿易）から得られる余剰を基礎に徐々に生活水準を向上させる、②その消費需要に応えるアジアの在来物産を、近代的商品として生産することに成功した日本の工業化、③この需要と供給とを結びつけた華僑・印僑の流通網。

## 日本の工業化

　日本の工業化は、欧米と異なる社会・生活様式のなかで、それに適合的な形で行なわなければならなかった。生産する製品も欧米と同じ物ではなく、日本人の消費に合った物でなければならなかった。たとえば、日本の産業革命の中心になったのは、綿工業であったが、その製品は太糸、厚手の綿織物という在来の需要に応じるものであった。日本の工業化が開発した製品は、社会・生活様式が比較的似ていた他の東アジアにも受容され、日本の生産する消費財の東アジア向け輸出が急増していった。日本の工業化は、単に欧米以外で初めて工業化に成功したということだけでなく、「アジア型」商品の近代化・開発に成功し、それによってアジア向け製品輸出を発展させ、アジアの社会・経済を欧米資本主義以上に、広く、深く変革していったのである。

　日本の工業化は、東アジア域内貿易の「成長のエンジン」であったのであり、日本の工業化が東アジア域内貿易を主導し、それまでの前近代的な、生産過程の変革を伴わない「デマンド・プル型」の貿易から工業製品と一次産品との貿易、「工業化型」貿易を中心とするものに変化させたのである。従来の日本資本主義の歴史的研究は、アジアとの関係を対立・侵略の面を中心にみて、東アジア経済に対する積極的な役割、その発展を促進し、東アジア経済を統合していく面をほとんど無視していた。

## 日本の工業化の複線的発展

　この日本の工業化において、在来産業の果たした役割が大きかった。従来、日本の工業化についての一般的な見方は、欧米の圧力（ウエスタン・インパクト）を受けた政府主導の移植型工業化であるというものであった。

　しかし、日本の工業化は、欧米との貿易、政府主導による欧米からの生

産財、技術、制度の導入とともに、農家兼業的な農村工業の発達、農村や都市の初期資本主義という広範な在来産業が大きな役割を果たした。農家兼業、在来産業は全体としては産業革命以後も発展し、そのなかから中小工業、零細工業が広範に発達していった。むしろ、19世紀後半・20世紀初めには、移植型の近代的大工業は経済のごく一部を占めるにすぎなかった。中村隆英氏の研究によっても（表1）、日本の産業革命の始まる1880年代には、非農林業のほとんどは在来産業であり、その後近代産業は、急速に増加するものの在来産業も増加を続けている。その間に在来産業も技術、製品を革新し、そのなかから輸出産業化する部門も多かった。日本の工業化は、移植型近代的大工業と在来産業の近代化との複線的な発展であったのであり、その点でも欧米の工業化とは違っていた。朝鮮、台湾、中国の工業化も日本より時期的には遅れるが、先進国から技術・制度を導入した近代的大工業と中小・零細の在来産業との複線的発展という点で共通している。これに対して、ラテンアメリカ、アフリカでは中小・零細工業の発展が非常に弱く、それが経済発展のネックになっている。

**東アジア域内貿易の担い手としての華僑**

　アジア域内貿易を担ったのは、域内商人である華僑・印僑であった。ラテンアメリカ、アフリカなどでは、地域内遠隔地交易を担った商人が、世界市場に包摂される過程で壊滅するか大きな打撃を受け、そのため世界市場のなかで域内貿易が発達せず、欧米に対する経済的従属が一方的に進んでしまった。このような違いを生み出す条件には、16〜18世紀の東アジアの経済発展、とくに環シナ海交易圏の発達がある。ただし、それはそのまま19世紀につながるのではなく、19世紀にイギリスの主導のもとに組み入れられ、再編成されるのである。華僑・印僑のネットワークもイギリスを

中心とする欧米資本の主導する市場、流通を前提とし、それを補完する形で形成されるのであり、欧米諸国・欧米資本から独立的に形成されるのではない。また、20世紀になると日本の貿易商社が、アジア域内貿易の担い手として重要な役割を果たすことにも、注意する必要がある。

表1　有業人口の構成

| 年 | 実　数　（千人） | | | | | 構　成　比　（%） | | | |
|---|---|---|---|---|---|---|---|---|---|
| | 有業人口 | 農林業 | 非農林業 | う　ち 近代産業 | う　ち 在来産業 | B/A | C/A | D/A | E/A |
| | A | B | C＝A－B | D | E＝C－D | | | | |
| 1872– 75 | 21,414 | 15,555 | 5,859 | — | — | 72.6 | 27.4 | — | — |
| 76– 80 | 21,730 | 15,624 | 6,106 | — | — | 71.9 | 28.1 | — | — |
| 81– 85 | 22,115 | 15,650 | 6,465 | 406 | 6,059 | 70.8 | 29.2 | 1.8 | 27.5 |
| 86– 90 | 22,683 | 15,625 | 7,059 | 468 | 6,591 | 68.9 | 31.1 | 2.1 | 29.1 |
| 91– 95 | 23,458 | 15,509 | 7,949 | 681 | 7,268 | 66.1 | 33.9 | 2.9 | 31.0 |
| 96–1900 | 24,119 | 15,618 | 8,501 | 906 | 7,595 | 64.8 | 35.2 | 3.8 | 31.5 |
| 1901– 05 | 24,752 | 15,843 | 8,909 | 1,165 | 7,744 | 64.0 | 36.0 | 4.7 | 31.3 |
| 06– 10 | 25,288 | 16,004 | 9,284 | 1,554 | 7,730 | 63.3 | 36.7 | 6.1 | 30.6 |
| 11– 15 | 25,950 | 15,760 | 10,190 | 1,965 | 8,225 | 60.7 | 39.3 | 7.6 | 31.7 |
| 16– 20 | 26,860 | 14,320 | 12,540 | 2,837 | 9,703 | 53.3 | 46.7 | 10.6 | 36.1 |
| 21– 25 | 27,778 | 13,675 | 14,103 | 3,237 | 10,866 | 49.2 | 50.8 | 11.7 | 39.1 |
| 26– 30 | 28,906 | 13,833 | 15,073 | 3,475 | 11,598 | 47.9 | 52.1 | 12.0 | 40.1 |
| 31– 35 | 30,548 | 14,185 | 16,364 | 3,696 | 12,668 | 46.4 | 53.6 | 12.1 | 41.5 |

註）　1　A、B：梅村又次「産業別雇用の変動：1880–1940」一橋大学『経済研究』第24巻2号。
　　　2　D：従業員5人以上の工場従業者数（1882年は山口和雄『明治前期経済の分析』東京大学出版会、1956年、1894〜1908は『農商務統計表』により推計、1909年以後は『工場統計表』、データの存在しない期間は直線補間）、鉱業従業者数（『農商務統計表』および『本邦鉱業の趨勢』による。1882〜98年については1882年を5万人として直線補間）、教員数（東洋経済新報社『明治大正国勢総覧』）、公務員数（江見康一、塩野谷祐一『長期経済統計7　財政支出』1966年）、私鉄・電力従業員数（南亮進『長期経済統計12　鉄道と電力』1965年）、船員数（労働運動史料編纂会『日本労働運動史料10　統計編』1959年）、市町村吏員数（『明治大正国勢総覧』）の計を「近代産業」の有業人口とかりに定義した。中村隆英『戦前期日本経済成長の分析』岩波書店、1971年、16、20、および338〜339ページより。
出所）　中村隆英『明治大正期の経済』東京大学出版会、1985年、188ページ。

## 両大戦間期の中国資本主義の形成

　中国経済の変化は19世紀には比較的緩慢であったが、19世紀末以後、貿易の影響が農村部まで及びはじめ、農村を含む国内市場が形成されてくる。それにともない近代工業が開港場を中心に発達しはじめ、第一次世界大戦で欧米の工業製品輸入圧力が弱まると、急速に発展しはじめた。その中心は中国資本であり、1933年に労働者30人以上の工場のうち、外国資本は生産額の21.9%、労働者数の17.2%である。

　この中国資本主義の発達を基盤として、1928年、国民党が一応全国を統一する。国民政府は対外自立と国内経済開発政策を推進し、まず関税自主権を回復した（1928年7月にアメリカ、12月にイギリス、日本が一番遅れ30年5月）。国民政府は、関税を引き上げ、綿製品などの軽工業の輸入代替工業化を促進し、30年代前半には軽工業の主要部門の輸入代替に成功し（第1次輸入代替）、工業化の進展とともに輸入の中心は重化学工業製品に移っていった（表2）。また、関税収入が大幅に増加し、財政基盤が強化され、1933・35年の幣制改革も米・英の支持を受けて成功した。国民政府は、民族主義的な開発独裁政権であった。

## 日・中対立

　国民政府の政策に対して、米・英は支持した。中国ナショナリズムがより急進化することを避け、また、国民政府のソ連への接近を避けるために、国民政府による中国の安定を望んだのである。最も対立的であったのが日本であり、国民政府の経済政策に反対し、中国を日本帝国圏に組み入れる路線を強行していく。たしかに、中国軽工業の輸入代替によって、最も打撃を受けたのは日本、ついでイギリスであり、アメリカは中国の工業化に原・燃料や資本財を供給する立場にあり、有利であった。しかし、日本の

中国向け輸出の中心であった綿製品は、上海、天津、青島などに工場が建設され、直接投資によって関税障壁をくぐり抜けていたし、30年代には機械や硫安などの重化学工業製品の中国向け輸出は伸びていた。当時の日本資本主義は重化学工業を中心に従来より一段階高度化しつつあり、日本資本主義と中国資本主義は相互補完的な面を発展させていくことも可能だった。経済面からは国民政府と全面的に対立する必然性はなかったと思われる。しかし、日本は1931年に満州事変を起こし、37年には全面的武力侵略に踏み切ってしまう。当時日本には中国の資本主義的発展を認め、中国との貿易・投資を発展させ、経済的・政治的関係を強化していく路線と中国資本主義の独自の発展を認めず、軍事力を使っても中国を屈服させ、日本帝国圏に組み入れる路線とがあったが、結局、日本は後者の路線を選択してしまったのである。

### 表2　中国の輸入品構成の推移

| 年 | 1926 | 1932 | 1933 | 1934 |
|---|---|---|---|---|
| 一　次　産　品 | 306.7 （ 35.90） | 163.2 （ 45.78） | 162.6 （ 45.83） | 138.6 （ 39.78） |
| 重化学工業製品 | 161.4 （ 18.89） | 95.4 （ 26.76） | 115.9 （ 32.65） | 138.8 （ 39.83） |
| 機　　　械 | 29.0 | 17.8 | 20.9 | 32.6 |
| 金　　　属 | 57.0 | 32.4 | 45.5 | 52.3 |
| 化　　　学 | 75.3 | 45.2 | 49.4 | 53.8 |
| 軽 工 業 製 品 | 372.5 （ 43.60） | 93.6 （ 26.31） | 72.3 （ 20.36） | 63.5 （ 18.25） |
| 繊　　　維 | 212.9 | 43.4 | 29.9 | 26.0 |
| 食　　　品 | 117.1 | 38.2 | 30.7 | 24.8 |
| 窯　　　業 | 8.4 | 4.8 | 4.3 | 4.2 |
| 雑　　　貨 | 34.1 | 7.4 | 7.4 | 8.6 |
| 分　類　不　能 | 14.1 （  1.65） | 4.1 （  1.16） | 4.2 （  1.18） | 7.4 （  2.13） |
| 総　　　　　計 | 854.4 （100.00） | 356.5 （100.00） | 354.9 （100.00） | 348.4 （100.00） |

註)　各年海関報告記載の品目別輸入額を、独自の基準によって分類し累計して求めたもの。なお、分類
出所)　久保亨「南京政府の関税政策とその歴史的意義」『土地制度史学』86号、1980年1月、45ページ。

第1章　東アジア資本主義形成史序説　　27

　日本は中国の資本主義的発展、民族主義の発展を過小評価し、国民政府が民族主義を代表していることを見誤ったのである。また、世界的には、両大戦間期に帝国主義は終わりに近づき、つぎの時代を迎えつつあったのであるが、日本はそのことを理解できなかった。

## 東南アジア——植民地経済から東アジア・太平洋経済圏へ

　19世紀、とくにその後半から東南アジアに植民地型の経済が形成されるが、20世紀、とくに第一次世界大戦後に東南アジアの貿易構造は大きく変化していく。19世紀には、イギリスを中心として、宗主国との関係が主要であったが、20世紀にはいると、輸出においてアメリカ、輸入においては日本との関係が強まっていくのである。第一次世界大戦後の東南アジア貿易は、アメリカの自動車産業を始めとする20世紀資本主義の中核になる新しい産業が主導するものであり、ゴム、錫などの一次産品輸出が伸び、輸出によって購買力の増大した東南アジア市場に、イギリスや宗主国に代わって日本の安価な消費財が大量に輸入されるようになった。東南アジアにおいて、ヨーロッパ資本によるプランテーションに代わって現地の小農が輸出用一次産品生産に進出する傾向が強くなってきたことも、日本製消費財の市場を拡大した。

　1929年の大恐慌以後、一次産品輸出が激減し、東南アジアの購買力が落ち

単位：百万米ドル、（ ）内％

| 1935 | | 1936 | |
|---|---|---|---|
| 132.2 | ( 38.98) | 83.3 | ( 29.80) |
| 136.4 | ( 40.23) | 131.3 | ( 46.93) |
| 35.0 | | 33.4 | |
| 45.3 | | 46.4 | |
| 56.1 | | 51.3 | |
| 55.5 | ( 16.39) | 39.7 | ( 14.26) |
| 20.3 | | 14.3 | |
| 22.2 | | 14.4 | |
| 3.9 | | 2.5 | |
| 9.2 | | 8.5 | |
| 14.9 | ( 4.42) | 24.9 | ( 8.91) |
| 339.2 | (100.00) | 279.7 | (100.00) |

基準については、久保論文末尾の補注参照。

込むと、安価な日本製品への需要はいっそう強まった。東南アジアの対米貿易は黒字であり、対日貿易は1930年代には大体赤字であった。日本の対米貿易はかなりの赤字であったから、資金的にもアメリカ→東南アジア→日本→アメリカと太平洋を挟む循環構造が形成されはじめた。イギリスをはじめヨーロッパとの関係は、閉鎖的なフランスの植民地、仏印を除いて急速に後退していった（表3）。両大戦間期に東南アジアはイギリス、宗主国を中心とする植民地的経済関係から、東アジア・太平洋経済圏に組み入れられる方向に転換しはじめるのである。

## 日本帝国圏の高度成長と急膨張

　日本資本主義は、第一次世界大戦期に急成長を遂げ、遅れていた重化学工業部門が自立しはじめ、対外的には、とくに欧米が後退した東アジア市場に進出した。1929年の世界大恐慌以後、世界の工業生産が縮小・停滞するなかで、急速な発展を遂げ、貿易数量も急増している（図4、5）。注目されることは、植民地である朝鮮、台湾の工業化が急速に進むことであり、朝鮮を例にとると、1911年（植民地化の翌年）、国内総生産の65.2%を占めていた第一次産業は、1938年には49%で、半分を割っている（表4）。貿易の内容も、1925年には、輸出の75.6%は食料品（米、大豆）で、工業製品は20.2%であったが、1940年には、食料品21.4%、工業製品59.9%になっている。

　植民地期の工業化は、それを認める立場でも、軍事的工業化であるとか、日本本土と結びついた、朝鮮内部の需要とは結びつかない飛び地的工業化であるとか、日本資本が主体であり、朝鮮人資本はむしろそれによって潰されていったとかいう考え方であった。しかし実際に研究してみると、軍事的でも、飛び地的でもなく、朝鮮内部の民間の需要と結びついた工業化

第1章　東アジア資本主義形成史序説　　29

### 表3　インドネシア輸入相手国別内訳（1900–1939年）（単位：%）

| 年 | 輸入先国 | | | | | |
|---|---|---|---|---|---|---|
| | オランダ | イギリス | ドイツ | アメリカ | 日　本 | その他 |
| 1900 | 35.5 | 12.7 | 1.6 | 1.5 | 0.2 | 48.5 |
| 1915 | 28.8 | 20.5 | 1.1 | 3.9 | 3.4 | 42.3 |
| 1920 | 26.0 | 18.5 | 3.4 | 15.9 | 12.0 | 24.2 |
| 1929 | 19.3 | 10.6 | 10.5 | 11.8 | 10.4 | 37.4 |
| 1934 | 13.0 | 8.1 | 7.3 | 6.1 | 31.9 | 33.6 |
| 1939 | 20.8 | 7.0 | 8.6 | 13.3 | 17.8 | 32.5 |

註）　その他には、シンガポールおよびペナンからの輸入を含む。

出所）　1　Mededeelingen van het Centraal Kantoor voor de Statistiek 161, *Handelsstatistiek NEI, 1874–1937: Indisch Verslag* (1940), p. 339.

　　　2　アン・ブース「日本の経済進出とオランダの対応」（杉山信也、イアン・ブラウン編著『戦間期東南アジアの経済摩擦』同文館、1990年、所収）201ページ。

### 表4　朝鮮・韓国における産業別国内総生産の構成および年平均増加率

（単位：%）

| 年 | 構　成　比 | | | 年平均増加率 | | |
|---|---|---|---|---|---|---|
| | 農林漁業 | 鉱工業 | サービス業 | 農林漁業 | 鉱工業 | サービス業 |
| 1911 | 65.2 | 4.5 | 30.3 | | | |
| 1920 | 66.2 | 6.9 | 26.9 | 4.4 | 9.2 | 2.9 |
| 1930 | 58.8 | 8.6 | 32.7 | 0.8 | 4.5 | 4.3 |
| 1938 | 49.0 | 16.6 | 34.4 | 2.5 | 13.9 | 5.6 |
| 1953 | 47.3 | 10.1 | 42.6 | | | |
| 1960 | 36.8 | 15.9 | 47.3 | 2.3 | 12.3 | 4.1 |
| 1970 | 26.7 | 22.5 | 50.8 | 4.5 | 15.8 | 9.5 |
| 1980 | 14.9 | 31.0 | 54.1 | 1.0 | 14.5 | 8.4 |
| 1990 | 9.1 | 29.6 | 61.1 | 2.9 | 11.4 | 9.4 |

註）　増加率は前年度との差異の年平均増加率。1911〜38年は朝鮮、1953〜90年は韓国。

出所）　1　溝口敏行、梅村又次編『旧日本植民地経済統計──推計と分析』東洋経済新報社、1988年、韓国銀行『国民計定』1990年。

　　　2　安秉直、金洛年「韓国経済成長の長期的趨勢（1910─現在）──経済成長の歴史的背景を中心に」（韓国語）1995年8月、北京シンポジウム「東アジア経済の近代化」提出論文（中村哲、羅栄渠、安秉直編著『論東亜経済的現代化』（中国語）中国・東方出版社、1998年）。

第Ⅰ編 総　論

図4　貿易総額の数量指数

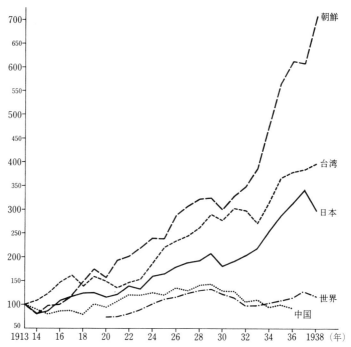

註）　原データの数量指数の基準年度は、日本、台湾、朝鮮は1934～36年、中国は1913年、世界は1929年であり一致していない。それゆえ相互比較するには、厳密には時期別の物価変動の問題が生ずるが、傾向把握には十分であると考える。
出所）　堀和生『朝鮮工業化の史的分析』有斐閣、1995年、26ページより。

第1章　東アジア資本主義形成史序説　　　　　　　　　　31

図5　各国の工業生産指数

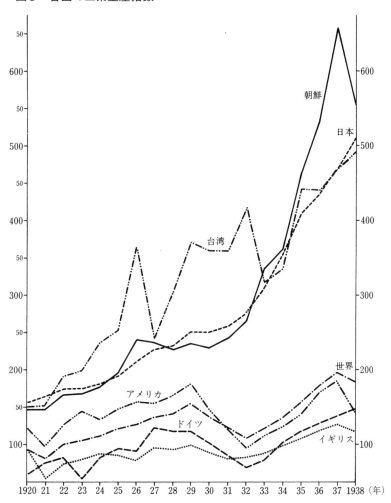

註）1　1913年＝100、朝鮮のみ1914年＝100。
　　2　F. ヒルガート、山口和男ほか訳『工業化の世界史』ミネルヴァ書房、1979年、152〜53ページ、溝口敏行、梅村又次編『旧日本植民地経済統計──推計と分析』東洋経済新報社、1988年、273、276ページ。
出所）堀前掲書、32ページより。

であり、そのなかで朝鮮人資本も急成長していることがわかった。台湾も基本的に同様であり、台湾人資本の成長は朝鮮人資本以上であった。この時期の朝鮮、台湾の急速な工業化・資本主義化は日本、日本人資本が主導する日本帝国圏の一環としてのそれであったが、同時に朝鮮・台湾の経済を根底から変革し、資本主義化するものであった。それはまた、日本の植民地からの解放後、早期に工業化しNIEs化する前提条件ともなった。

## 日本帝国圏の急膨張による東アジア域内分業・市場の分断と日本帝国の崩壊

　1929年以後、世界市場は縮小・分裂して、ブロック経済化していくが、日本帝国は、生き残りをかけて帝国経済圏（円ブロック）の拡大を強行していく。重化学工業化を主軸に、その市場を国内だけでなく植民地にも求め、植民地の経済開発を強行し、帝国圏全体の経済的力量を高めて、米・英に対抗しようとしたのである。生産の急増する重化学工業製品の約3分の1は植民地および旧満州に移・輸出された。その強硬路線は、満州事変、日中戦争を引き起こし、さらに東南アジアに武力進出をはかって、太平洋戦争を起こし、敗北する。

　1920年代までは、日本帝国圏の高度成長は東アジアの全体的な経済発展と対立する面よりも、促進する面のほうが多かった。しかし、30年代には、閉鎖的な日本帝国圏の急膨張は東アジアの分業・貿易構造を分断し、破壊する面が次第に強まっていく。米英が日本の強硬路線に対抗して、日本孤立化政策をとったこともある。日中戦争から太平洋戦争でそれは決定的になり、日本帝国は自滅するのである。

　両大戦間期は、日本資本主義が重化学工業化を中核として、それまでよりも一段階高度化しつつあり、中国の工業化も進んで、東南アジア向けに

中国の工業製品輸出も始まり、東アジアに複数の工業国が成立してきた。植民地ではあるが朝鮮、台湾も工業化が急速に進んだ。東北アジアと東南アジアの経済関係も一段階深まり、イギリス、オランダ、フランスの西ヨーロッパ宗主国を中心とする植民地体制が崩れはじめ、アメリカ主導の東アジア・太平洋経済圏の形成が始まっていた。こうした面からすると、両大戦間期は、19世紀的植民地体制から20世紀後半の東アジアにおける資本主義的経済圏の形成への過渡期・移行期であるといえよう。

## 3. 第3段階（確立期）——20世紀後半～21世紀

　世界資本主義は、第二次世界大戦を経て領土的支配＝植民地を必要とする帝国主義段階を終え、植民地は独立し、多国籍巨大企業を中心とする段階に入る。政治的には米・ソ二極対立の国際関係が支配し、経済的にはアメリカの世界覇権のもとに、いわゆるブレトン・ウッズ体制が成立する。東アジアも冷戦体制のもとで、アメリカの政治的・軍事的・経済的影響力が飛躍的に増大する一方、資本主義圏と社会主義圏に分裂した。

　日本帝国圏はアメリカ主導により、領域的にも構造的にも完全に解体させられた。日本本土は戦後改革により、非軍事化・民主化して先進国型の制度的枠組みがつくられ、経済復興が終わると朝鮮戦争の特需にも支えられて50年代半ばから高度経済成長が始まり、60年代に先進資本主義国になった。韓国、台湾[11]は政治的に独立し、経済的には日本帝国圏の従属的部分から世界経済、とくにアメリカ経済と結びつけられ、それによって新しい発展の条件を得た。60年代からの輸出主導の急速な工業化によってNIEs化、中進資本主義化した。日本からの生産財・資本財の輸入も工業化の重要な条件であった。中国は日本、アジアNIEsの経済発展に刺激されて、

78年末に改革・開放政策に転換したが、その方向は世界市場への参入と資本主義化であり、社会主義からの転換が急速に進んでいる。東南アジア諸国も政治的独立を達成し、67年にASEANを結成した。日本資本主義も戦前に築いた関係と賠償を利用して、比較的早く東南アジアに再進出する。東アジア広域経済圏の本格的成立期であり、その形成過程で、日本の先進資本主義化、韓国・台湾・シンガポール・香港のNIEs化、中進資本主義化、ASEAN諸国の工業化の開始、中国・ベトナムの改革・開放政策への転換（社会主義計画経済から開発独裁型資本主義への転換）により、東アジア全体が資本主義的工業化している。

　とくに1985年のプラザ合意以後、日本資本の東南アジア、中国への直接投資が急増し、続いて香港、台湾、韓国、シンガポールのアジアNIEsの東南アジア、中国への直接投資が本格化した。その過程で東アジアの域内分業が急速に発展し、投資も日・米資本を中心にNIEs資本も加わって急増しており、経済圏としてのまとまりを強め、内容的にも高度化が進んでいる。98年には、域内貿易は貿易額の44%、域内投資は投資額の80%以上に達している。東アジア経済発展の終焉と騒がれた97年7月からの東アジア金融・通貨危機からも予想外に早く立ち直った。経済危機のなかで、東アジア諸国の連帯が強まり、危機は東アジア経済圏のさらなる統合の方向へ作用しつつあるように見える。

　80年代までは、域内では日本、域外ではアメリカの存在が突出していたが、90年代には域内諸国間の格差は縮小に向かいつつあり、相互依存の面が強まっている。アメリカ市場への依存度も低下しはじめ、域内諸国が相互に市場を提供する側面が強まっていくであろう。域内市場の内容も貿易を中心とするものから貿易とともに投資が重要な役割をもつ段階に入った。90年代に世界はポスト冷戦、情報化を中心とする第三次産業革命の時期、

第1章　東アジア資本主義形成史序説　　35

20世紀資本主義から21世紀資本主義への移行期・過渡期に入ったと思われるが、東アジア経済圏も80年代までよりも一段階高度化する過程に入った。しかし、政治的には東アジア、とくに東北アジアは安定していない。今後重要なのは、東アジア諸国の政治的協調と国際的な制度の構築である。


**註**

1）　梅棹忠夫氏によってつくられた史観であり、人間の歴史における自然環境の役割を重視し、生態学の理論を人類史に導入した。豊富なフィールドワークの経験に基づいて、歴史理論を構成した点にも大きな特徴がある。また、西欧中心史観に対する批判・その克服の意図が込められている。

　　　地球気候学的にみて、生態環境がユーラシア大陸上の位置によって規則性をもって分布することに注目し、そこに展開する諸文明のタイプを多元的に分類し、主体・環境系と遷移パターンという生態学的概念を導入して諸文明のパターンを構成した。『中央公論』1957年2月号に「文明の生態史観序説」を発表、関係論文を集めて1967年に『文明の生態史観』（中央公論社）が刊行された。

2）　エマニュエル・トッドは、現代の資本主義の主要なタイプを個人主義的資本主義（アングロサクソン型）と総合的資本主義（ドイツ・日本型）であるとし、そのタイプを規定するのは家族類型（アングロサクソン型は絶対核家族、ドイツ・日本型は直系家族）であるとした（*L'illusion économique*, 1998、日本訳『経済幻想』藤原書店、1999年）。家族のあり方から資本主義化を説明するのであるが、小農社会の成立を資本主義成立の基本条件とし、小農社会の類型の差異を資本主義の類型差の基礎におく私の考えと共通する部分があり、相互に補完しうる可能性がある。小農社会の類型差を農法の差異だけでなく家族・親族組織（広く言えば社会組織）の差異からも考察する必要があるであろう。

　　　トッドは、「直系家族は、ドイツ、日本、韓国、スウェーデンにみられるが、権威主義的で不平等である。……この制度は、家族生活・社会生活についての非個人主義的考えを前提としている。人類学的分析により、その効率性が証明される。というのも、その効率性により、日本と韓国の二国は、西欧世界の後

を追い、最も素早く発展を遂げ、ヨーロッパ水準のサークルの内側に入ったからである。直系家族をヨーロッパの外でみるのは、珍しいことである。それをアジアの最も進んだ地方にみるということは、示唆的なことである」（邦訳、42～43ページ）、「移行期にあるいくつかの地域では、人類学的にみて中間的な形態が見られることがある。上海と広東の間の中央および南部中国の海岸地方では、今や、急速な経済発展が見られるが、解釈上、いくつかの基本的な問題が出ている。すなわち、不平等で同一家系的な特徴をもつことにより、共同体家族は、しばしば曖昧なものになっている。これは、直系家族を強く思い起こさせるものである」（45ページ）とも述べており、東アジアにおいて彼の直系家族およびそれに近い家族類型の地域的範囲は、小農社会の地域的範囲と一致する。

3） 中国の人口の半減は、W. H. マクニール『疾病と世界史』新潮社、1985年、第4章「モンゴル帝国勃興の影響による疾病バランスの激変」。中国の人口は1200年ごろの1億2,300万から1393年の6,500万に激減した（同書150ページ）。14世紀後半に西ヨーロッパでペストが大流行し、人口が激減したことはよく知られている。I. ウォラーステインは、ペスト大流行によるヨーロッパ社会の危機を旧社会から新しい社会システムが生み出される最大の条件としたが、それは西ヨーロッパに限られたことではなかったのである。彼はそれを知らなかったために、この点でも西ヨーロッパ中心史観に陥ってしまった。

4） 前近代東アジアの中国を中心とする国際秩序であり、古代以来存在するが、最も整備され、範囲が拡大したのは清代である。朝貢とは中国と周辺国・地域との交易関係が、中華思想に基づいて周辺国・地域の首長が中国皇帝の徳を慕って貢物を奉るという形式をとったものである。朝貢国のうち、永続的・安定的な外交・交易関係を求める首長に対し、皇帝の臣下（外臣）として王、侯などの爵位を与え（冊封）、その領域支配を認めた。もちろん、冊封関係・朝貢関係に入らない周辺国も多い。日本はその関係に入らない時期が多かった。前近代に東アジア世界を設定し、その政治システムを冊封体制と規定したのは、西嶋定生氏である。近年、浜下武志氏は、朝貢関係を明清時代の東アジア交易全体に適用し、この時期の交易を朝貢貿易システムと規定し、さらに、この朝貢

貿易システムは近代東アジア国際経済の基礎となったと主張した。

5） 冊封体制を東アジアの国際的政治秩序と規定したのは、西嶋定生氏であるが、その実証は時期的に6～8世紀、地域的には中国とその「東辺諸国」、高句麗、百済、新羅、渤海のみである。その後、冊封関係に朝貢関係を加え、地域も中国周辺全域に広げ、時期も19世紀にまで拡大された。このような研究のあり方は、東アジアにおける中国の中心的地位を実際以上に評価する傾向がある。東アジア世界の中国中心主義的把握である。冊封体制論は、前近代東アジアにおける国際政治秩序の存在を明らかにした点で貴重であるが、その内容を理論的・実証的に再検討する必要がある。

6） 農業は工業と違い自然環境による影響が大きく、自然環境の違いによって世界各地の農業のあり方は大きく異なる。とくにその土地の気温があがり作物の生育のよい夏に、乾燥しているか、湿潤であるかということに決定的影響を受ける。フランスの気候学者マルトンヌの乾燥指数（$I = R / [T + 10]$、Iは乾燥指数、Rは年間雨量で単位はミリメートル、Tは年間平均気温を摂氏であらわしたもの）を農業に適用し、夏の乾燥指数を加えて世界の農耕方式を四つのタイプに分類したのが、飯沼二郎氏である。

　I地域（年指数20以下で夏指数5以下）は最も乾燥しており砂漠が多いが、年指数10～20の地域で行なわれるのが休閑保水農業である。II地域（年指数20以上で夏指数5以下）は冬雨型のため春から秋まで乾燥地となるので、I地域と同様の農業が行なわれる。III地域は乾燥地だが、夏雨型のため夏作物の栽培が可能であり、耕地に作物のある間は人力による中耕保水作業を行ない、収穫後に保水のため犂で浅耕する。IV地域は湿潤なので、農業において最も必要なことは保水ではなく、除草である。

　地中海地域（II地域）を除く西ヨーロッパと東アジアはIV地域であるが、西ヨーロッパは夏に比較的雨が少なく、気温もそれほど高くないので、除草せずに2年間作物を栽培できる。しかし、3年目には雑草が繁茂するので、休閑して夏に深耕し雑草を埋め殺す（休閑除草）。これに対し、東アジアは夏に著しく高温多湿で、雑草の繁茂が旺盛なため、作物の成育中に人力で除草しなければならない（中耕除草）。

農業における自然環境の決定的重要性から世界農業の基本的タイプを規定した飯沼二郎氏の農法理論の貢献は大きい（『農業革命の研究――近代農学の成立と破綻――』農山漁村文化協会、1985年、『増補農業革命論』未来社、1987年）。

7）　速水融氏は、江戸時代の経済発展を評価し、その基礎に農民が長時間の激しい労働を行なうようになったことをあげ、それを "industrious revolution"（勤勉革命）としてイギリス産業革命と対比している（「近世日本の経済発展と Industrious Revolution」新保博・安場保吉編『近代移行期の日本経済』日本経済新聞社、1979年）。

8）　国家権力による資本主義形成の加速化は、マルクスのいう本源的蓄積の過程である。本源的蓄積の「どの方法も、国家権力、すなわち社会の集中され組織された暴力を利用して、封建的生産様式から資本主義的生産様式への転化過程を温室的に促進して過渡期を短縮しようとする」。「封建的農業社会から産業社会への転化に際しては、また、それに対応して行われる世界市場での諸国民の産業戦では、いわゆる自然的な方法によってではなく強制手段によって達成される資本の加速的な発展が肝要だ……国民的資本がしだいに緩慢に産業資本に転化していくか、それとも、保護関税を媒介としておもに土地所有者や中小の農民や手工業に課される租税によって、独立直接生産者の加速的収奪によって、資本の強行的に加速された蓄積と集積とによって、要するに資本主義的生産様式の諸条件の加速的形成によって、この転化が時間的に速められるかは、非常に大きな相違になる」（『資本論』第1巻24章「いわゆる本源的蓄積」、第3巻47章「資本主義的地代の生成」）。

東アジアにおける資本主義の萌芽が、本格的な資本主義に発展しなかったのは、国家権力による政策的・強制的・暴力的な本源的蓄積過程がないか、弱かったからである。そして東アジアにおける国家権力による本源的蓄積は、19世紀に欧米、続いて日本によって開始され、とくに戦後、植民地が独立し、独自の国家を形成して以後本格化し、現在も進行中である。

9）　19世紀に成立する欧米主導の世界体制を法的に裏付けるのが近代国際法である。近代国際法は西ヨーロッパで主権国家が形成される17世紀に、国家間の主権平等の原則を承認したものであるが、19世紀にその運用が世界に拡大された。

それは世界の国・地域を、①国家主権をもつ文明国、②主権を不完全にしか認められない半未開国、③まったく認められない未開国の三つに分けた。この場合、文明とは西ヨーロッパ文明を指す。③は征服の対象となり植民地化されたが、②に対しては、不平等条約が強制された。文明国（欧米諸国）はその国を一応承認し条約関係に入るが、その国際法を認めず自国民保護を名目に治外法権、協定関税などにより国家主権を制限した。②とされたのは、トルコ、ペルシア（現イラン）、シャム（現タイ）、清（中国）、日本、朝鮮などである。

10)　杉原薫氏は、東南アジアを中心に研究しているので、「アジア間貿易」にインドをいれている。なお、杉原氏の実証は19世紀80年代から第一次世界大戦までを中心にしており、それによってつくられた枠組みを両大戦間期にまで適用している。両大戦間期のアジア貿易の構造は、第一次世界大戦以前とは大きく変化しているから、杉原氏の両大戦間期の研究は実態とのズレが大きくなっている。

11)　台湾は日本の敗戦によって中国領になったが、中国の国共内戦に国民政府が敗北し、台湾に撤退して実質的に中国本土とは別の国家になった。

# 第2章　東アジア資本主義研究の課題

## はじめに

　現代、とくに1980年代後半から世界は大きな変革期に入ったということは、多くの人びとが実感しているところである。ソ連・東欧の社会主義体制の崩壊と資本主義化、中国・ベトナムの社会主義から市場経済への転換、そして開発独裁型資本主義化、アメリカの世界覇権の後退、世界的不況とくに先進国の失業増大や巨大企業のリストラクチャリング、EC（のちEU）、NAFTA、APECなどの地域経済統合の動き、民族・地域紛争の多発、後発途上国とくにアフリカ・西アジア・南アジアの経済的困難と貧困の蓄積、等々。

　そのなかの重要な動きとして東アジア（東北アジア・東南アジア）における資本主義の急速な勃興がある。その発展は社会主義の解体と資本主義化の要因の一つであったし、世界経済の再編の一つの核になっている。この東アジア資本主義の研究は現代資本主義研究の重要な一環であるとともに、欧米中心の従来の経済理論では十分に解明できない要素が大きいことから、従来の欧米中心主義的経済学（近代経済学のみならずマルクス経済学も含めて）にたいする重要な革新とならなければならないであろう。東アジア資本主義の歴史的経験の理論化が要請されているのである。

　東アジア資本主義の分析にとって有効な方法は、比較史の方法であろう。つまり歴史的観点に立った国際比較である。従来からも比較史的分析はそうとうにおこなわれてきたが、その多くは西ヨーロッパ史を基準にし、そ

れとの相違を時期的・段階的遅れとしてか、西ヨーロッパを正常な歴史的発展とし、それにたいして歪曲された歴史であるとするものであった。20世紀資本主義から21世紀資本主義への移行期に入り、その移行の推進力となっているのが東アジア資本主義である現代において、従来の西ヨーロッパ基準の比較史にかわる新しい比較史が必要である。それは、それぞれの地域・民族・国家のあり方を説明しうる多元的な比較史であろう。この新しい比較史の方法をつくってゆくうえでも、東アジア資本主義はよい分析対象である。

## 1. 東アジア資本主義論・アジアNIEs論の今日

1950年代に、経済開発論が生まれ、ついで輸出指向工業化戦略の有効性がとなえられた。その延長線上に70年代末、NICs論が出てきた。従来の開発途上国経済開発論の課題が低開発状態にある途上国経済をいかにして近代経済発展の軌道に乗せるかということにあったのにたいして、NICs論はその課題とともに、新たにNICsの輸出増加（とくに先進国向けの）を先進国にたいする挑戦、脅威と見た点に従来の経済開発論との相違があった。開発途上国の経済開発の必要性と同時にそれが先進資本主義国を中心とする既成の世界経済秩序の攪乱要因と見る視点が出てきた点に新しさがあったのである（NICs論は1979年、OECDの報告書 *The Impact of the Newly Industrialising Countries, on Production and Trade in Manufactures* で唱えられた。翌年日本訳が『OECDレポート　新興工業国の挑戦』東洋経済新報社、として出された）。

1980年代後半以後、今日において、①NICsのなかでも東アジアNICs（以下NICsをNIEsとする。NICs〔Newly Industrialising Countries、新興工業国群〕をNIEs〔Newly Industrialising Economies、新興工業経済群〕と名称変更したのは、

1988年6月にカナダのトロントで行われたサミットであり、台湾、香港はcountry〔国〕ではないとする中国に配慮したものであるとされる）に焦点がしぼられてきた。②ASEAN諸国、とくにマレーシア、タイが80年代末からNIEs化（中進資本主義化）し、インドネシアもそれに続いている。③中国が日本、NIEs、ASEANに刺激されて、閉鎖的な中央指令型計画経済を放棄し、開放政策に転換して市場経済化を推進しており、今後開発独裁型中進資本主義化する可能性が強まっている。それには多くの困難がともなうが。④さらに、この開放政策と市場経済化推進はインド、ベトナムにも拡大している。⑤70年代末から80年代前半に、NIEsから脱落するかに見えたラテンアメリカ諸国（メキシコ、ブラジル、アルゼンチン）が80年代後半以後メキシコを先頭に開放・自由化政策、民営化政策に転換し、徐々に経済を回復させてきている。政治的にも軍事政権から文民政権の民主主義への動きが広まっている。⑥アジアNIEsは80年代末以後、中進資本主義的発展がゆきづまり、先進資本主義への構造転換過程に入った。

　このような現状からすれば、NIEs論の課題は複雑化せざるをえない。第一に、70年代よりもはるかに多くの国がNIEs化し、あるいはしつつあり、その国際的・国内的条件も多様である。従来のような、NIEsの一般論ではなく、より具体的なレベルでの分析と理論化が必要であり、また、その類型化（たとえば東アジアNIEs、ラテンアメリカNIEs、中国型等）の必要もある。東アジアNIEsの先進国化の可能性が現実化してきたことからすれば、NIEs論にはその先進国化の条件を解明することも必要である。

　第二に、経済をとりまく社会、政治、文化等と関連させてとらえる必要がある。欧米とはこれらの経済をとりまく環境が非常に異なるNIEs、さらに東アジア資本主義においては、このことはとくに重要である。

　つぎに、東アジア資本主義論についていえば、第一に1980年代後半以降

とくに明確になってきたが、個々の国・地域だけではなく、東アジア地域が相互関連性を強めつつ、地域全体が一つの資本主義的地域経済圏を形成してきた。たとえば、東アジア地域は過去30年間にわたり世界経済の3倍の高成長をとげており、東アジア域内貿易（輸出）の東アジア貿易全体に占める割合は、1986年30.9%から91年42.6%と急速にシェアを高めており、すでにNAFTAのそれを超えている。また東アジア地域（輸出）の世界貿易に占める割合は1980年の14.4%から92年の24.0%に増大しているのである。

　第二に、東アジア資本主義の発展は、今日では、世界経済の攪乱要因であるだけではなく、世界経済の構造変化の核になってきた。

　第三には、東アジア資本主義は、欧米資本主義とはその形成のされ方、構造がそうとうに異なっているのであり、欧米資本主義とならぶ資本主義の類型として考える必要がある。

　以下においては、まず、世界資本主義の発展過程を主として非欧米の側＝周辺部の側から見て、3段階に区分して、世界市場の側（個々のNIEsにとっては外因）からのNIEs化の条件の形成を考える。従来の周辺部からの世界資本主義論は、中心部による周辺部の搾取・収奪・支配の面にもっぱら焦点が当てられていたが（新従属理論が典型）、その面だけでは周辺部諸国のNIEs化、さらに中心部への参入や東アジア資本主義の興隆とそれが世界資本主義の構造転換の核になるという状況を説明することは不可能である。そこで、ここでは世界資本主義体制において周辺部の資本主義化が可能となる側面を見ることにする。いうまでもないが、この過程は世界資本主義の発展過程であり、NIEs化する諸国・諸地域を含めて世界の諸国・諸地域がより深く世界資本主義に組み入れられてゆく過程なのである。

　第二に、東アジア諸国・諸地域の歴史的経験からその資本主義化の内的

第2章　東アジア資本主義研究の課題　　　　45

諸条件を検討する。

## 2. 世界資本主義の発展段階

　従来、世界資本主義の発展段階として、重商主義（17・18世紀）、自由主義（19世紀）、帝国主義（20世紀）、あるいは商業資本主義、産業資本主義、金融資本主義（独占資本主義）という区分がとられてきた。しかし、こうした段階区分は欧米中心、欧米主体の区分であって、非欧米諸国・諸地域、あるいはアジア、アフリカ、ラテンアメリカはそのなかに主体として位置づけられていない。植民地・従属国として、欧米に支配されるものとして、受動的な存在として、含まれているにすぎない。

　19世紀の世界市場はヨーロッパ域内貿易およびヨーロッパとヨーロッパの移民植民地との貿易が圧倒的比重を占めていたが、それ以外のアジア、アフリカ、ラテンアメリカの貿易の大部分も欧米とのあいだのものであり、欧米諸国が工業製品を輸出し、非欧米地域はその販売市場となるとともに、欧米に原料、食糧の１次産品を輸出するというパターンであった。そして非欧米地域の欧米諸国にたいする政治的関係は欧米諸国の植民地であるか、政治的独立を制約される不平等条約を結ぶ従属国であった。

　19世紀の国際関係の基本原理である近代国際法は、17世紀からヨーロッパにおいて形成されたものであるが、それによればヨーロッパ文明を有する国だけが文明国であるとみなされ、国際法上の主体として認められるのは文明国だけであった。すなわち、文明国、つまり欧米諸国だけが主権国家として国際的に承認されるのである。非欧米諸国・諸地域はたとえそこに独自の国家が存在しても国際法上は「無主の地」とみなされ、征服の対象となり、欧米諸国の植民地とされるか、そうでなくても欧米諸国と対等

の国とは認められず、不平等条約を強制されて国家主権を制限されるのである。19世紀の欧米諸国と非欧米諸国・諸地域との経済関係（貿易、投資）は経済的内容自体が不平等であるというよりは、政治的不平等性にもとづく経済的不平等関係であったのである。ただし、ラテンアメリカ諸国の多くは19世紀に独立した後、19世紀後半には主権国家として承認されたが、それは支配層がヨーロッパ移民に独占されていたからである。ラテンアメリカの場合にはむしろ国内の欧米経済と結合した支配層の経済が被支配層（メスティーソ、インディオ）の経済との結合が弱く、飛び地的存在である点で、欧米の植民地と同じ経済構造がより強化されたかたちで形成された。

　この欧米中心の近代国際法は20世紀に変化する。その契機は民族解放運動の発展とロシア革命の指導者レーニンやアメリカの大統領ウィルソンによって提唱された民族自決の原則であり、第二次世界大戦後にすべての国家の主権を承認する現代国際法が定着し、非欧米地域のほとんどは次々と独立して主権国家を構成した。

　19世紀的な国際政治体制のもとでは非欧米地域の国家が資本主義的工業化を図ろうとすれば、欧米資本主義国に原料・食糧を輸出するとともに輸入代替工業化を推進し、それに成功した段階で欧米から移植した工業の製品を周辺の低開発国に輸出し、その市場確保のために、不平等条約を強制し、あるいは植民地化するというやり方をとった。つまり国際政治体制のなかで欧米なみの主権国家に参入し、自己も帝国主義国となることによって資本主義的工業化を果たしたのである。その典型が日本である。

　第二次世界大戦後に確立した国際秩序のもとでは、国連、GATT、IMF、世銀等の国際機関がつくられ、独立した非欧米諸国も法的にはその構成員として認められた。経済的には資本主義の生産力はいちだんと高度化し（フォード・システム）、多国籍企業を中心として先進国相互間の経済的結合関

第2章　東アジア資本主義研究の課題　　47

係が強まり、先進資本主義の世界市場への浸透力は格段に強化された。このような国際政治・経済体制の転換は両大戦間期に開始され、第二次世界大戦後、1950年代に確立したが、その新しい国際体制のもとで非欧米諸国のなかにこの条件を主体的に利用して資本主義的工業化を推進する諸国が生まれた。それは強力な国家の国内経済統合力をもつことによって国内に浸透する先進国の経済力をコントロールできた諸国であり、先進国（欧米と日本）の多国籍企業とも協力した。その典型がアジアNIEsである。その工業化の特徴の一つは先進国からの移植工業（多国籍企業の直接投資や外資との合弁企業を含めて）の輸出先の中心がまず先進国であったということである。それは19世紀的国際政治・経済体制のもとでは不可能に近いことであった。植民地はもちろんのこと、独立国であっても、先進国向けに価格競争力をもつ商品を輸出した場合、それが先進国の国内産業に脅威であれば、先進国は低賃金による輸出ダンピングとして高関税などによって輸入を阻止することが多かったのである。

　さらに1960年代以後、非同盟諸国会議やUNCTAD（国連貿易開発会議）などを中心にする非欧米地域の団結による先進資本主義国にたいする圧力によって、GSP（一般特恵関税）のような開発途上国の先進国向け工業製品輸出を有利にする条件も生まれてきた。しかし、GSP輸出の受益国はすでにかなりの工業化をとげて輸出競争力をもった諸国であり、たとえば、1980年においてGSP輸出254億ドルのうち、韓国12.9%、台湾12.0%、香港9.5%、ブラジル6.6%、インド4.9%、シンガポール4.9%などである。

　1973年の国際通貨体制の変動相場制への移行、石油危機などを契機として世界経済は停滞局面に入り、先進国のフォード・システムはゆきづまり、従来型の重化学工業は後退し、それにかわってマイクロエレクトロニクスを中心とする加工組立産業が急速に発展しはじめた。一方、ユーロダラー

の急増など国際金融システムが政府・国際機関から民間銀行中心に移り、資本の国際移動が大幅に自由化した。OECD諸国の政府外貨準備は1973年の1,820億ドルから1987年末7,890億ドルになったが、銀行保有の外資建て対外資産は2,480億ドルから3兆560億ドルに増加した。先進国の従来型の重化学工業企業が危機におちいり、生き残りをかけてプラント輸出に力を入れたので、相対的に輸出国に有利な条件があったのである。もちろん、そうした外的・国際的条件の変化を効果的に利用できたのは、それだけの主体的条件をそなえた諸国、つまりNIEsであり、先進国（とくに民間銀行）からの借入によるプラント輸入をおこなって重化学工業化（第2次輸入代替）を推進したのである。

　同様なことは1980年代、とくにその後半以後の先端技術についてもいいうる。先進国経済の停滞による先進国多国籍企業の競争激化のなかで、先端技術分野でのNIEsへの技術移転、先進国多国籍企業とNIEs企業との合弁や各種提携関係が進んでいる。それがNIEs、とくに東アジアNIEsの先進国化過程の一つの要因になっているのである。

　他方、大部分の低開発諸国、とくにアフリカ、西アジア、南アジア諸国は債務累積による財政の硬直化、開発政策の失敗、国内政治の不安定化と民族・部族・階級間の対立の激化が進んでおり、NIEsなどとの格差は拡大する一方である。

　19世紀資本主義体制のもとにおける非欧米地域の資本主義的工業化はその体制のなかにおける従属的周辺部からの支配的中心部への転化——帝国主義的工業化であったが、20世紀資本主義体制のもとにおけるNIEsの資本主義的工業化も、周辺部から中心部への参入の道をたどっている。

## 3. 東アジア資本主義形成の内的諸条件

　従来の経済学は、つねに開発途上国の資本主義的工業化の規定要因を先進国側から、世界市場の側からみる傾向が強かった。近代経済学系の理論はもちろんのこと、マルクス主義経済学系の国際経済学や経済開発論もそうであり、新従属理論や世界システム論にもその傾向は強い。それは経済学自体の性質が欧米中心主義的性格を本来的にもっており、それからの脱却が困難であること、開発途上国経済の研究がようやく1950年代に始まったばかりで、個々の国・地域の実証的研究（とくにその国・地域の研究者による研究）が本格化しはじめたのは、さらに新しくごく最近のことであることによるところが大きい。たとえば、欧米とは非常に異なる農業の小経営的発展や中小企業の発展については、最近まで、欧米の経済学の関心はきわめて低かったのである。

　もちろん、開発途上国経済は世界経済の規定性が大きいし、国内的要因もたいてい国際的要因と結びついているが、開発途上国の国内的要因の研究が進むほど、その重要性にたいする認識が高まってきている。国内的要因は国ごとに異なり複雑であるが、その具体的実証をふまえた理論化はきわめて重要である。本章では、その諸要因のいくつかをとりあげて中間的な展望をおこなうことにしたい。

### 農業生産の小経営的発展

　従来の経済開発論の欠陥の一つは開発途上国における農業、農村のあり方に注意を払わなかったことである。ソ連をモデルにした重化学工業化による経済開発論、農村の余剰労働力の活用による工業化の推進を説く二重

経済発展モデル（アーサー・ルイス）、偽装失業労働力を利用するビッグ・プッシュと大規模投資計画（ローゼンシュタイン＝ロダン）、投資率の上昇の決定的重要性を説いたテイク・オフ理論（ロストウ）等々はいずれも工業化を近代的経済成長の鍵であると考え、農業部門は遅れた前近代的部門であって、経済成長の障害であるとみなしていた。

しかし、開発途上国が近代的経済発展を開始する初期段階においては、農業が圧倒的比重をもっており、その生産力の発展がきわめて重要である。そして、その農業生産の発展は労働集約的であり、小農経営の発達、その商品生産化、多角化、農業外の商工業や賃労働との兼業の発達というかたちをとる。小農民の多角的・複合的な発展がどの程度進むかが初期段階の重要な条件である。これは増加してゆく非農業人口に食糧などの生活手段を供給し、初期の工業部門に原料を供給する。生産力上昇による農業余剰は近代的大工業やインフラストラクチュアの投資資金の原資ともなり、初期段階に急増する人口の多くを農村、農業に吸収し、発展する工業に市場を提供する。

とくに東アジアの農業はきわめて労働集約的であり、しかも水田農業中心で労働の季節性がきわめて大きいので、生産力上昇と多角化・兼業化が進まなければ農業生産物の余剰や労働力の余剰はつくりだせない。非農業部門に労働力が吸収されて田植えや収穫期などに労働力が不足すると、農閑期に過剰労働力をかかえながら農業生産が減退するという事態さえまねくのである。

東アジアにおいて19世紀——前近代の最後の段階において、小農民経営がもっとも発達していたのは日本であり、ついで韓国・朝鮮、台湾、中国であった。東北アジアは当時、西ヨーロッパ、北アメリカについで農業の小経営的発展が進んでおり、それがこの地域のその後の経済発展の基礎条

件をなしたのである（以上の点の詳細は、中村哲『近代世界史像の再構成——東アジアの視点から——』青木書店、1991年、『世界資本主義と移行の理論』比峰出版社、1991年〔韓国語〕、参照）。

## 土地改革

最近まで、韓国の解放後の農地改革にたいする評価はきわめて低かった。また、日本の戦後の農地改革についても1960年代までの評価は低く、講座派理論では農業の半封建制が温存されたとする評価すらあった。しかし、一方で日本や韓国の高度経済成長があり、その条件の一つとして土地改革が評価されるようになり、他方で世界の土地改革の実証的研究が進み、それにもとづく比較史的研究によって、日本、韓国、台湾の農地改革は世界のなかで相対的に徹底したものであり、その経済的・社会的効果も大きいことが明らかになってきた。最近ではむしろ逆に農地改革万能論的な意見すらあらわれてきた（たとえば、凃照彦『東洋資本主義』講談社、1990年）。

土地改革は小農民経営の近代的発展の重要な条件をつくりだし、農村の所得水準を高めて国内市場の拡大に貢献する。経済発展の障害となっている地主勢力を排除するか、その力を弱体化し、階層的所得格差を縮小する、農業余剰や農村余剰労働力の都市や非農業部門への移転・移動を促進する等の大きな効果があるが、すべての土地改革がこのような効果を生むわけではないし、徹底した土地改革ほど効果が大きいともいえない。

土地改革と経済発展の関係をみる場合、次のような諸点に注意しなければならない。

①近代的土地改革には大別して三つの段階・形態があり、その区別をすることが必要である（中村哲前掲『近代世界史像の再構成』、とくに第6章3土地改革、参照）。

②法律や制度の次元だけではなく、改革の立案・実施の実態を明らかにすることが必要である。

③農業・農村の実態に適合した改革でないと、いかに徹底した改革でも大きな効果を生まない。たとえば、メキシコ革命の結果おこなわれた土地改革は当時世界でもっとも徹底した土地改革であったが、農業・農村の実態をこえたものであり、その効果は1940年代以後しだいに減退し、1960年代以後になるとメキシコの農業は土地改革をおこなわなかった他のラテンアメリカ諸国と実質的に変わらないネオ・ラティフンディオ（近代的大経営）とミニフンディオ（低生産力の貧しい小農経営）の二重構成になっている。日本、韓国、台湾の1940年代後半から50年代にかけての農地改革がそうとうに徹底していたと同時にかなりの成功をおさめたのは、小農民経営とそれが構成する農村構造がその改革に適合したかなり高い水準に達していたからである。

④土地改革への諸階級の関係のしかた、とくに農民がどの程度積極的にその実施過程に参加したか、その時の農民の組織化の程度や形態などがどのようなものであったか。

⑤土地改革と関連して、小農民経営の発展を支援する政策がおこなわれたかどうか、農業をとりまく諸条件（商工業の発達など）など。


## インフォーマル・セクター

開発途上国においては、大都市、そのなかでも首都に膨大なインフォーマル・セクターが形成されている。その事実から二重経済論にかわって農業部門、都市インフォーマル・セクター（非農業的伝統部門）、都市フォーマル・セクター（近代部門）の3部門論があらわれた。

イギリスはじめ西ヨーロッパ諸国においても19世紀に大都市には多くの

スラムが形成された。19世紀末から20世紀前半の日本も同様であった。西ヨーロッパ、日本は先進国化の過程でスラムはしだいに縮小し、大都市人口は賃労働者、ホワイトカラー、商工業自営業者、等を中心とする構成になり、いわゆる都市中間層の比重が高まり、スラムは賃労働者や中下層自営業者などの居住区に変化していった。これにたいして、現在の開発途上国やNIEsのインフォーマル・セクターはかつての西ヨーロッパや日本のスラムよりはるかに膨大であり、経済が発展しても縮小しないともいわれる。

①しかし、このインフォーマル・セクターは伝統的部門ではなく、開発途上国の経済開発（＝近代化）の過程で形成されたものである。

②その経済的内容をみても、日本の資本主義化の初期段階に見られたものと類似し、直接に資本主義的関係に入ってはいないが、さまざまな形態で間接的に資本主義と関連をもっていることが多い。

③インフォーマル・セクターといわれるものの内部にも一部に近代的賃労働者や資本主義的家内労働者が形成されてきている。NIEsのインフォーマル・セクターではその傾向がいっそう顕著であり、都市中間層も形成され、本来のインフォーマル・セクターは縮小しつつある。

④したがって、確かにかつての西ヨーロッパや日本のスラムよりも膨大な人口をかかえ、独自の側面ももつであろうが、開発途上国の経済発展とともに形成され、変質し、縮小するのであり、その具体的あり方を調査・分析することが必要である。


## 中小工業

従来の工業化にかんする研究は、圧倒的に大工業中心であった。経済開発論でも事情は同じである。中小零細工業は遅れた前近代的な存在であり、

資本主義が発展してゆけばしだいになくなるものであるという考えが強かったのである。これも西ヨーロッパの歴史的経験を基礎にして、それを多分に理念化した西ヨーロッパ中心主義的な考え方である。中小零細工業は西ヨーロッパにも存在したのであるが、研究上では無視されたのである。非欧米資本主義国である日本は戦前においておびただしい中小零細工業が存在していたために、例外的に中小工業研究はかなりおこなわれてきたが、そうした研究も、多くは上に述べた西ヨーロッパ中心主義の立場に立つものであった。膨大な中小零細工業は日本資本主義の後進性を示すものであり、相対的過剰人口を基礎とする低所得・低賃金労働、低技術、前期的商業資本の支配といった特徴づけがおこなわれてきたのである。

　しかし、日本が高度経済成長をとげて先進国化し、さらに1980年代以後、製造業における国際競争力が先進資本主義国のなかでももっとも強くなった。その重要な条件として技術水準のかなり高い中小工業のぶあつい存在、巨大企業と中小企業の系列や下請関係の存在があることが明確となった。またアジアNIEs、とくに台湾、香港の輸出指向工業化の中心は中小零細工業であり、韓国でも朴政権下の重化学工業部門の大規模工業育成政策が70年代後半にゆきづまり、逆に中小工業が急速に発達しはじめた。中国でも78年末の改革開放政策への転換以後、郷鎮企業が急激に発達し、それが、農業における小農経営の復活・発展とともに、中国の社会主義経済から市場経済への転換が旧ソ連・東欧とくらべて比較的順調に進んでいる大きな条件である。要するに東アジア資本主義の発達が中小零細工業の重要性を明示し、新しい観点に立った中小零細工業研究の必要を迫っているのである。さしあたり、ここでは次の二点を指摘しておきたい。

　第一は、工業化の初期段階には、商業資本と零細工業の性格・役割が重要であることである。まず、東アジア諸国は19世紀中期に世界市場に組み

第2章　東アジア資本主義研究の課題　　55

入れられるが、その直前の段階において商業資本による零細工業経営の組織化（従来、一般に問屋制といわれてきたもの）が進んでいたのは日本だけのようであり、日本ではその後20世紀初期にいたるまで商業資本と零細工業の関係が発達していった。日本だけでなく一般に資本主義化の初期には、むしろこのような資本・賃労働関係ではない工業化が量的には圧倒的に多い。その技術はきわめて労働集約的であり、一見伝統的とみられるが、実際には技術進歩があり、以前にはまったく存在していなかった新製品である場合も多い。その技術進歩や新製品は商業資本に主導されたケースが多い。つまり、資本主義化の初期段階においては、零細工業の内部的変化と零細工業と商業資本との関係における変化が重要であり、前近代的・伝統的な存在と世界市場に組み入れられることによってむしろ形成・発達する存在とを区別する必要があるのである。

　第二は、大企業と中小零細工業の関係である。戦後の日本の経済的成功のために、大企業と中小企業の系列・下請関係が注目を集めているが、日本においてもそのような関係が形成されるのは1930年代以後のことであり、とくに戦後である。20世紀初めまでは、日本でも大企業と中小工業とは直接には結びついていなかった。別々の部門を構成しているか、同じ部門でも製品も市場も別（たとえば、大企業は大型製品・高級品を生産し、中小工業が小型製品や低価格品を生産する、またこの逆のこともある）であることが多い。しかし、まったく経済的連関性がないわけでもない。そこで、資本主義化の初期段階には、大企業と中小企業とのあいだの直接・間接のさまざまな関連の仕方（あるいは無関連）を分析する必要がある。経済を近代部門、伝統部門に分類し、その比重によって近代化の程度を測定するというような方法は、資本主義化の初期段階にはまったく有効ではない。大規模な近代的工業からまったく伝統的ともみえる零細工業にいたるまでの工業

全体について、その関連の仕方・程度を類型化してゆくことが必要である。

　もちろん、世界市場に受動的・他律的に組み入れられた後発国の場合、先進国の進んだ技術を導入した移植大工業の建設も必要ではあるが、労働集約的な中小零細工業の育成と両立したものでなければならない。移植大工業の建設に重点を置きすぎると大工業が国内で飛び地的存在となって、大工業自体の発達も結局は阻害される結果を生むことになるのである。そうした例はラテンアメリカ、インド、中国など、きわめて多い。


## 国家と社会統合

　世界資本主義体制に組み込まれた開発途上国が工業化をはかるうえで、国家の役割は重要である。先進国や多国籍企業の強力な経済的浸透力を放置し、国内における自由な活動を認めれば、従属経済化は必然であり、逆にそれを阻止すれば国際的に孤立し、経済発展にとりのこされてしまう。国際経済関係と国内経済関係とを調整し、先進国や多国籍企業と協力しつつも主体性を維持して適切にその国内における活動をコントロールし、国内経済統合を推進し、国際的には比較優位の条件をつくってゆくことが国家の経済的機能である。したがって、政治的独立は自立的工業化のために必要な基本的条件である。

　しかし、他方において、国家がそのような経済的役割をどの程度まで担いうるかは、社会のあり方によって規定される。社会を構成するさまざまな集団や団体の性格、その発達の程度、それら社会団体の相互関係などが社会を性格づけている。たとえば、日本では江戸時代以来、商工業者の団体（同業組合）が発達し、明治維新以後もそれら業種別・部門別・地域別（商業会議所など）の商工業団体が高度な発達をとげた。そして政府の経済政策の多くはそれらの諸団体を通じて実施された。

第2章　東アジア資本主義研究の課題　　57

　ところが、現在の開発途上国においては、商工団体の自主的発達は一般に強くない。そのため政府の経済政策の実効性、その国内経済にたいする浸透度が弱かったり、片寄ったりしたものであることが多い。また行政力によってその実効性を高めようとすると官僚制が肥大化し、財政膨張の原因となり、腐敗・非効率をうみだすことになる。

　次に、この国家による社会・経済の統合のあり方、程度、逆に国家にたいする社会の規定性という点から開発途上国、とくに東アジア諸国を見た場合の問題点のいくつかを指摘することにしよう。

　①権威主義体制論、とくに開発独裁体制論について。開発途上国の国家を権威主義体制とか、あるいは開発独裁と規定することが多いが、そのような概念はあまり有効ではない。かつては、民主主義的政治体制が近代経済発展にもっとも適合した政治体制であるとする見方があった。これも西ヨーロッパの歴史を理想化した理論であるが、他方、開発独裁が開発途上国の経済発展にもっとも適合的ともいえない。こうした国家の分類は国家の社会・経済統合機能という点からは形式的なものにすぎない。

　北原淳氏はタイの歴史的経験にもとづいて、開発途上国の独裁体制を前近代的なⅠ型と近代的なⅡ型に分け、前者（Ⅰ型）は特定の政府要人や支配集団が特定の資本家や資本家集団と個別に癒着して、相互の私的利益をはかるパターンであり、後者（Ⅱ型）は政府が特定の資本家や企業の利益からは中立的となり、資本家団体、資本家政党など資本家層全体と制度的に関係し、公的利益をはかるパターンであるとしている（涂照彦・北原淳編『アジアNIESと第三世界の発展』有信堂、1991年、第1章）。この見方は開発独裁体制と経済近代化との関係をとらえるうえで一定の有効性がある。ただ、Ⅰ型を前近代的ともいえないであろう。Ⅰ型とⅡ型の区別は、むしろ国家の社会統合機能の発達の程度の差異であり、開発途上国の国家とNIEs国

家の差異とするのが妥当ではないだろうか。

前近代国家と近代国家の差異は階級的なものであり、その国家が伝統的支配を維持しようとしているのか、それを解体し、近代化を推進しようとしているのか、によって決められる。Ⅰ型であっても後者であれば近代国家であろう。

②独裁か民主主義体制かという点についても、形式的にではなく、実質的にとらえる必要がある。民衆の政治参加や政治的発言力がどの程度認められているか、政策に民衆の利害がどの程度もりこまれているか、といった点を見る必要がある。東アジアの権威主義体制においては、概して民衆の政治参加がある程度認められていた。東アジアの開発途上国の多くはもとは植民地であり、独立をかちとる過程で民族的ナショナリズムが高揚した。そのために国家の正当性を維持するには、民衆の参加をある程度認めなければならなかったのである。それが権威主義体制を実質的にチェックし、権力の腐敗や非能率をかなり防いだと思われる。19世紀のラテンアメリカの独立の場合には本国から移住した西ヨーロッパ系の支配層による本国の植民地支配にたいする反乱にすぎなかったし、20世紀50〜60年代アフリカ諸国の独立の場合、そのナショナリズムの高揚の多くは、民衆レベルのものではなく、操作された要素が大きい。

③開発途上国の政治体制の近代化の程度については、さしあたり次の三点から見るのが有効であろう。(a) 全国的な行政組織と徴税組織の発達の程度、(b) 一国単位の経済政策がその国の国内的・国際的諸条件に適合している程度、その立案・決定・実施のメカニズム、(c) 政府の政策に国民各層の要求が反映されるメカニズムの形成・その方式や発達の程度。

## 植民地のあり方

　東アジアの多くの国々はかつては欧米、日本の植民地であった。したがって、東アジア資本主義の歴史的諸条件の研究には、植民地期をいかにとらえるのか、という課題がある。従来、植民地とそれにたいする帝国主義の支配については、基本的に二つの相対立する考え方があった。一つは植民地化のプラス面を強調してマイナスの面を過小評価する考え方であり、帝国主義本国の支配は遅れた低開発国にたいして、鉄道・道路・港湾施設などのインフラストラクチュアの建設、近代工業や近代的教育・医療の導入などをおこなって文明に導いたとする帝国主義支配を正当化する立場に立った考え方である。もう一つはこれと対極に立つ考え方であり、民族解放運動、さらに第二次世界大戦後に植民地からの独立を達成した新興国の立場から、帝国主義による植民地の搾取・収奪を強調するものである。

　ただし、この相対立する二つの見方には基本的な共通点がある。それは両者とも植民地における基本的規定要因を支配する側、帝国主義の側においている点であり、植民地の内的条件を軽視したり、副次的にしか見ない傾向があることである。これはさきにみたように、従来の経済学がマルクス主義経済学や新従属理論、世界システム論においても開発途上国の資本主義的工業化の規定要因を先進国の側、世界市場の側からみる傾向が強かったこととも共通する問題である。帝国主義本国と植民地という条件がその傾向（先進国中心主義・西ヨーロッパ中心主義）をより強化しているのである。

　1970年代になると、かつて植民地であった開発途上国のなかから急速な資本主義化をとげる国が現れてきたことが認識されるようになった。実際の資本主義化は、それより早い時期——おそらく1930年代——から始まっていたのであるが、70年代に先進国経済が停滞化するなかで、その先進国

向け輸出を主導力とする（これも先進国の側からそのように見えたという面が強い）NICs（NIEs）の急速な台頭が注目を集めるようになったのである。さらに、80年代には、そのなかでもとくにアジアNIEsの発展がいちじるしく、それに続いてASEAN諸国も資本主義化してきたことによって、東アジア地域における急速な経済発展と資本主義化の歴史的条件にたいする関心が生まれてきた。そのなかの中心的課題の一つが植民地支配のあり方と独立後の経済発展や資本主義化とのあいだにどのような関連があるのかという問題である。この問題を検討する場合、次の諸点に注意しなければならない。

①東アジア資本主義の形成・発展の歴史的前提・条件としての植民地研究は、植民地の内的条件を基本にする必要がある。それは、第一に帝国主義本国の視点からの、帝国主義研究としての植民地研究ではなく、その国・地域の歴史的発展過程のなかにおける植民地時代の研究であり、その国・地域の前近代から現代にいたる歴史の一部であるということである。ことわっておくが、このことは帝国主義研究の一環としての植民地研究が必要ではないということではない。両者は研究対象が共通であるが、研究の視点、課題が異なるのである。第二には、さきに述べた従来の植民地についてのとらえ方から脱却しなければならない。第三には、従来の植民地研究は帝国主義本国の政策を中心としたものであったが、政策レベルの研究ではなく、経済、さらに社会、政治の実態、その構造の研究を中心にすえる必要がある。この点はNIEs研究や開発途上国の研究についても共通する問題であり、従来のNIEsや開発途上国の研究は政策レベルの研究が圧倒的に多く、ついで個別の農村などの実態調査が多いのであるが、一国全体の経済の構造分析を本格的に進めなければならない。

②帝国主義本国の政策についても、それにたいする植民地側の対応、両

者の相互作用、その結果としてうみだされる植民地経済構造の変化を見て
ゆくと、本国の植民地政策のあり方自体が植民地の内的条件に規定されて
いる面が大きいことがわかってきた。また、政策の実効性という点になる
と、いっそうその傾向が強いのである。

　③植民地のあり方の相違。植民地とは、帝国主義国によって国家主権を
奪われた状態であるが、宗主国の植民地支配のあり方、その政策はさまざ
まに異なっている。宗主国の違いによって異なるばかりでなく、同じ宗主
国でも植民地ごとにその政策が異なることも多いし、同一の宗主国の同一
の植民地でも時期によって異なることがある。

　たとえば、イギリスのアジア植民地の場合でも、大別して（a）インド、
セイロン（現在のスリランカ）、ビルマ（現在のミャンマー）と（b）マレーシ
アと（c）香港、シンガポールの三つの類型に分けることができる。イギリ
スのインド、セイロン、ビルマにたいする支配は搾取・収奪の面が強かっ
たために、植民地の民衆に資本主義にたいする反感を植えつけることにな
り、独立後の政府は社会主義的政策をとることになった。マレーシアにた
いする支配はセイロン、ビルマの植民地支配についての反省があったこと、
マレーシアが人口が少なかったなどの条件によって、インド、セイロン、
ビルマにたいする支配とはかなり異なっていた。たとえば、セイロンでは
村落共有地が植民地政府によって取り上げられてプランテーション所有者
に売却され、それが1935年に廃止されるまでに100万エーカー（約42万ヘク
タール）におよんだ。この政策は小農民に大きな打撃を与えたのである。
一方、マレーシアでは1913年にマレー人保留地区法が制定され、マレー人
の村落社会をイギリス人植民者から守る目的で非マレー人にたいする土地
売却が禁止された。マレーシアは当時人口希薄であったから、マレー人小
農民の共有地を収奪しなくてもイギリス人はプランテーションを発達させ

ることができたという事情もある。独立後のマレーシアにおける60〜70年代の急速な経済発展は農業部門の発展に依存していたが、それは植民地時代の小農民経営の一定度の発展が一つの要因であったと考えられる。香港とシンガポールについては、イギリスはここを東アジア地域におけるイギリスの海運・金融・貿易、さらに政治、軍事の拠点として開発した。それが第二次世界大戦後において、両地域の資本主義発展の基盤となった。

モンスーン・アジアにおける第二次世界大戦後の経済発展にかんするすぐれた研究をおこなったハリー・オーシマは、このような事実にもとづいて南アジア、東南アジア、NIEsの3地域の独立後の経済発展の相違の多くの部分は植民地統治の違いに帰することができるとしている(Harry T. Oshima, *Economic Growth in Monsoon Asia: A Comparative Survey*, Univ. of Tokyo Press, 1987, 日本訳、ハリー・T・オーシマ『モンスーンアジアの経済発展』勁草書房、1989年)。

オーシマの研究は植民地政策を中心としたものであるという欠陥があるが、植民地の内部構造とその変化を中心にすえて、植民地の比較史的研究をおこなうこと、それによって独立後の経済構造の変化と関連づけた植民地の類型化をおこなうことが必要である。

④植民地時代の朝鮮・台湾の経済構造の変化とその条件。この問題については私はかつて、粗っぽい検討をしたことがある（中村哲前掲『近代世界史像の再構成』、『世界資本主義と移行の理論』〔韓国語〕第3章）。また、われわれの共同研究によって朝鮮におけるその具体的なあり方がかなりの程度明らかになってきた（『朝鮮近代の歴史像』日本評論社、1988年、『近代朝鮮の経済構造』比峰出版社、1989年〔韓国語〕、『朝鮮近代の経済構造』日本評論社、1990年、『近代朝鮮水利組合研究』一潮閣、1992年〔韓国語〕、『近代朝鮮水利組合の研究』日本評論社、1992年、『近代朝鮮工業化の研究』一潮閣、1993年〔韓国語〕、『近代朝鮮工業化の研究』日本評論社、1993年）。

安秉直氏はその基本的要点を次の二点であるとしている。第一に、日本帝国主義の朝鮮にたいする植民地支配の特徴は「開発を通じた搾取」であり、それによって朝鮮において日本資本の主導する資本主義が発達したということである。第二は、朝鮮人資本も日本資本によって抑圧されながら、他方においてその影響のもとに発展したということである（前掲『近代朝鮮工業化の研究』まえがき）。さらにつけくわえれば、日本帝国主義が最後の帝国主義であり、先進諸国の植民地支配を研究して政策を展開したこと、しかも両大戦間期の、19世紀資本主義から20世紀資本主義への移行期における植民地支配であること、他方、朝鮮は植民地以前に小農民経営がかなり高度に発達しており、李氏朝鮮時代から官僚制が前近代的形態においてであるが発展していたこと、そのような歴史的前提条件のうえに朝鮮民衆が日本帝国主義の支配に主体的に対応したことなどをあげることができる。

また、日本帝国主義が敗北したために、日本の帝国主義支配は、敗戦とともにいっきょに解体し、朝鮮の独立が早期におこなわれたし、植民地時代の日本政府・日本人の財産はすべてアメリカ軍の管理をへて、韓国・北朝鮮の所有に帰した。あたかも外国資本の完全な無償没収がおこなわれたのと同じ事態になったのである。インドネシアにたいするオランダの支配、ベトナムにたいするフランスの支配が、第二次世界大戦後に復活し、それに対して、インドネシア、ベトナムの民族解放・独立のための闘争が武力をともなっておこなわれたことにくらべて相対的に有利な条件であったといえる。

## あとがき

東アジア資本主義の内的諸条件については、ほかにも重要なものが多い

が、時間切れのために、以上で一応終えることにする。


補足説明

　　本章は、1993年12月15日に行われた東アジア地域研究会の創立大会における
報告の文章化である。

　　東アジア地域研究会は、日本でも東アジア研究が本格的に取り組まれるよう
になったことに対応し、東北アジア、東南アジアの経済・政治・歴史を研究す
る西日本の研究者をメンバーとして関西を中心に創立された。その主要な目的
の一つに、東アジア研究が、ともすれば国別に行われている状況を打破し、個々
の国をこえて東アジアを全体的、統一的に把握しようとすることにおかれた。

## 第3章 現代の歴史的位置

## 1. 現在、世界で起こっている重要な変化

### 金融危機と世界不況

　2007年にアメリカのサブプライムローンの破綻に端を発した金融不安は、08年3月の5大投資銀行の一角、ベアー・スターンズの破綻で深刻化し、9月の投資銀行4位のリーマン・ブラザーズの倒産以後、急激な信用収縮、生産・消費の急減など世界経済危機が一挙に深刻化した。1929年世界大恐慌以来の世界経済危機、あるいは100年に1度の危機と言われたが、現在からみると主要国政府・中央銀行の協調、金融機関・企業に対する早期の対応が効果を生んで、09年1～3月を底に世界経済は予想外に早く回復に向かい始めた。覇権国アメリカ発であること、とくに金融力において世界最強であるアメリカがその金融自身で破綻し、世界に重大な被害を与えたこと、BRICs[1]などの新興国も不況に陥り、デカップリング論[2]も破綻したこと、などが大きな特徴であった。しかし同時に中国、インド始め新興国（中進資本主義国）が主導して世界経済が急回復しつつあることも、一般の予想を超えた。

　これは29年恐慌に対する対応の誤り、その結果、不況の長期化、世界市場の縮小・分断、国際対立の激化、世界大戦という苦い歴史的経験が強く働いて（1990年バブル崩壊以後の日本の長期不況の教訓もあった）、主要国政府・国際機関主導の国際協調路線が一応危機を食い止めたというところで、問題が解決し、危機が去ったわけではない。政府の介入はかつてない規模で

あり、今後さらに拡大するだろうし、膨大な財政赤字が生じ、今後さらに
増加する。すでに国家信用の低下が始まり、従来の経済危機のように弱小
国・発展途上国だけでなく、イギリス・日本や南欧のEU加盟国など先進
資本主義国にも起こっている。アイスランド、アイルランドなどヨーロッ
パの小国は銀行の規模が国家の救済能力をはるかに超えてしまった。金融
資本主義の改革・金融機関の規制・規模縮小が資本主義存続のために必要
になっている。


## 混迷する世界

　経済危機後、世界経済には大きな変化が始まっている。90年代からのア
メリカ金融資本主義を核とするグローバル資本主義が崩れ、新しい多極化
が始まっている。それが何処に行き着くか、どのような世界市場ができる
のかはまだわからない。東アジアについて言えば、アメリカ金融資本主義
が作り出したアメリカ家計の過剰消費の縮小・貯蓄率の急上昇が起こって
おり、アメリカ向け輸出に支えられていた東アジア経済は別の市場を見つ
けなければならない。中国はじめ東アジア（インドを含め）諸国は財政投資
を急増させて国内市場開発を志向している。中国は巨額の財政投資をイン
フラ整備にむけており効果をあげているが、金融緩和は不動産バブルを生
じ、金融引き締めに転じた。中長期的にみれば、東アジア諸国にとっては、
貿易だけでなく、投資・通貨を含めて東アジア経済圏をどのように作って
いくかが大きな課題であり、そのためには中・日はじめ東アジア諸国の安
全保障を含む政治協力の強化が不可欠である。

　環境問題も21世紀の大きな課題だが、利害対立（国家・資本など）が大き
く、最近は経済問題化し、とくに$CO_2$排出量削減が中心になりすぎて、そ
れ以外の重要問題が取り残されている。EUは$CO_2$削減に熱心だが、排出

権取引の金融市場を育成して世界の中心にする意図を持っているし、アメリカが巻き返し中である。コペンハーゲンで開かれていた国連気候変動枠組み条約締結国会議（COP15）は09年12月19日に終わったが、ほとんど意味のある合意は得られなかった。$CO_2$排出による気候温暖化のデータにも疑問が出ている。アメリカや中国などの新興国・途上国は自国の経済発展を中心に据え、それと両立しない環境政策には反対であり、経済や技術の新分野としての環境問題を重視する姿勢である。人類生存の基盤である地球環境問題の解決は前途遼遠である。COP15で特徴的だったのは中国主導の途上諸国が国連で大きな力を持つようになったことであり、今後の国際機関（国連・IMF・WTOなど）は制度の大改革をしなければ、機能しなくなるだろう。

　核問題も北朝鮮、イランに注目が集まりすぎているが、アメリカは核の新しい世界管理体制作りに動きロシアと協調して核軍縮を推進している。米ロ英仏中5カ国（この5カ国は国連安保理事会の常任理事国でもある）の特権を認める核拡散防止条約（NPT）は、5カ国以外の核保有国がつぎつぎに出現して、条約の有効性がなくなってきたためである[3]。核保有国の政治不安定・核の小型化が核流出の可能性を高めている。イスラエルがイランの核武装を阻止するために先制攻撃する可能性もあり、それは中東戦争の引き金になる。

　中国、インドを始めとする新興資本主義国（中進資本主義国）の発展はますますはっきりしてきた。世界経済システム転換の推進力であり、政治的にもこれら諸国の発言力が強まり、先進国サミットであるG7、あるいはロシアを加えたG8の力は大きく低下した。現在の経済危機に対する世界の協調体制は、主要新興資本主義国を加えたG20が実質的な協議の場になってきた。しかし、G7、G8も開催されているし、さらに旧体制化し、

68 第Ⅰ編 総 論

機能が弱体化した国連（UN）、IMF、WTOなどの国際機関に代わる新機関構想はまだ出されていない。現行機関の部分的な手直しも案（新興国の発言権強化）は出されているが、実行はこれからというところである。

現在の世界は、アメリカ覇権の20世紀世界資本主義システムの解体過程が金融危機によって加速したにもかかわらず、それに代わる21世紀の制度構築が遅れているのである。


## 現代の歴史的位置

今回の世界経済危機について、1980年代以来の新自由主義の終わり、あるいは1990年代に始まる金融資本主義の終焉、等の評価が出されているが、歴史的視野をもっと広げて、1929年恐慌と類似する面に注目すべきである。それは単にその深刻さや規模の大きさ、影響の強さというだけでなく（この点では今回の経済危機は29年恐慌よりかなり小さい）、29年恐慌が19世紀資本主義から20世紀資本主義への移行期に起こり、移行を強力に促進したという面に注目する必要がある。今回の世界恐慌は1989年ベルリンの壁崩壊、90年ドイツ統一、91年ソ連崩壊に始まる20世紀的体制の解体過程に起こり、その過程を強力に促進する。アメリカ経済の弱体化、アメリカの世界支配の後退、新興国、とくに中国の世界政治・経済における力の急速な増大、先進資本主義国と新興国の力関係の変化と対立・摩擦。そのようにみると、今回の経済恐慌を乗り越えれば、世界経済が安定するとは言えず、世界政治・経済の不安定状態は続き、今後も経済危機を何度か経験することになるだろう。

かつての世界の体制転換は二回の世界大戦と29年大恐慌を経て、アメリカ主導のブレトンウッズ体制が成立した。今回の危機は戦争による決着（第三次世界大戦）という乱暴な解決はありえないだろうから（もし起これば大規

第3章　現代の歴史的位置　　　　69

模核戦争となり、人類の絶滅の可能性もある）、それだけに解決に時間を要し、
紆余曲折をたどるだろう。

## 2．資本主義の終焉についての考え方

　19世紀半頃以後、すなわち世界資本主義（資本主義が世界経済の中心とな
り、世界経済を規定するようになった段階）が成立した以後、資本主義をトー
タルに認識し、その発展過程を分析すると同時に、それによって資本主義
の終末・没落の在り方・条件を予想したのは、マルクス経済学系の理論だ
けだったと思う。マルクス経済学は資本主義を歴史的・過渡的な体制と考
えるから当然だし、近代経済学は近代資本主義を永続するものと前提する。
しかし、マルクス経済学は資本主義を変革し次の新しい社会を志向するの
で、現実をその方向に解釈しやすい。これは長所でもあり欠陥でもあるが。
そのためにこれまで資本主義の終末・没落を何度も予想したが、そのたび
に現実に裏切られた。
　資本主義の終末・没落論の主要なものとして、マルクス、エンゲルス、
レーニン、ローザ・ルクセンブルグを取り上げる。20世紀初めまでの理論
だが、20世紀後半以後の新従属理論[4]（フランク、アミン）、世界システム論
（ウォラーステイン）、レギュラシオン理論[5]（ボワイエ、アグリエッタ）など
は、資本主義、とくに20世紀資本主義の構造・諸矛盾の研究が中心であっ
た。

### マルクス

　マルクスの資本主義終焉論は1857年までは恐慌革命論だった。1847年恐
慌を契機に48年革命が起こったことがその根拠だった。57年恐慌が起こる

と革命が起こると予想したが、実際には起こらなかった。それに失望した
マルクスは恐慌革命論を捨て、『資本論』（1867年第1部初版刊行）に結実す
る資本主義の運動法則の研究に没頭した（恐慌は資本主義を動揺させるが、投
資・生産と消費の不均衡を強行的に解消し、新たな拡大再生産を可能にする循環性
のものとされた。もちろん、動揺が革命の契機になることはありうるが）。

　彼は恐慌革命論が破産したことを確認した1859年1月に、有名な「史的
唯物論の定式」と言われている文章（マルクス自身が言っているわけではな
い）を書いたが（『経済学批判』序言）、そのなかで「一つの社会構成は、そ
れが生産諸力にとって十分の余地をもち、この生産諸力がすべて発展しき
るまでは、けっして没落するものではなく、新しい、さらに高度の生産諸
関係は、その物質的存在条件が古い社会自体の胎内で孵化されてしまうま
では、けっして古いものにとって代わることはない」[6]と言っている。資本
主義が成熟しなければ、次の社会は来ないという考えを示したのだが、こ
れは基本的に正しいと思う。マルクスはその後、1871年のパリ・コンミ
ューンを世界最初の社会主義革命として、革命のプロレタリア独裁論を作
り、晩年（1880年代初め）には、ロシアの革命派（マルクス主義者ではなくナ
ロードニキ）の考えを支持して後進国革命論に傾いた。少なくとも現在から
みればこれは誤りであった。

## エンゲルス

　マルクスは1884年に亡くなったが、西ヨーロッパ資本主義は相当発達し
た段階に達した。特にドイツ資本主義の発展は目覚ましく、そのドイツで
社会主義政党が急速に力をもつようになった。エンゲルスは晩年、そうし
た条件によって、「階級闘争の諸条件も変化した。奇襲の時代、無自覚な大
衆の先頭にたった自覚した少数者が遂行した革命の時代は過ぎ去った」[7]と

し、普通選挙制度を利用し、議会制民主主義を維持した多数者による平和的革命という考えを打ち出した。先進国革命論である。先進国革命論は20世紀に入ってグラムシによって発展させられ、1960年代以後、西欧マルクス主義の先進国革命論が作られていく。

### レーニン

　これに対して後進資本主義国ロシアの革命家レーニンは、後進国革命論を作り、実践した（1917年ロシア革命）。マルクスの革命理論を継承し、国家権力の暴力的破壊、プロレタリア独裁の理論である。革命初期には西ヨーロッパ、とくにドイツの革命に期待し、それと連携して革命を成功させようとしたが、ドイツ革命の失敗で孤立し、生き残りのために国家資本主義的政策を導入した（ネップ）。レーニン死後、スターリン体制は国家資本主義だと言えるのではないか。またレーニンは、資本主義は19世紀末から最高の発展段階である帝国主義段階に入ったが、それは同時に資本主義の危機・没落の時期であり、社会主義革命の時期であると考えた（『資本主義の最高の段階としての帝国主義』1916年、『国家と革命』1917年）。しかし、現在からみれば、確かに資本主義の危機の時期（二度の世界大戦と29年大恐慌）であったが、資本主義は危機を乗り越えシステムを転換して20世紀資本主義になってさらに発展を遂げた。つまり19世紀資本主義の危機の時期であり、20世紀資本主義への移行期であったのである。ロシア革命は資本主義成熟以前の革命であり、社会主義革命としては成功の条件がなかった。

　植民地・半植民地（あるいは従属国）であった中国を始めとするアジアの革命派の急進派は社会主義理論を受け入れたが、それは実際には民族独立のための革命のイデオロギーであり、革命後に成立したのは社会主義ではなく、国家資本主義であった[8]。それは後発国の急速な経済開発の推進と

アメリカを始めとする先進資本主義からの侵略の危機（実際の、またイデオロギーの上での）に対し国民経済の総力を結集するためであった。つまり、総力戦体制としての戦時国家資本主義であったのである。70年代後半以後の米ソ緊張緩和（デタント）、70年代半ばのベトナム戦争終結によってこの体制は解体に向かう（中国の改革開放政策への転換、ベトナムのドイモイ政策）[9]。戦時国家資本主義から平時の国家資本主義への移行であり、同時に世界市場から隔離した閉鎖型経済から開放型経済への転換であった。しかし現在でもなお、これら諸国は国家資本主義的な性格を強く持っている[10]。

## ローザ

ポーランド人でドイツ社会民主党左派のローザ・ルクセンブルグは、マルクス『資本論』を継承して資本蓄積論を発展させようとして『資本蓄積論』（1912年）を書いた。マルクスの再生産論では拡大再生産（特に剰余価値の実現）が証明できないと考え（これは誤解で、すでにレーニンが「いわゆる市場問題について」［1893年執筆］で解決していた）、マルクスの純粋資本主義（『資本論』の世界）の内部での拡大再生産は不可能で、資本主義の拡大再生産は非資本主義部門に寄生し、それを解体してゆくことによって可能であり、非資本主義部門が消滅すれば資本主義は存立不可能で、崩壊するとした。この考えは純粋理論としては誤りであるが、歴史的リアリティとしては優れており（現実に非資本主義部門に依存していない資本主義は現在まで存在しなかった）、その後現在までマルクス派のなかで有力な理論的流れを作っている（たとえば、新従属理論）。

## 小括

マルクス派の資本主義終末論・没落論は整理すると、次の三つの問題と

第3章　現代の歴史的位置　　73

それに対する考え・立場の違いになる。第一、資本主義の終焉は、資本主義が成熟しなければ実現しないのか、それ以前に非資本主義地域の革命によって可能（非資本主義の道）なのか。第二、先進国革命か、後進国革命か、あるいは世界革命か。マルクス、エンゲルス、そして初期のレーニンは世界革命論であるが、それをどこが（先進国か、後進国か）主導するのかで違っていた。第三に、国家権力の暴力的破壊・プロレタリア独裁か、民主主義的なやり方による平和的移行か、である。現在まで、資本主義は存続・発展しているから、これら理論はいずれも実現していない。資本主義の発展と現在の危機の在り方をふまえて、理論的再構築が必要になっている[11]。

## 3．資本主義の成熟

### 21世紀システムへの移行の意義は資本主義の成熟

　私の考えでは、現代は20世紀資本主義から21世紀資本主義への移行期であり、それは1989年ベルリンの壁崩壊から始まる「社会主義体制」（冷戦体制の一極を担うソ連とその同盟国である東ヨーロッパ諸国の体制でその本質は国家資本主義）[12]の解体からであり、今後幾度もの政治的・経済的危機を含んで、相当期間続くと思われる。次の体制を形作る要素は徐々に形成されつつあるが、なお、現在のところ旧体制（20世紀システム）が支配的である。これについて1997年に『新しい歴史学のために』228号に「20世紀資本主義から21世紀資本主義へ」という論文を書いた[13]。その内容は現在も大体通用すると思うが（ただし分析は浅かった）、その論文では21世紀資本主義への移行の中心問題は資本主義の成熟であるとした。本章でもこの問題を中心に据える。その後20世紀システムの解体がさらに進んで、世界の不安定

化が進んでおり、新しいシステム・制度の構築が必要だという認識はかなり一般化してきた。

　資本主義の成熟には様々な要素・側面があるが、ここでは人口問題に絞りたい。つまり、資本主義の成熟とは、資本主義的関係に直接に包摂された（資本・賃労働関係に組み込まれている）人口が世界全体の人口の大部分を占めるようになった資本主義の状態をいう。これは一番簡単にわかる指標であるだけでなく（もっとも厳密に数値を出すことは難しいが大勢として）、資本主義の発達度の本質的な内容だからである。

　資本主義が地球上で最初に成立した15世紀（最近はさらに早いという説もある）から600年を経過しているが、その間、資本主義に直接包摂された人口は世界人口の中で一貫して相対的に少数であった。資本主義が世界経済の規定的・支配的関係になった19世紀中期（世界資本主義の成立）でも一国単位で人口の圧倒的部分が資本・賃労働関係に入ったのはイギリスだけであり、その後、西欧、アメリカ、ついで日本がそのような状態に達したが（先進資本主義）（他にカナダ、オーストラリア、ニュージーランドなど）、つい最近、1980年頃でも世界人口の20％程度に過ぎなかった。

　ところが、その後、現在まで東アジアNIEs（韓国、台湾、香港、シンガポール）、ASEAN諸国、中国、インド、パキスタン、中近東のいくつかの国、ラテン・アメリカ諸国、それに資本主義化が急速に進むロシア、東欧という先進資本主義国を除く世界の大部分の地域が急激に資本主義化しつつある。冷戦が終わり資本主義のグローバル化が急速化したのである。今のところサハラ以南のアフリカは遅れているが、ここでも最近、資本主義化が進んでいる。現在、それら諸国は既に先進資本主義化したところもあるが（東アジアNIEsなど）、多くは中進資本主義国段階で、人口の過半は直接には非資本主義的関係の中にある（農民など）。然し、今後30〜40年間でそれ

ら諸国の殆どで人口の大部分が直接、資本主義的関係に包摂されることになるだろう。そうなると21世紀半ばには世界人口の大半、たぶん70～80%が資本主義的関係に入る。資本主義の歴史において数百年にわたり人口的には少数派であった資本主義にわずか半世紀で巨大な変化が起こり、資本主義は成熟期に入ることになる[14]。

## 資本主義の質的変化

　世界人口のいちばん多い部分は現在、中進資本主義段階にある。これら諸国は非資本主義部門から資本主義部門への人口移動が進んでおり、資本主義は豊富な低賃金労働力に恵まれて経済発展が特に急激である。中国はその典型である。然し、非資本主義部門が資本主義部門に吸収・解体されていけば、資本主義部門への労働力移動はやがて減少し、無くなる。労働力の再生産が資本主義の内部だけで行われるようになる。これまでは非資本主義部門の労働力を取り込むことによって資本主義は労働力再生産費をかなり節約できた。出産に伴う費用、子供や老人の養育費・教育費・扶養費などをかなり非資本主義部門に負担させることができたのである[15]。

　それは資本・国家・社会に様々な変化を引き起こす。資本にとっては労働力再生産費を全面的に負担しなければならなくなり、実質賃金（使用価値基準）が上がらざるを得ない。賃労働者が社会の多数派になり、大衆民主主義が成立するので価値面でも労働者への配分率を下げることは難しくなる。実際、先進国化すると、実質賃金が上がり、GDPに対する労働配分率も高まる傾向がある。これらの条件により中進国が先進国化すると経済成長は鈍化する傾向がある。同時に人口増加も鈍化する。資本は賃金上昇を抑えようとするし、労働者側も福祉国家化によって沢山の子供は必要でなくなる。女性の労働力率の上昇や高学歴化などによって、出産・育児の

機会費用が高くなるので、晩婚化・非婚化が進む。教育費・養育費も多額になるので少子化にならざるを得ない。

　先進資本主義国は労働力の枯渇を回避するために、いろいろな方法をとっているが、主要な手段は女性労働力の活用と移民である。両者とも一般に低賃金労働力であり、成人男性の賃金を引き下げる効果もある。先進資本主義国の女性労働力率は20世紀後半以後急上昇したし、移民の流れも急増している。資本にとってもう一つの重要な方法は、低賃金労働力の豊富で、ある程度制度・インフラなど資本主義化する条件がある外国に直接投資することであるが、この方法は国家や労働者にはマイナス効果が出る。

## 世界人口の増加停止

　1980年頃から加速する世界人口の質的転換、長らく少数派であった資本主義人口（資本・賃労働関係に直接包摂された人口）が急増し世界人口の多数派になる21世紀半ばまでの時期は、同時に世界人口の量的転換の時期でもある。

　世界の人口は大雑把にいって1750年頃までは多産・多死で人口増加は長期的には非常に緩慢だった。ところが、1750年7.9億人と推測される世界人口は1950年25億人となり、年率0.4〜0.8%と加速した。少死化、特に乳幼児の死亡率低下が始まったのである。第二次世界大戦後、途上国人口の爆発的増加が起こり、世界人口の増加は1960年代後半に年率2%に達した。人口問題が世界の大問題に浮上した。ところが、まさにその時に人口増加率の低下が始まったのである。増加率低下は加速しており、2005年1.3%となり、予測では2025年には1%を切り、2050年には0.5%程度になると見込まれる[16]。その後はさらに低下してゆく可能性が強い。それでも50年の世界人口は94億人と見込まれる。

第3章　現代の歴史的位置　　　77

　現在すでに、世界的に少子化が進んでおり、先進諸国では大多数の国で人口が単純再生産を維持できない水準（合計特殊出生率が置換え水準の2.08以下）に低下しているし、中進諸国はもちろん、人口増加が世界で最も早いアフリカでもすでに人口増加率は減少に転じている。近代の人口変動はごく一般化すると、それ以前の多死多産型から少死多産型となり、さらに少死少産型に転化する。現在、世界はその最後の段階に入ってきた[17]。21世紀半ば過ぎには世界の人口が増えなくなる可能性が強い。その後は減少に転じる可能性もある[18]。これも人類社会にとって大きな転換期になる。そしてこれは資本主義の成熟（資本主義が世界人口の圧倒的部分を包摂する）と密接に関連している。他の種々の要因や地域的な、また国毎の特殊要因も作用するが。歴史的にみると、国・地域、あるいは世界の人口収容力には、特定の社会・生産システムごとに限界がある。現在はこれまでと異なり地球が人類にとって有限の環境になったという問題を抱えているので、仮に21世紀半ばごろに社会・生産システムの転換が行われても、人口増加が再開されるかは疑問である。


## 4. 人間の再生産とその社会化

### 人間の再生産の社会化

　先進資本主義国の人口が増えなくなっているのは、主として少子化が原因であり、結婚年齢の上昇（晩婚化）や結婚しない人が増えており、結婚しても子供を産まない、産んでも一人か二人だけの夫婦が増えているからである。少子化問題は本格的に研究したことがないので自信はないが、先進国の社会・経済と家族制度（近代的核家族）が不適合を起こしていることが最大の原因ではないかと思う。

先進国は、福祉国家化によって老人の扶養は不十分ながら解決した。先進国は衛生・医療の進歩と社会福祉制度の改善・充実によって人間の寿命が急速に伸び、老人が急増している。労働能力の衰えた、あるいは失った老人も増えているが、働く能力も意欲もあるのに社会制度のために妨げられている場合も多い[19]。年金・介護保険、また老人扶養施設などによって家族の老人扶養負担をかなり減らしたのである。また、教育の普及とレベルアップによって同世代人口の半分以上が大学・専門学校に進学するようになり、その経済的負担も先進国では大半が社会化（公的負担）されるようになった。日本はアメリカや韓国とともに先進国では公的負担が少なく半分以下である。東アジア諸国は子供の教育に熱心だが公的負担が少なく、子供の養育費・教育費が高くなって少子化の大きな原因になっている[20]。先進国は高学歴・少子・高齢化社会になった。先進国では老人扶養は社会化されたが、育児の社会化は進んでいない。然し、西ヨーロッパ、とくに北欧諸国では1960年代後半から生まれる子供の中で婚外子が急激に増えて半分を超えてきていることからみても、育児も社会化されていくことは間違いない[21]。東アジア（日本・韓国・台湾・中国・シンガポールなど）で西ヨーロッパ以上に少子化が進み、再生産水準（置換え水準）を大きく割り込んでいるのは、育児の社会化が遅れていることが大きな要因になっている。

## 人間の再生産の社会化の意味

　近代家族が持っていた育児・教育・老人扶養などの機能が社会化されていくことは、人類史上、どのような意味を持っているのか。エンゲルスは『家族、私有財産および国家の起源』の初版序文（1884年）で、次のように述べている。

　　唯物論的な見解によれば、歴史を究極において規定する要因は、直接

第3章　現代の歴史的位置　　79

の生命の生産と再生産とである。しかし、これは、それ自体さらに二種類のものからなっている。一方では、生活資料の生産、他方では、人間そのものの生産、すなわち種の繁殖がそれである。ある特定の歴史時代に、ある特定の国の人間がそのもとで生活をいとなむ社会的諸制度は、二種類の生産によって、すなわち、一方では労働の、他方では家族の発展段階によって、制約される[22]。

　このエンゲルスの問題提起は、人類史を考える上で最重要ともいえる問題だが、エンゲルスは階級と国家の発生を中心問題としたので、人間そのものの生産に関しては原始共同体とその解体から家族の成立を簡単に扱っただけで終わっている。また、その内容は主としてルイス・H・モーガン『古代社会』（1877年刊）に依拠しており、現在の研究水準からすれば、否定されている点も多い[23]。ここで取り上げるのは人類史を見る基本的観点、人間の歴史を根本的に規定するのは、人間そのものの再生産とそれを支える生活手段の生産であるという観点である。人間の再生産を支える外部的条件である物質的生産については、現在まで膨大な研究がなされたが、それに比べると人間そのものの再生産、生の生産については現在まであまり研究は進んでいない[24]。

　資本主義は物質的生産（人間にとっての外部という点では情報・サービスも入る）の社会化（大規模生産と社会的分業）を進めてきたが、家族制度は却ってそれによって弱体化した。前近代社会では家族は小経営生産様式の担い手であった。資本主義の発達は小経営を解体し、家族の生産機能は次第に資本主義に吸い取られていった。現在、先進資本主義諸国では生産機能をもたない家族が圧倒的になり、さらに生活機能も奪われつつある。新興国・途上国でも資本主義化とともにその過程が進んでいる。人類の生存（再生産）にとって必要な二重の生産のうち、物質的生産はますます発達してい

るが、もう一つの生（せい）の生産を担ってきた近代核家族は弱体・解体しつつある。資本主義は人間の本質である二重の生産の不均衡を拡大することによって発展してきたのである。そして現在、物質的生産も地球という有限の自然（人類がその中ではぐくまれ、それから離れることができない自然）の限界に突き当たり始めている。

　近代核家族は生産・生活の両面で弱体化が進行しており、生活の社会化も先進資本主義国ではある程度進んできた。今後、新興諸国（中進資本主義国）、さらに途上諸国でも資本主義化が進むほど同様の過程が進まざるをえないであろう。生活の社会化が世界的になる。それは人類社会を大きく変えていくことになる。家族はなくならないだろうが、その形態は変わるし、家族とそれを取り巻く社会との関係も変わるだろう。


## 国家と社会の融合

　私が本章で取り上げる主要な論点は以上だが、それと関連する事柄を簡単に指摘して今後の課題としたい。

　先進資本主義諸国の福祉国家化は国家の肥大化を生んだ。先進国の国家財政はGDPの50～70%を占めるようになり、国家が生活の中に深く介入するようになっている。家族の解体・生活の社会化も国家の関与が大きい。これは既によく指摘されていることであり、福祉国家の研究も相当蓄積された。本号（京都民科歴史部会編『新しい歴史学のために』276号、2010年5月）特集で採り上げているネグリ＆ハートもポスト近代の特徴の一つに挙げている（近代からポスト近代は規律社会から管理社会への変化、市民社会は国家に吸収されてしまった、など）。確かに西洋流の近代的理念のように国家と社会が別々の自立した（もちろん関係し合っているが）存在であることは、福祉国家ではなくなっている。国家と社会の境界はあいまいになり、区別がつけ

にくくなっている。今後、中進資本主義国が先進国化すれば、世界的にそうなっていくだろう。この国家と社会の融合という事態は、大体において国家が社会を飲み込むという方向で考えられ（国家肥大）、ネグリ＆ハートもそうである。しかし逆の面、社会の働きかけによって国家が変質していく面も重要である（後述する移民問題はその一例である）。さらに言えば、西欧流の国家と市民社会という考え方もイデオロギー（西欧近代革命とそれによって成立した西欧近代を正統化する）的な面を含んでおり、欧米以外の歴史には当てはまらない面が多いし、現実の欧米の歴史とも食い違う面がある。西欧的な国家と市民社会という考え方自体も問い直す必要があるだろう。

## 国家と革命の捉え方

　資本主義の成熟によって国家と革命の在り方がどう変わるのかを考えることは容易ではない。

　マルクスの国家と社会の捉え方は、社会を基本的に規定するのは経済関係であり、それが社会の土台であり、政治関係は土台の上に作られる上部構造で、それにイデオロギー・観念が対応するというものである（いわゆる「史的唯物論の定式」）。国家は政治関係の中心で、社会が諸階級の対立によって分裂・崩壊しないように、社会を安定的に維持するために、社会（諸階級）の上に立ち、社会の外から階級利害を調整する機関である[25]。通俗マルクス主義的理解である、国家は支配階級の階級支配のための道具であるとする国家＝道具説（その代表はスターリンの国家理論）は専制国家形態の後進国で受け入れられやすく、その対極にナショナリズムの立場の国家＝共同体説があり、いろいろな国家理論はこの三種の混合であることが多い。

　古典的マルクス主義（マルクス、エンゲルス）の土台・上部構造、国家＝第三権力説は、19世紀には相当現実適応性があったが、経済分析に中心が

あり、政治・イデオロギーの理論化が弱く、両者が分断される傾向があった。西ヨーロッパが先進資本主義化するにつれて、国家・イデオロギーの重要性が高まり、国家と社会の関係も変化して、マルクス、エンゲルスやそれを受け継いだレーニンの国家・革命理論では対処できなくなった。グラムシ（1920年代のイタリア共産党書記長、ファシズム下で逮捕・獄死）は先進資本主義の国家と革命の研究を行い、戦後それが受け継がれて西欧マルクス主義（ネオ・マルクス主義）が形成される。その特徴は国家・イデオロギー分析を進め、理論水準を引き上げたことである。経済における先進資本主義分析もあるが、成果としては副次的である。60〜70年代の構造主義と総称される流れで、経済・イデオロギーではアルチュセール、バリバール、政治・国家ではプーランツァス、人類学ではレヴィ＝ストロースなど、である。その後の新従属理論や世界システム論、レギュラシオン理論などはその影響を強く受けており、これをネオ・マルクス主義第二世代とすれば、ネグリ＆ハートは第三世代だろう。しかしなお、現在の世界の状況には理論的に対応できていないように思われる。

　たとえば、先にふれた国家と社会の融合の進行。それを理論化するためには西ヨーロッパ近代に作られ、現在まで基本的に継承されてきた国家と市民社会の理論的枠組み（ネグリ＆ハートもその点では共通している）の再検討が必要である。

　また、現在の環境問題や移民問題は国家を超えた世界的問題であり、人類にとっての重要性を増している。環境問題では世界の金融取引に薄く広く課税し、その課税権を国連に持たせるという考え（トービン税）が出されており、実現すれば国連が国家機能の基本部分を一部持つことになる。移民問題については、移民の人権問題が国際問題となり、移民やその支援組織が国際裁判所に提訴し、それが受理されることが増えており、その判決

も出てきている。そうなると国家は国内法をそれに合わせなければならなくなり、国家機能の基本部分である裁判権の一部が国際化し始めているのである[26]。

　そうした現在の国家・社会の変化をみると、国家権力の暴力的破壊という革命は不可能であろう。世界的規模の社会の変化に合わせて国家制度の漸次的改変を重ねるという長期的・平和的革命（革命という語感とはズレるが）ということになるのではないか。いずれにせよ現在の先進資本主義国の、そして21世紀半ばに世界化する成熟資本主義の国家と革命の理論が要請されている。

## おわりに

　現代世界は大きな・深い・かなり長期の転換期の中にあり、それを20世紀資本主義から21世紀資本主義への移行期と見る、そして21世紀資本主義は成熟資本主義であるというのが本章の主要な主張である。主として人口の世界的趨勢からみており、その他の点は考慮していないか、問題として指摘しただけである。さしあたり必要なことは視点をはっきりさせることであると思うからである。

　それを前提としたうえで、過去の転換期（主要には19世紀資本主義から20世紀資本主義への転換期であった両大戦間期）とは質的に違う・それを超える面があることも事実である。本章から引き出せる限りで、その点に触れておきたい。

### 資本主義の労働力再生産メカニズム

　21世紀半ばには、資本主義に直接包摂された人口が世界の人口の大部分

を占めるようになり、同時に世界人口が増加からその停止、または減少に転じる可能性が高い。世界人口の急増は18世紀半ばにイギリス、フランスから始まったらしいが、その時期は産業革命と一致している。産業革命は資本・賃労働関係の拡大が加速する条件を作った。現在、その最終段階に入り、一方では資本・賃労働関係が世界人口の大部分を組み入れ、他方で世界人口の増加が止まる。18世紀半ばに始まったサイクルが終わるわけである。その間300年超。これに関して資本主義と人口増加とはどのような関係があるのか、を資本主義のメカニズムから解明する必要がある。衛生・医療の発達とか、乳幼児死亡率の低下とか、生活水準の向上とかの説明だけでなく、資本主義システムが人口増加を必要とし、かつ可能にしたメカニズムである。また、現在、資本主義が人口の圧倒的部分を組み入れてしまうと、人口増加がストップするのは何故か。これらの問題の解明が必要で、それがないと現在の世界転換の歴史的意味がはっきりしない。

これについて今のところ私には評価能力がないが、青柳和身氏の出している問題は検討に値する。その中心的論点は、賃金（直接賃金だけでなく、年金・保険・公的教育負担などの間接賃金を含めた総賃金）には現役世代の労働力再生産費とともに次世代再生産費（出産・育児・教育など）を含まなければならず、そうでなければ資本主義の永続性は確保されない。一方、資本は剰余価値（利潤）の増大を求めるから、賃金を抑えようとする。現役世代の生存は資本にとって現在必要だが、次世代労働者の再生産費を減らしても現在の剰余価値（利潤）を増やしこそすれ減らすことはない。そこで資本にとって対立的な剰余価値と次世代再生産費を含む賃金の両方を如何に確保するかが、資本主義の永続に決定的に重要である。資本はその条件を、家族の中へ女性を閉じ込め、男性優位のもとで、女性の出産に関する自己決定権を奪って出産を強制し、次世代再生産を女性の無償労働に依存

第3章　現代の歴史的位置　　　85

するシステムによって作り出した、とする[27]。従来のフェミニズム論は女性の従属的立場を直接的には近代家族の家父長制支配に求め、資本の抑圧は間接的ととらえる二元論的構成になっている。しかし近代核家族にも家父長制は存在するが、家父長制は資本主義以前からあったし、近代核家族ではむしろ弱まっている。この理論では資本主義再生産の持続性の独自のメカニズムの説明になっていない。青柳理論では国家・社会・家族の近代的構成の在り方の中に女性を位置づけ一元的に説明しているところに独自性がある。20世紀後半以後の女性の労働力率上昇、社会への進出により、女性に対する出産強制は弱まり、それが少子化を生んでいるという。そして将来展望としては、女性の社会的自立によって資本主義的出産強制は解体しつつあり、それは資本主義の存続を不可能にするとみている。私のこの分野の知識不足が大きいが、青柳理論ではなお解けない問題があるように思う。この問題（資本主義の持続性）と労働力再生産メカニズムの関係は、今後、ジェンダー・フェミニズム研究の成果も吸収して考えたい。

## 小経営生産様式と資本主義

　もう一つの大きな問題は、小経営生産様式と資本主義の関係である。資本主義はその成立以来、とくに資本主義が経済関係の規定的・支配的関係になって以来（世界的には19世紀中期から）、常に農民などの小経営生産様式と関係を結び、原料・製品市場にしてきた。最も重要な点は、労働力再生産費をある程度（いろいろな程度がある）小経営生産様式に負担させることによって、低賃金労働力を確保してきたことである。その小経営生産様式は農民を中心に世界的に急減しつつある。資本主義的生産様式の急拡大と表裏をなす事態である。このことが資本主義とどのような関係に立つのか。先に取り上げたローザは、資本主義の内部だけでは拡大再生産できず、資

本主義は自然経済・農民経済を収奪し、それを破壊することによって拡大再生産と蓄積を実現するから、資本主義は非資本主義部門が消滅すれば、崩壊せざるを得ないと考えた[28]。

　資本主義が小経営生産様式に寄生して発達するということは、新従属理論や近代経済学系の経済開発論でも認められている[29]。問題は純粋資本主義の内部で拡大再生産が可能かということであるが、それは資本主義が労働力再生産の安定的メカニズムを作れるかどうかによる。つまり非資本主義部門、基本的には小経営生産様式に依存せず、また、次世代労働力再生産費を含む賃金（間接賃金も含む）を支払うという条件のもとで、剰余価値（利潤）を実現できるメカニズムである。マルクス『資本論』は理論的にそういう前提をおいているが、それを組み入れた理論を構成してはいない。

## 小経営生産様式の終焉へ

　最後に、小経営生産様式そのものに簡単に触れておきたい。原始共同体の末期、定着農業の普及とともに小経営生産様式が形成されて以来、小経営生産様式は生産の主要な担い手であった。主要な前近代階級社会（奴隷制・農奴制など）は小経営生産様式を土台とする生産関係であり、前近代の社会・経済の発展は小経営生産様式、とりわけ農民経営の発達度に依存していた[30]。奴隷制・農奴制などは、それに組み入れられている小経営の再生産には欠かせないが、小経営（とそれが相互に取り結ぶ共同体的関係）には作り出せない社会的生産手段（道路・通信・水利・灌漑など）を整備・維持することや小経営存続のための社会秩序（それは奴隷制・農奴制的秩序である）を維持する役割を担っていた。然し、基本的生産過程は小経営（その中心は農民）が担ってきたのである。独自的資本主義的生産様式（資本による労働の実質的包摂）が初めて小経営に代わって独自に直接的生産過程を組織した

第3章　現代の歴史的位置　　　87

のである。そこに資本主義が前近代階級社会と質的に異なる性質がある。

　長期にわたる前近代階級社会において、小経営生産様式は徐々に発展を遂げたが、農民経営が最も高度に発達を遂げたのは、東アジアと西ヨーロッパの小農社会（15世紀から）であり、その小農社会を基盤として資本主義が形成された[31]。現在、その小経営生産様式は終末を迎えているのである。


**註**

1 ）　BRICsとはアメリカ最大の投資銀行（現在、形式上は商業銀行になっている）ゴールドマン・サックスの命名だが、それに入る 4 国（ブラジル、ロシア、インド、中国）の性格はかなり違っている。特にロシアは人口減少国であり、製造業が弱く、資源依存の経済で、他の 3 国と経済的に違いが大きい。BRICsから除くべきだという意見も多い。

2 ）　Decoupling、本来の意味は「切り離し」であるが、2007年後半からアメリカの景気後退がはっきりしてきた時、世界経済は中国・インド・ロシア・中東などが牽引しており、アメリカ経済が悪くなっても、それら諸国の経済成長がカバーするので世界の景気後退はないとする考え。世界経済の一体性・相互連関性を無視・軽視した楽観論。

3 ）　すでに核兵器を保有する北朝鮮がそれを放棄する可能性は少なく、アメリカはそれを認めて管理する方針に変わったといわれる。

4 ）　第二次世界大戦後、植民地が独立したのを背景に、1950〜70年代に第三世界経済を研究する理論が形成された。最初は50・60年代にラテン・アメリカでラウル・プレビッシュらが世界を工業化した中心部とそれに原料を供給する周辺部に分け、この原料・一次産品の工業製品に対する交易条件が長期的に悪化するので、周辺部は工業化する以外に発展の道はないと主張した。これが従属理論であり、国連貿易開発会議（UNCTAD）の有力な理論的支柱になった。それに対して周辺部のマルクス系理論から周辺部は単に非工業的なのではなく、中心部に支配・搾取されているから遅れているのだという批判が出てきた。プレビッシュ理論が貿易の不利益性を説いたのに対し、生産面・政治的側面を含

む中心部に対する周辺部の従属性を主張したのである。これが新従属理論であり、70〜80年代に世界的に有力な理論になった。しかし、この理論では70年代以後のNIEsを始めとする旧植民地・周辺諸国の急速な経済発展を説明できず、影響力を弱めた。

5) 1970年代半ばからフランスを中心に形成された経済理論であり、マルクスの理論を継承し、アルチュセールの構造主義的マルクス主義を中心にケインズ理論を取り入れて構成された。先進資本主義経済の長期的変動を分析するのが大きな特徴である。また、先進資本主義の蓄積様式には国毎に相違がある点を明らかにした点にも意義がある。周辺部の経済分析を行ったA・リピエッツ、C・オミナミなどもいる。現在も世界経済分析の有力な理論の一つである。

6) 『マルクス＝エンゲルス全集』13、大月書店、1964年、7ページ。

7) 『マルクス＝エンゲルス全集』22、大月書店、1971年、519ページ。これはマルクス『フランスにおける階級闘争、1848年から1850年まで』の1895年版への序文であるが、1895年3月6日の日付があるかなりの長文で、エンゲルス最晩年（同年8月5日死去）に書かれ、非常に重要な内容を含んでおり、エンゲルスの「政治的遺書」とも言われる。

8) 本章では、ソ連・東欧諸国・中国・ベトナムなどの「社会主義」体制を国家資本主義としたが、私はその研究をしたことがないので、暫定的な規定である。できれば今後、自分なりの研究をしたいと思う。嘗て私はこれら諸国は社会主義であり、国家資本主義ではないと述べたことがある（「20世紀資本主義から21世紀資本主義へ」、中村哲『近代東アジア史像の再構成』桜井書店、2000年、191〜192ページ）。重要な生産手段の国有と計画経済がその根拠であった。それとの対応で言えば、国家資本主義とする根拠は、国営企業などの資本・賃労働関係が経済関係の中心であり、蓄積と拡大再生産を特徴とするからである。計画経済は戦時統制経済の完成形態と言えるのではないか。

9) 奥村哲『中国の現代史――戦争と社会主義――』青木書店、1999年、参照。

10) 中国は大企業の多くが国営企業であり、政府（中央・地方）・共産党の民営企業に対する影響力が強い。一時政府・共産党は国営企業の民営化を推進したが、最近は国営企業重点主義が強まり、民営企業の力が相対的に弱くなっている。

第3章　現代の歴史的位置　　89

政府・党と企業の癒着も進んでいる。こうした体制は今回の金融危機への素早
い対応と経済の立ち直り、急成長という目覚ましい成果を上げているが、同時
に腐敗の温床になっており、貧富の格差の異常な拡大を生み、民衆の不満を募
らせている。しかしまた、中国は新興国の中でも、資本・経営・技術などの面
で最も急速に力をつけていることも事実である。

11）　これまでのマルクス派の革命理論は、いずれもその実践において成功してい
ない。後進国型（ロシア、中国、ベトナムなど）は、革命に成功して成立する
独裁権力が非民主主義的なものになり、民衆から離れ民衆を抑圧する権力にな
っている。社会主義的所有とされるものも国有であり、実質は権力を握る少数
の特権者（共産党と政府の幹部）の所有であった。他方、先進国型の場合は、
革命に成功したことがない。革命派は少数派で孤立するか、その要求を国家・
社会・企業が部分的に取り入れて資本主義の改良に役立てることになっている。
ただ、革命理論を離れて現実をみると、後進国型では、経済開発と国家統一に
は成功しており、後発国・途上国のなかでは、この点で最も成功を収めている。
先進国型では、19世紀資本主義から20世紀資本主義への転換（大衆民主主義の
実現や福祉国家の成立など）の条件を作ったという大きな意義がある。その意
味では、マルクス派の革命理論の有効性は相当大きい。

12）　この体制は冷戦を前提とする戦時国家資本主義であるが、70年代からの米ソ
緊張緩和によってくずれはじめていた。もう一つの「社会主義」（実質は戦時国
家資本主義）である中国は、ソ連と対立して72年にアメリカと和解し（ニクソ
ン訪中）、78年改革開放政策に転換した。つまり平時の国家資本主義への転換
である。

13）　これは1997年3月に京都民科歴史部会例会で報告したものを文章化したもの
である。2000年に出した『近代東アジア史像の再構成』に収めた。なお、私が
この考えを最初に出したのは、『近代世界史像の再構成——東アジアの視点か
ら——』（青木書店、1991年）の序文「現代世界の構造変化と歴史学の課題」
で、ソ連崩壊の直前だった。

14）　私がここで言っている世界の人口の中で直接、資本主義的関係の組み入れら
れている人口の割合は、大雑把なものであることをお断りしておく。また、国

90 　　　　　　　　　第Ⅰ編　総　　論

単位でみている。これも便宜的だが、人の問題は特に国家によるまとめ（総括）
の果たす役割が大きいということもある。1980年頃まで20%という数値には、
「社会主義」時代の東欧・ソ連を含めていないが、1960〜80年の間に東欧・ソ
連では資本・賃労働関係に組み込まれた人口が過半になった可能性がある。「社
会主義」を国家資本主義とすると、半世紀の間に20%から70〜80%というのは
言い過ぎになる。然し、20世紀70年頃から21世紀中ごろにかけて世界人口に巨
大な変化が起こるという大筋は変わらない。

15）　資本主義の労働力再生産の在り方、その先進国と中進国の差異については、
中村哲「近代世界史像の再検討」（『歴史評論』404号、1983年12月、中村哲前
掲『近代世界史像の再構成 ―― 東アジアの視点から ―― 』、所収、第 1 章、とく
にその三 ― 3 「資本主義における労働力の再生産」を参照。

16）　小峰隆夫・日本経済研究センター編『超長期予測　老いるアジア ―― 変貌す
る世界人口・経済地図 ―― 』日本経済新聞出版社、2007年、第 3 章「世界人口
のいま」。

17）　出生率の低下・少子化による人口の頭打ち、場合によっては減少は先進国化
のみでなく、種々の要因が働く。現在、人口減少国の多くはロシア・東欧の旧
「社会主義」国だし、中国は一人っ子政策によって人口増加率が急減している。
2007年現在、世界人口の43%を占める諸国で出生率が人口再生産水準を下回る
ようになっている（河野稠果『人口学への招待』中央公論新社、2007年、110
ページ）。

18）　出生率が人口再生産水準（置換え水準）を下回る先進国の多くは、それに歯
止めをかけようと種々の政策を行い、とくに女性の労働が子育てと両立し易く
する政策をとっている。先進国では1980年には所得水準が上昇すると出生率は
下がる傾向だったが、90年には無関係になり、2004年には所得が上がると出生
率も上がる傾向が出てきた（小峰隆夫・日本経済研究センター編前掲『超長期
予測　老いるアジア』、39〜41ページ）。世界で社会の転換（特に女性労働と出
産・育児の両立）と社会保障・福祉の充実が進めば、世界人口の減少は避けら
れる可能性が強い。さらに、65歳以上を老人と規定したのは半世紀以上前であ
り、現状にあわせて規定し直すことも必要である。

第3章　現代の歴史的位置　　91

19)　これは生物としての人間の老化という自然的側面と働く能力も意思もあるのに制度的・社会的に働けないという面があり、とくに現在、元気な老人が増えているのに制度が適合していないという社会的な面が大きい。

20)　2004年の高等教育の私的負担が、OECD加盟国で半分を超えるのは韓国79.0%、アメリカ64.6%に次いで日本58.8%である。一方、私費負担の少ない国はギリシア2.1%、フィンランド3.7%、オーストリア6.3%で、EU加盟19カ国平均16.0%であり、OECD諸国平均24.3%である（湯沢雍彦・宮本みち子『新版　データで読む家族問題』日本放送出版協会、2008年、153ページ、出典は、経済協力開発機構編『図表でみる教育　OECDインディケータ』2007年版）。

21)　2005年現在、婚外子の全出生数に対する割合は、スウェーデン55.4%、フランス47.4%、デンマーク46.1%、イギリス42.3%、ドイツ27.9%、アメリカ35.8%である。これら諸国は1965年頃には10%前後であったが、その後の40年間で急増した。これに対し日本は2.0%と例外的に低い（湯沢雍彦・宮本みち子前掲『新版　データで読む家族問題』、128～129ページ）。制度や伝統の違いがあるが、日本でも今後急増する可能性はある。日本の出生率を増加させるには、結婚の制度的しばりをゆるめることが一つの条件である。欧米はその後も増加を続け、デンマーク、フランスもすでに半分を越えた。ただし、西ヨーロッパでも第二子からは嫡出子が多くなるようである。

22)　『マルクス＝エンゲルス全集』21、大月書店、1971年、27ページ。なお、この文中の「二種類の」は、「doppelter Art」で、「二重のもの」と訳すのが適当らしい。「生活資料」は「Lebensmittel」で、「生活手段」である（布村一夫『マルクスと共同体』世界書院、1986年、200～211ページ、青柳和身「晩年エンゲルスの家族論はマルクスのジェンダー認識を継承しているか――剰余労働搾取の「永続」化問題の考察」『経済科学通信』121号、2009年12月、参照）。「二種類の」では別々の二つの性質となるが、「二重の」では単一のものの関係し合う二つの性質、あるいは二つの側面という意味になる。

23)　ここでは『家族、私有財産および国家の起源』の初版（1884年）による。これはマルクスが晩年、原始社会とその階級社会への転化に関心を持って研究し直したときに、もっとも大きな影響を受けたモーガンの『古代社会』を詳細に

ノートし、評注した『古代社会ノート』（マルクス『古代社会ノート』未来社、1976年、これには訳者の布村一夫氏の詳しい解説が付いている。また、『マルクス＝エンゲルス全集』大月書店の補巻4にも「モーガン『古代社会』摘要」として収められた）をマルクスの死後に読んだエンゲルスがマルクスの遺言執行の意味を込めて書いたものである。その後、エンゲルスは自身の研究を進め、1891年に大幅に増補した第4版を出した。第4版はコヴァレフスキー『家族および財産の起源と進化概説』（1890年）、バッハオーフェン『母権論』（1861年）などの影響を受けた内容になっている。第4版と初版との内容は相違する点もかなりある（青柳前掲論文参照）。

24) これまで家族史、人口史、女性史、ジェンダー史などの形で行われてきた。特に最近、研究者も増え研究レベルも上がってきた。しかしなお、研究分野としてはマイナーであるし、それらを総合して人間の生活史・人間の再生産史を作る必要がある。

25) 現在のマルクス派の主流はこの説（第三権力説）が中心になっているが、とくに階級支配維持機能と公共機能（社会維持機能）の両面説・二元論になっていることが多い。両側面を統一して理解することが必要だが、その点では、熊野聡『共同体と国家の歴史理論』青木書店、1976年、が優れている。

26) サスキア・サッセン「グローバル経済のフェミニスト分析にむけて」（伊豫谷登志翁編著『経済のグローバリゼーションとジェンダー』明石書店、2001年、9章）、同『グローバリゼーションの時代――国家主権のゆくえ――』平凡社、1999年〔原書は1996年〕）、参照。

27) 青柳和身『フェミニズムと経済学――ボーヴォワール的視点からの『資本論』再検討――』御茶の水書房、2004年。

28) ローザ・ルクセンブルグ前掲『資本蓄積論』、とくに第三編「蓄積の歴史的諸条件」。

29) 近代経済学系の代表的理論は、W. アーサー・ルイスの「二重経済のルイスモデル」である（*Economic Development with Unlimited Supplies of Labour,* The Manchester School, Vol.xx II, No.2, May 1954）。

30) 中村哲『奴隷制・農奴制の理論』東京大学出版会、1977年、参照。

31）　中村哲「東アジア資本主義形成史論」（東アジア地域研究会・中村哲編著『講
　　座東アジア近現代史1　現代からみた東アジア近現代史』青木書店、2001年、
　　第1章）本書第1章、同「東北アジア（中国・日本・朝鮮）経済の近世と近代
　　（1600～1900年）：その共通性と差異性」（中村哲編著『近代東アジア経済の史
　　的構造──東アジア資本主義形成史Ⅲ』日本評論社、2007年）本書第7章、同
　　「東アジア近代経済の歴史的形成──その諸段階と特徴──」（『現代中国研究』
　　25号、2009年10月）、等参照。

第Ⅱ編

小農社会・複線的工業化・中進国型帝国主義日本

# 第4章　小農社会と複線的工業化

## はじめに

　東アジアとインドの経済発展が世界の注目を集めている。とくに最近、世界におけるアメリカの力の相対的低下と中国の急速な台頭によって世界体制の構造変動が急速に進行しているという考えが強まっている。半世紀前には欧米先進国中心の世界体制が強力で、東アジアの停滞性という考えがなお強かったが、まさに様変わりである。

　東アジア研究、とくにその経済史研究もこの30年くらいで大きく変わった。現状を反映して停滞から発展へ評価が変わったのは当然であるが、大きな特徴として、時間的には、戦前・戦後を連続的に捉える（かつては、戦前と戦後を断絶的に捉えた）、空間的には、個々の国・地域を個別的に扱うのではなく、東アジアの全体的傾向や域内の国・地域の相互関連性を見てゆくという傾向が強くなっている。同時にそうした見方は、実証水準の向上を伴っている。もちろん、従来的な見方も依然として強く残っているが。

　さらに、東アジアの発展の在り方の欧米とは異なる独自な面を意識するようになってきた。従来、欧米基準で遅れた面と見られていたことも、そうではなく、遅れではなく欧米とは異なる面（類型差）として捉え直されていることも多い。

　私は今後、そうした研究の流れが相互に影響し合って、東アジアの欧米とは異なる経済発展・近代国家の在り方を組み入れ、欧米中心史観を正し、欧米的発展を相対化する世界史を構成する研究が日本を含む東アジアから

出てくるだろうと思っている。

## 1. 小農社会

### 小農社会の形成と発展

　小農社会とは、単婚家族あるいは核家族（一組の夫婦とその子供を中核とする小家族）が、主として家族労働によって独立の農業経営を行う小農が支配的存在であるような社会である。農業における小家族の経営は、原始共同体が解体し、定着農業が始まる時期から現在まで世界に普遍的に存在してきた。しかし、前近代の小農は経営的に不安定で絶えず発生と消滅を繰り返してきた。経営的に安定していたのは何らかの形で他人労働を導入した比較的大きな経営で、弱体な小農はそれらの安定的な経営に依存していた。自立的・安定的な小農が形成され、農業において支配的な存在になるためには、社会的分業と農業生産力のかなりの発達が必要であり、かなり新しい時代である。

　小農社会が成立したのは世界の中でも15・16世紀の東北アジア沿海部（中国の長江下流域から南部、日本、朝鮮南部）と西ヨーロッパ（アルプス・ピレネー以北）であった。その他の地域では、小農社会の成立はもっと遅れるか（インドは18・19世紀、東南アジアは19世紀から20世紀半ごろ）、あるいは成立しなかった（アフリカ・ラテンアメリカなど）。

　15・16世紀にユーラシアの東西両端の東北アジア沿海部と西ヨーロッパにほぼ同時に小農社会が成立したのは何故なのか。これは現在確定的なことは言えないが、両地域に同じ要因が同時に作用したと思われる。現在、有力な考え方はその要因はモンゴル帝国の成立と崩壊ではないかというものである。

第4章　小農社会と複線的工業化　　99

　13世紀後半のモンゴル帝国の成立によって、ユーラシアの大部分が政治的に統一され、モンゴル帝国は領域内の通商の自由・交通の安全を保障したので、ユーラシア全域の交易が急激に発達した。その全盛期は14世紀前半であったが、14世紀後半からのユーラシア全域に広がったペストの大流行と人口激減、15世紀半ばの気候変動による凶作・飢饉・社会混乱などにより旧来の支配体制が解体、あるいは弱体化し、農民の地位が向上したことによるという説明である。従来はペスト大流行による人口激減、支配体制の弱体化、農民の地位向上、農民経営の発展は、西ヨーロッパ特有の問題として扱われてきたが、それは研究の関心が西ヨーロッパに限定されていたからである。同様のことが東北アジア沿海部にも起こったのである。ただ、モンゴル帝国研究はまだ本格的に始まったところであり、中国の人口変動もなお、研究の余地がある。

　私は以前には、インドは小農社会が成立しないで、世界資本主義に組み込まれたところだと考えてきた。植民地期から独立後も農業労働者が東北アジアよりはるかに多いからだが、最近の研究では、インド南部では19世紀から小農経済と農村工業が発達することが実証されるようになってきた（柳沢悠氏の研究など）。また、ムガール時代は封建社会であったという説が有力になっている。インド研究はようやくインド人による研究が中心になり始めており、今後急速に進むだろう。そうしたインド研究の進展から西ヨーロッパ、東北アジア沿海部よりおくれるが、インド南部でも18・19世紀に小農社会が形成され、その中から農村工業が発達すると言えるようである。


## 農業の自然（とくに気候）の規定性

　農業は商工業・サービス業よりもはるかに自然に規定されるが、農業に

たいして一番影響を持つ自然は気候である。そのため東北アジア沿海部と西ヨーロッパでは小農のタイプが異なる。東北アジア沿海部はモンスーン地帯で、夏は高温多雨、雑草が繁茂するので除草が重要である。とくに多肥集約農業になると丁寧な除草が必要で、作物が生育している耕地の除草（中耕除草）なので人間の手で行わなければならず、そのためにきわめて労働集約的になり、小農の経営面積は狭いが、土地生産性は高い。ほぼ同時期に小農社会が成立した西ヨーロッパは夏にそれほど高温多雨ではないので雑草が繁茂しない。それで3年に一度耕地を休閑して除草すればよく（三圃制）、作物が生えていない耕地の除草（休閑除草）なので牛馬で牽引する犂で行なった。除草労働が比較的少なく同一労働で東アジアより広い面積を経営できたが、土地生産性は低い。しかも冬寒冷で1年1作しかできない。相対的に大面積経営になるため、耕起も畜力耕になり耕種とともに牧畜が重要性を持つ。

## 農業における生産手段としての耕地の重要性

　もう一つ農業が工業と非常に違うのは、生産手段としての耕地の重要性である。工業の生産力の発達は、分業・協業と道具（容器）・機械（装置）の発達で測ることができる。従来は、農業の工業との差異を無視して農具の発達を中心に農業生産力の発達をみることが多かったが、それは間違いである。また、生産された農産物の量で測ることも自然条件の違いを無視しており、誤りである。生産手段には物理的変化をもたらす筋骨系と化学的変化をもたらす脈管系があるが、前者は道具・機械であり、後者は容器・装置である。耕地は容器的生産手段であり、その中の労働対象である種子・作物に化学的変化（生物の成長）をもたらす生産手段である。

　また、耕地は単なる自然としての土地（大地）ではなく、それに人間の

労働を加え種子・作物の生育に適した性質に改良した生産手段（自然としての土地とそれに人間労働が加えられた資本の合体した土地資本）である。耕地の中で作物が生育するという点からみれば、農業は装置が主要な生産手段である高度の有機化学工業と似た性質を持っている。さらにそれが自然と合体した生産手段であるという独自性をもっている。

　特に東北アジアの水田農業は水田の改良・高度化が重要であり、水利・灌漑・排水の整った水田が自立的小農の一般的形成（小農社会の成立）の基盤となった。なお、これも東アジア広域交易圏の成立により中国から導入された土木・建設・灌漑技術によって可能になった。

　西ヨーロッパは畑作であり、東北アジアの水田農業と比べると、土地粗放的で大面積経営なので相対的に生産手段における耕地の重要性は東北アジアより低く、農具の重要性が高い。また、水利・灌漑・排水は農民の協業・協同が必要であり、村落共同体の発達を促進する要因ともなった。

## 小農経営の多角的・複合的発展

　東北アジアと西ヨーロッパは小農のタイプが違ったが、その発展の仕方にも差異があった。農業は気候と作物の生育に規定されて労働需要が年間を通じて大きく変動する。とくに耕種中心の東アジア農業でいちじるしい。そのため東北アジアの小農は経営を発展させる上で、労働需要の変動を小さくし、なるべく年間を通じて平均化することが極めて重要である。そのため農業の多角化と農業以外の商工・サービス・賃労働などに従事し経営の複合化の方向に発達していった。年間を通じて各種の、季節によっても異なる労働を複雑に組み合わせて経営としての効率性を高めるには、家族労働力が最も適している。他人労働を使う大経営よりも家族労働の小農経営の方が次第に生産力的に優位になったし、複雑な各種労働を統合し、効

率的・合理的経営を行うために家族労働を指揮・監督する経営機能が重要性を増し、それを担う家長の権限が強まり、家父長制が発達した。

これに対し西ヨーロッパでは、小農経営の発達は集約化とともに経営面積の拡大にむかった。気候条件と農法によって土地生産性向上は東北アジアより難しく、経営面積拡大は東北アジアよりやり易かった。経営面積拡大の制約がある丘陵地帯や都市近郊などでは、工業化に向かう傾向が強まり、農村工業地帯が形成される（プロト工業化）。社会的分業が東北アジアでは農家兼業、西ヨーロッパでは農工分離・地域的分業という形態をとった。これまで資本主義成立史は西ヨーロッパを基準に考えてきたので、西ヨーロッパ型の社会的分業が発達した形態と考えられてきたが、発達度の差ではなく類型的な差異であると考えられる。

## 東アジア広域交易圏の成立と技術移転

東北アジア沿海部では、15世紀に経済的に最も進んでいた中国・江南に最初の小農社会が成立し、それにともない農村市場の発達、農村小都市（鎮）の形成、都市・農村小都市・定期市を結ぶ流通ネットワークが発達、さらに中国沿海部から日本・朝鮮・琉球・東南アジア各地に広がり、東アジア広域交易圏が形成された。そして16世紀、特にその後半以降、アジアの物産を求めて西ヨーロッパ勢力が参入してくる。

東アジア広域交易圏の重要な役割に、中国から周辺への技術移転がある。それまで圧倒的に経済・文化・技術において先進的であった中国から文化・技術が伝播・移転して、日本・朝鮮・琉球・東南アジアの文化・技術水準が向上し、中国との格差が縮小・解消し、場合によっては逆転した。

技術移転のタイプは東北アジアでは現地の政府・商人などが技術導入の主体であり、東南アジアは現地に移住した中国商人が主体であることが多

い。中国周辺の東北アジアでは、すでに現地社会に中国技術を受け入れる社会的・技術的条件が成立していたが、東南アジアではなお不十分であったのだと思われる。農業・土木技術の東南アジアへの移転はほとんどなかったようである。

なかでも日本が技術導入に最も熱心であった。日本は中国からの生糸・絹織物などの輸入の対価として大量の金属（金・銀・銅）を輸出し貨幣素材が不足したため、貿易制限を行い輸入品の国産化に努力した。17世紀初期には銀の輸出は全国農産額（石高から推定）の1割を超え、貿易依存度（GDPに対する輸出入額）はおそらく15％程度に達したと推定される。これは中国・朝鮮をはるかに上回り、同時期の西ヨーロッパでもこれより高いのはオランダとイギリスだけである。貿易と国産化により日本の経済発達が促進され、生活様式も近代に連続する生活様式に変化した。東北アジアの小農社会の成立には、この中国からの技術・文化の移転が大きな役割を果たした。とくに日本は17世紀末には、最も進んだ小農社会となった。


## 2．複線的工業化


### 19世紀後半以後の東アジア近代経済の発展

15〜17世紀には東北アジアと西ヨーロッパは大体並行的に発達したと言える。小農社会の形成・発展、プロト工業化、市場経済の発達など。しかし、東北アジアはそこから自生的に産業革命は起こらなかった。そのために19世紀半ばには西ヨーロッパ・アメリカの主導権が確立し、東アジア（東南アジアを含め）は欧米主導の世界市場に受動的に組み込まれることになる。それは何故なのか。これまで何度となく議論され、さまざまな考えが出されたが、私は基本は国家の性格とその政策の問題であり、マルクス流

に言えば、本源的蓄積の問題だと思うが、時間の関係でここでは省略する（この問題は第Ⅲ編で取り上げる）。

19世紀後半に東アジアは欧米主導の世界市場に組み入れられたが、同じ立場に置かれたラテンアメリカ・アフリカが宗主国を中心とする欧米との間に工業製品輸入・一次産品輸出の垂直的分業・貿易体制に組み込まれたのに対し、東アジアとインドはそのような関係も形成されたが、同時に域内貿易がそれ以上に発達するという特徴があった（杉原薫氏の研究）。この域内市場の拡大・発達の歴史的条件は、15～18世紀の小農社会と域内市場の発達であるが、もう一つの要因は19世紀後半からの日本の工業化である。日本の工業化は欧米と異なる社会・生活様式の中でそれに適合的な形で行う必要があった。例えば、日本の産業革命の中心は綿工業であったが、その製品は洋服地ではなく着物（和服）地であり、太糸を原料とする厚手の綿織物であった。織機も欧米の広幅力織機では織れず、着物地用の小幅力織機が開発されなければならなかった。日本の工業化が開発した製品は社会・生活様式が比較的似ていた他の東アジアにも受容され、日本産の消費財の東アジア向け輸出が急増していったのである。

## 東アジア工業化の特徴──複線的工業化

欧米主導の世界市場に組み入れられた地域の中で、東北アジアとインドは比較的順調に工業化・資本主義化が進んだが、それは複線的工業化という独特の在り方をとった。研究が進んでいる日本を例にとると、明治維新以後の日本の工業化は政府主導の上からの工業化であり、欧米からの技術導入による移植型工業化であると言われてきた。政府の主導性や欧米から技術導入した国営企業・民間大企業の欧米型大工業も重要だが、民間の中小零細企業による江戸時代以来の技術を改良したり、欧米の技術を日本の

第4章　小農社会と複線的工業化　　　105

中小零細工業に適合するように改良した、いわゆる在来産業の発達が重要であった。明治期には量的に後者が圧倒的に多く、しかも急速に発展している。

戦前以来、日本における中小零細企業の膨大な存在は、日本資本主義の後進性を示す事実であると考えられ、日本でも資本主義が発展するにつれて中小零細工業は淘汰・駆逐されてゆくおくれた存在であると捉えられてきた。

これも欧米を基準・典型とする欧米中心主義的思考の産物であるが、日本が先進国化しても中小零細工業は減少せず、新技術・新経営方式をとり入れて発展していることから、単なる後進性では説明できないことが明らかになった。そして、1980年頃から中村隆英氏の提起に始まり、それを日本資本主義の独自性、あるいはむしろ強みとする考えが強まった。

日本の工業化の特徴はこの上からの移植型工業化と下からの在来型工業化の複線的工業化である。工業化の初期には両者は殆ど別々に発達し、製品も市場も別であることが多かった。

後発国の工業化は単に政府の政策や投資だけでは成功しない。民間、それも広い裾野を持つ中小零細企業の発達が必要である。東北アジアの中国・日本・朝鮮には程度の差はあるが、その条件があった。19世紀後半には中国・朝鮮は政府の主導性が不十分であり、インフラ整備と移植型大工業の発達が遅れた。19世紀後半に日本の工業化が比較的順調であったのは複線的工業化であったからである。中国・朝鮮も日本より遅れるが20世紀10年代から政府主導（朝鮮は日本の植民地政府と大資本）の上からの移植型大工業が発達し始め、複線的工業化の類型に入る。これに対し、ラテンアメリカは小農の発達が弱く小農社会が成立せず、中小零細企業が弱い。そのため工業化の開始は東アジアより早いが、幾度も挫折を繰り返した。

## 3. 1930年代東アジアの工業化と貿易——転換期

### 日本資本主義の高度化と膨張

1930年代の日本経済は、大恐慌後の世界市場の縮小・ブロック経済化の中で例外的に急速な発展を遂げた。1932〜36年のGDP成長率は年率6.3%、同時期の世界経済が殆ど停滞している中で突出しており、この時期までの日本でも極めて高い（1885〜1940年平均は3.4%）。質的にも繊維工業（生糸・綿糸・綿布など）だけでなく重化学工業が本格的に発展し、技術的にも米欧先進国にキャッチアップし始めた。繊維工業も加工綿布や人絹などの新産業が成立し世界トップクラスの競争力を持つようになった。

貿易構造も大きく変化した。1929〜36年（7年間）に重要輸出品中輸出額が3倍以上に増加したのは58品目、そのうち16品目は10倍以上である。繊維・雑貨が多く、ついで化学・金属・機械であり、逆に生糸・絹織物などの伝統的な輸出品は減少している。輸出先も大きく変化し、それまでの最大相手国であったアメリカ・中国・香港が減少し、朝鮮・台湾・旧満州の植民地・帝国圏と新市場が増加し、貿易範囲は従来の米欧・東北アジアから全世界に拡大した。1931〜37年に日本の輸出額は、14.8億円から41.9億円に2.8倍になるが、その輸出先は、31年米欧36.5%、中国9.7%、帝国圏27.7%、新市場（東南アジア・インド・西アジア・ラテンアメリカ・アフリカ）25.7%から37年米欧24.1%、中国4.3%、帝国圏38.7%、新市場32.7%に変わっているのである。米欧と中国が半分弱から3割弱になり、帝国圏と新市場が半分強から7割強になっている。新市場の殆どは米欧の植民地・勢力圏であった。日本資本主義は急成長し、世界的影響力を強めていったのであるが、それが既成の世界秩序と対立し、破壊する面をもった。輸入の中

第4章　小農社会と複線的工業化　　　107

心は原・燃料など一次産品であるが、勢力圏内では自給できず、それが日本の戦争拡大（勢力圏拡大）の最大原因と言われた。しかし、30年代には日本資本主義の急成長に応じた原・燃料の供給は可能であったのであり、むしろ、それが不可能になったのは米欧との決定的対立であり、37年日中戦争の開始と39年第二次世界大戦の開始である。

　これは現代と似ている面がある。資本主義は世界的な体制になった19世紀半ばから2回の大きな転換を経験している。最初の大転換は20世紀前半の19世紀資本主義から20世紀資本主義への移行・転換であり、第一次世界大戦が始まった1913年から大恐慌（1929年）を経て第二次世界大戦が終わった1945年まで、現在は2回目の大転換の只中にある。1989年ベルリンの壁崩壊、90年ドイツ統一、91年ソ連崩壊に始まり、2001年ニューヨーク・ワシントンへのテロ攻撃、08年リーマン・ショック、現在、西アジア・マグレブで起こっている政治変動など。今後も相当期間続くだろう。その大転換の一部に世界における力関係の転換がある。現在はアメリカの世界覇権の動揺・中国はじめ新興資本主義国の急速な台頭であるが、19世紀資本主義から20世紀資本主義への移行期は日本資本主義の台頭であった。それが米欧の世界資本主義の中心からは、米欧の体制とは異質なものであり、世界秩序を破壊・混乱させるものであると捉えられた。現在、米欧は中国はじめ有力な新興資本主義国を既成の世界体制にとりこもうとしており、中国などの側は現在の世界体制をある程度変えようとしている。20世紀初めの移行期では、日本は米欧と対立して孤立し、結局暴走して自滅した。当時は現在と違い非欧米の新興資本主義国は日本だけであり、世界を動かすだけの力がなかった。

　なお、現代（1989年以降）は資本主義の大転換期・新しい体制（21世紀資本主義）への移行期である点は20世紀前期と共通するが、その変化の規模

はより大きいと思われる。マルクス系の研究者は資本主義の終わり、社会主義の到来と見る人が多いが、私は移行は21世紀半ばまでかかり（前の移行期が33年かかったのに対し現在の移行期は50〜60年かかるのではないか）、次の体制は成熟資本主義だろうという考えである。

### 朝鮮・台湾・旧満州（日本帝国圏）

　日本の植民地とそれに準ずる地域であり、日本に従属した現地政府により日本と共通する制度がつくられ、インフラが整備され、日本から資本・技術が導入されて、日本に従属した資本主義化が急速に発達した。経済成長は1912〜37年平均朝鮮3.7%、台湾4.3%で、同時期の世界の中で非常に高く、とくに30年代に加速している。この地域は日本帝国圏内に限ってではあるが、対外開放経済体制（円圏・無関税・投資の自由など）となり、外国資本（日本資本）主導の工業化が進んだのである。戦後の韓国・台湾の輸出主導で外資への依存が強いNEIs化と共通する経済変化が両大戦間期に始まっているのである。

　もう一つ重要なことは、日本を中核とする帝国圏の経済的結合が急速に強化され、深化しており、日本を経由しない3地域間の直接的結合も強化されていることである。3地域は帝国圏内ではその外部地域よりも有利であり、それが経済成長を加速する一つの条件であった。イギリス帝国圏・スターリング地域内の有利性を利用して工業化を進めたインドと共通する。しかし、このことは東アジアの中で日本帝国圏が閉鎖性を強めることでもあり、それが東アジア経済圏形成を阻害し、最終的に破壊する結果になった。

　この時期に世界経済が停滞・あるいは縮小（29年恐慌以後）しているのに、なぜ日本帝国圏（日本・朝鮮・台湾・旧満州）だけが急激な経済発展を

第4章　小農社会と複線的工業化　　109

したのか。これは当時も、現在までうまく説明できていないことである。

　当時の日本の左翼は欧米的な考え方で日本後進国論であったので、その事実を軽視、あるいは無視したし、研究が進んでいなかったからその事実もはっきりしていなかった。戦後も、1980年頃までは同じ傾向であり、第一次世界大戦が終わって以後は、米欧、とくにアメリカ資本主義が回復から発展するのに日本資本主義は不況に沈んだまま29年恐慌に巻き込まれ、その脱出を侵略戦争にもとめたというような考えが続いた。しかし、1980年頃から実証研究が進むとその時期に日本資本主義の発展がいちじるしいことが明らかになっていった（代表的な研究は橋本寿朗『大恐慌期の日本資本主義』東京大学出版会、1984年）。さらに最近では、数量経済史的研究が進んだこともあり、この時期の日本資本主義の急激な発展と構造の高度化・米欧へのキャッチアップが明らかになった。また、植民地研究も従来は日本帝国主義糾弾史観だったのが、植民地期に朝鮮・台湾が急激な構造変化（資本主義化）と経済成長を遂げたことが実証された。

　従来の考えでは、なぜ日本がこの時期に世界で例外的に高成長を遂げたのか、という問題自体が存在しないが、その事実がはっきりした以上、何故、如何にしてそうなったかという問題を解く必要がある。

　私は当時の資本主義国の中で日本が唯一の新興中進資本主義国であったという条件が大きいと考える。米欧から新しい技術・経営管理方式を導入して生産力を急速に発達させたこと、農業を始めとする大きな非資本主義部門を抱え、低生産の非資本主義部門からの豊富な労働力供給があったこと、である（詳しくは中村哲「東アジアを中心とする1930年代の歴史的位置づけ」中村哲編著『1930年代の東アジア経済——東アジア資本主義形成史Ⅱ』日本評論社、2006年、本書第6章）。これは現在、特にリーマン・ショック以後の世界においてより大規模に再現している。先進諸国（米欧日）の経済停滞・不

110　　第Ⅱ編　小農社会・複線的工業化・中進国型帝国主義日本

況と中国・インドを始めとする中進資本主義諸国の急激な発展、アフリカ・西アジアの混乱である。現在は新興中進資本主義国は規模が大きく、世界的影響力が大きいが、20世紀前半には日本だけだった。また、朝鮮・台湾・旧満州の急激な発展は日本帝国主義の開発政策・経済圏であることと小農社会の成立を中心とする内部的条件が結びついたからである。

## 中国資本主義と近代国民国家の成立

　中国では、1928年に南京国民政府による全国統一が一応なされ、近代国民国家が成立した。国民政府は国内のナショナリズムの高揚を背景に対外自立政策をとったが、その中心的経済政策は関税政策と通貨政策であった。中国では19世紀末から近代工業が形成され始め、第一次世界大戦期から紡績業を中心に軽工業が発達していったが、輸入関税引き上げの効果もあり、輸入代替工業化が軽工業を中心に進んだ。1926～36年に輸入では軽工業製品は43.6%から14.3%に減少した。輸出では36年でも一次産品が42.7%を占め、軽工業品は13.5%であるが、国内が主要な市場であり、軽工業部門の輸入代替工業化は成功したと言える。

　中国では農家兼業の家内工業が発達していたが、この時期にはその中から小資本家経営・問屋制家内工業・工場制手工業が急速に発達した。また、都市でも同様であった。1936年の輸出で手工業製品が36.9%も占めている。この時期の手工業は伝統的なものは衰え、近代化の中で新たに形成・発展するものが増えていた。この時期に中国も複線的工業化の軌道に入ったと言える。30年代に中国は日本の20世紀初め（第一次世界大戦直前）に相当する段階（日本において産業資本確立期と言われる時期）に達したように思われる。

　従来は中国の在来産業の発達は日本より相当低いと見られていたが、最

近研究が盛んになり、19世紀末・20世紀初めの在来産業の発展がかなり明らかになってきた。それによると江南では同時期の日本の先進地域と殆ど変らない水準にある。代表的な綿業をとると従来この時期でも問屋制家内工業は未形成と見られてきたが、そうではなく少なくとも19世紀初め頃には成立しているようであり、この時期には都市を中心に工場制手工業（マニュファクチュア）も展開している。綿織業の工場制手工業は日本より広範に展開したようだが、それはこの時期に都市でも電力の普及が進んでいなかったことによる。日本は電力の全国的（農村も含め）普及が早かったので工場制手工業が形成されるよりも問屋制家内工業から直接工場制に移行した。電力は蒸気力よりはるかに設備投資が少額で済み、小規模工場の建設・経営が可能であった。

　通貨政策では1933年に両を廃止して、国際的な元（ドルの中国語で、本来は東アジアの国際通貨であったメキシコドル［銀ドル］を指す）に統一し、35年イギリス、アメリカの支援を得て、銀通貨から政府系銀行発行の国家紙幣（法幣）に統一した。


## インドの工業化の開始

　イギリスの植民地インドの工業化は、日本より早く1860年代に始まるが、速度はゆっくりであった。しかし、20世紀に入ると加速され、製造業成長率は1900–01〜1948–49年平均で4.4％と相当高い。とくに30年代は急速であった。それはオタワ体制下でイギリスがシティーの金融利害を重視し、インドがポンド債務の返済を履行できるようインドに市場を保証したためである。そしてインド・ナショナリズムの高揚を背景に輸入代替工業化が30年代に急速に進んだ。関税に保護されてインド経済に占める貿易の比重は減少し、国内市場の重要性が増した。これは独立後、国民会議派政

権の下で推進された内向きの輸入代替工業化の始まりであり、その点で中国の1930年代の国民政府による輸入関税引き上げと輸入代替工業化と共通している。インドの小農社会形成は東北アジアより遅れるが、農家兼業的家内工業が広範に展開し、その中から在来型中小零細工業が成立する。複線的工業化という共通性はあると思われる。

　中国・インドは人口・国土が巨大であることが大きく作用して、工業化の初期は国内市場中心であった。これと対照的に朝鮮・台湾は人口・国土が小さいために最初から外国（日本を含む）市場が重要であった（もちろん他の条件もあるが）。戦後もそれが続き、中国は1978年末の改革開放政策から、インドはさらにおくれて1991年頃から開放政策に転換する。日本は人口・国土の規模、それに国内市場の発達が早かったという歴史的条件から両者の中間型である。これに対してラテンアメリカは戦後長く、自国産業保護を目的として輸入代替政策をとったところが多く、それが経済発展の阻害要因の一つになった。

まとめ

　世界的に見て、両大戦間期から50年代にかけての時期は19世紀資本主義から20世紀資本主義への移行期であった。世界覇権のイギリスからアメリカへの移転、植民地主義的帝国主義的資本主義から多国籍巨大企業主導の資本主義、先進国の福祉国家化・財政膨張、旧植民地の独立と新興諸国の成立・発展、「社会主義」圏の成立と米ソを中心とする冷戦体制、など。東アジアもこの時期に日本に加え中国が新たに資本主義国となり、朝鮮・台湾の工業化が始まり、東南アジアにも小農社会が形成され始め、本国・植民地関係から東アジア・太平洋経済圏に組み込まれ始めた。東アジア資本

主義形成史からすれば、1970年代以後の本格的発展期と19世紀後半から20世紀初めまでの端緒段階との中間点、後者から前者への移行期である。その中身は、20世紀初めまでの時期から20世紀70年代以後へと発展していく要素の形成と同時に、発展方向の選択の問題も含んでいた。体制移行期には将来は確定しているわけではなく、いくつかの可能性がある。この時期における東アジアの最も大きな問題は日本帝国圏の急膨張とそれによる東アジア経済圏の分断であった。

**補足説明**

　本章は、2010年12月 5 日、神戸大学で行われた中国現代史研究会のワークショップ「変動するグローバル資本主義とアジア工業化」で行った報告を文章化したものである。ただし、当日討論で出された疑問・質問に対する、説明的な文章を付け加えてある。

# 第5章　小農経営の比較史的検討
## ──日本・朝鮮・台湾──

## はじめに

　私は、これまで東アジアにおける小農経営・小農社会の形成について検討してきた。小農経営の一般的・社会的形成は、世界において15～16世紀に東北アジア（中国、とくに東部・東南部の沿海部、日本、韓国・朝鮮）と西ヨーロッパ（アルプス、ピレネー以北）においてほぼ同時に起きたとみられる。この小農社会を基盤として資本主義が形成される[1]。それ以外の地域では、小農経営の一般的・社会的形成、小農社会の形成はそれよりかなり遅れるし、現在まで形成されない地域も多い。

　小農社会においては、村落を構成する住民は、自作、小作を問わず家族労働力による農業経営を自立的に行う小農を中心にし、農業経営を殆ど、あるいはまったく行わない農業労働者は少数である。また、所有地を持たない小農は地主から土地を借り入れるが、その関係は土地の貸借関係であり、人格的隷属関係は存在しないか、希薄である。これに対し、小農経営の一般的・社会的形成以前の社会・前小農社会では、自己の経営を持たない農業労働者が農村社会の下層に大量に存在し、農村社会の上層にその農業労働者を使役する経営規模の大きな階層が存在する。その中間に家族労働による小規模農業を行う階層（小農）が存在するが、その経営は不安定で何らかの形で上層に依存していることが多い。農業労働者は人身的に自由であることも隷属的であることもある。自由であっても賃労働関係ではなく、前近代的役務関係である[2]。地主（あるいは領主）と農民の関係は、

116 　　第Ⅱ編　小農社会・複線的工業化・中進国型帝国主義日本

人格的隷属関係（領主制）であることも土地の貸借関係（中間的地主制）[3]であることもある。

　これまでの私の小農経営、小農社会の研究は東北アジアを全体として扱ってきたが、今後、より具体的な次元に進みたいと思っている。その手始めに、東北アジアの日本、韓国・朝鮮、台湾における小農経営について、統計が一応そろう20世紀前半（韓国・朝鮮、台湾は植民地期）の時期の基本的な指標を比較することにする。

## 1．労働力

　ここでは、農業労働力の中の雇用労働力の割合を検討する。小農社会を前提にすると、この指標は小農経営の発達度を示す。一般にこの割合が低いほど小農経営が発達している。まず、東アジアの中で小農の研究が一番進んでいる日本を取り上げると、小農経営が一般化し、小農社会が成立するのは16〜17世紀であり、東アジアで最も発達した小農経営・小農社会になるのが、17世紀末から18世紀初めであるとみられる。そこで日本の農業労働人口の中で、雇用労働力が占める割合をみてみる。私の推定では、17世紀末〜18世紀初めの農業労働力は1,400〜1,500万、そのうち家族労働力以外の他人労働力（譜代などの隷属的労働力も未だ残存しているが、主流は奉公人であり、日雇いも相当あったから、大部分は広い意味で雇用労働力とみてよい[4]）は、多くて300万、少なくて200万とみられる。雇用労働力は、農業労働力の15％位であろう。その労働力は主として下層農民から放出されるのであり、農業経営を行わない固有の農業労働者は個々に存在はするが、社会階層としてはすでに存在しなくなっている。かなり高度な小農社会になっているといえる。その後、小農経営の発達とともに雇用労働力は漸減してゆ

第5章　小農経営の比較史的検討　　117

くとともに、雇用労働力の主流は年季奉公人になり、年季も短くなり1年季が中心になる。日雇いも増加する。

　1890年頃（産業革命がはじまる頃で、日本は未だ農業社会であった最後の時期）には、年雇い約100万、農業労働力の約7％となり、日雇いを含めても、1割を割っていたと思われる。年雇いは、1920年38万、2.7％、1946年10.7万、0.7％で、殆ど消滅する。日本は近代世界の中で農業の雇用労働が極端に少ない。小農経営が高度に発達し、それを支える村落共同体や各種農業団体が発達したし、また、農業経営の多角化と複合化（農業以外の部面への進出）によって家族労働を最も効率よく動員することができたからである。

　つぎに、1930年の朝鮮、台湾の農業労働力構成をみると、朝鮮は家族労働力93.1％、雇用労働力6.9％（作男＝モスム、すなわち住み込みの年雇い6.2％、日雇い0.6％）であり[5]、台湾は家族労働力88.7％、雇用労働力11.3％（作男2.6％、その他の農業労働者8.7％）である[6]。台湾は製糖会社の直営大農場の労働者約3万を除くと8.6％である。なお、同年の日本は、家族労働力96.6％、雇用労働力3.4％である。朝鮮、台湾とも日本の19世紀末、産業革命開始時点に相当する水準である。おそらく日本の19世紀の段階とみてよい。これは小農経営のかなり高い発達度といえる。さきにみたように、日本の小農経営が東アジアでもっとも発達した段階に達した17世紀末〜18世紀初めにおける雇用労働力は、農業労働力の15％位であった。また、南インドでは小農化が19世紀後半から進んだが、19世紀末〜20世紀前半においても雇用労働力は農業労働力の約30％であった[7]。朝鮮では朝鮮後期（17〜19世紀）にもその初期には奴婢人口がかなり多いが、18世紀に激減する。20世紀初めの朝鮮中南部でモスム（年雇い）を雇用する農家は、全農家の21.9％を占めるが、1930年には18.3％となり、20世紀にも減少を続けている[8]。朝鮮の小農経営の一般的形成・小農社会の成立は18世紀後半であろう。台湾で

対岸からの中国移民が増加するのは、鄭氏が清朝に降伏し、一応清朝の統治下に入る17世紀末以後であり、小農社会の成立は19世紀と考えられる。

小農経営の労働力でもう一つ重要なのは、女性が屋外の農作業をどの程度するかということである。農家の女性労働は家事・育児などの家内労働、屋内でする農作業、家内工業が主であるが、さらに屋外の農作業に従事するようになるには、農業技術の進歩、社会の変化、特に女性の地位の変化が必要であり、道徳・価値観などにも関係する。1930年に農耕労働力を100とすると、日本は男54.9%、女45.1%、朝鮮男67.8%、女32.2%、台湾男73.9%、女26.1%である。男子農耕労働力を100とすると女子農耕労働力は日本82、朝鮮47、台湾35である。日本の農家の女性は殆ど農耕労働に従事したが、朝鮮では約半分、台湾では3分の1程度である。

## 2. 多角化・複合化

東アジアの小農経営の発達は、労働集約化、経営の多角化・複合化の方向に進んだ[9]。1931年の農家収入に占める耕種の割合は、日本63.5%、朝鮮83.5%、台湾82.7%である。日本は養蚕9.6%、農外収入13.1%が朝鮮、台湾との差を生んでいる。朝鮮と台湾は耕種の割合に差はなく、違いは耕種の内容であり、朝鮮は米が圧倒的であるが、台湾は米とともに甘蔗（サトウキビ）の割合が高い。朝鮮は穀作、特に米単作の傾向が強いが、台湾は多様な輪作が発達した。そのため朝鮮では労働力需要の季節的変動が大きく、それを経営内部で吸収できず、過剰労働力が大量に農村外（都市、日本、旧満州、北部の新興工業地帯）に流出した。台湾では多様な輪作による多角化が進み、耕地面積の拡大もあって農業労働力の増加は多く農業内に吸収できた。

第5章　小農経営の比較史的検討　　119

　台湾で多様な輪作が発達した条件に水田の灌漑施設の発達がある。台湾
では植民地化以前から灌漑施設は発達していたようであり、1905～09年に
すでに水田の灌漑面積の割合は66.5%に達していた。植民地期にも急速に
伸びて、1925～29年には99.5%になる[10]。これに対し朝鮮では灌漑施設の
発達はかなり遅れ、植民地期に水利事業が進むが、灌漑水田の比率は、1935
年に46%[11]、1940年に50.3%である[12]。

　もう一つ考慮する必要があるのは、日本では稲を農家が籾摺りし玄米に
していたが、朝鮮、台湾では籾のまま販売したことである。つまり日本で
は米作農家は加工工程の一部を経営内に取り込んでいたのである。日本で
は米の商品化は江戸時代の都市の発達と酒造業の発達によって進み、農家
はそれに対応して生産性を向上し、販売を増加させた。元禄時代（1688～
1703年）に開発されたという千歯扱きは商品生産化に対応し、脱穀の生産
性を10倍に引き上げた。朝鮮、台湾では元は農家が籾摺りをしていたが、
近代化・植民地化の中で、日本市場の牽引する他律的で急激な米の商品化
に米作農家が対応できず、加工工程が農家から分離し、籾摺り・精米業者
が成立した。農家は籾のまま販売することになったのである。しかし、朝
鮮と台湾には違いもあり、朝鮮では籾摺り・精米業者は開港場を中心にし、
日本人業者が多かったが、台湾では農村部に台湾人の小規模な籾摺り業者
（土壟間）が急増し、日本人資本は食い込むことができなかった[13]。


## 3．商品化・集約化

　農家商品化率をみると、朝鮮（1931～33年）では、経営費の商品化率は慶
尚南道39.4%、全羅南道（自作）43.9%、平安南道21.0%、咸鏡南道30.0%で
あり、生計費の商品化率は慶尚南道45.2%、全羅南道（自作）25.6%、平安

南道26.1%、咸鏡南道46.0%である[14]。台湾では、経営費（1931年）の商品化率は、自作71.9%、自小作54.0%。小作49.5%、平均58.6%であり[15]、生計費（1936年）の商品化率は、自作58.1%、小作58.0%である[16]。日本（1936年）は、経営費の商品化率は、自作88.2%、自小作54.7%、小作42.1%、平均59.3%、生計費の商品化率は、自作56.0%、自小作56.5%、小作53.1%、平均55.3%となっている。

　日本、朝鮮、台湾のいずれも、生産・消費とも農家は商品経済に深く入り込んでいる。その中で商品化率は日本と台湾は大体60%、朝鮮は南部で40%、北部で30〜40%であり、日本や台湾よりかなり低い。農業の商品化・集約化は朝鮮、台湾ともに植民地期に急激に進む点では共通するが、中国南部からの移民社会である台湾では、植民地化以前から商品化は進んでいた。また、日本の農業の商品化が多角的・多部門的に進んだのに対し、朝鮮、台湾では特定の部門に特化する傾向がある。朝鮮では米、台湾では米と甘蔗である。日本農業の市場が国内であるのに対し、植民地朝鮮、台湾の農業は日本市場向けの商品生産化が進んだからである。米の商品化率をとると、1924〜28年平均で日本54.7%、朝鮮48.2%、台湾64.7%で[17]、台湾が高く、日本と朝鮮の差は少ない。日本では米の商品化率は農業全体の平均的なレベルであるが、朝鮮農業の商品化は米に偏奇し[18]、台湾は米と甘蔗（商品化率85%）に偏奇している。もうひとつ、日本、台湾では、経営費の商品化率が自作、自小作、小作で大きな差がある。現物小作料がその差を生んでいるのであり、生計費の商品化率では差はない。生産・消費とも商品化の階層性は少ないとみられる。おそらく朝鮮も同様であろう。

　朝鮮と台湾は、植民地期に、農業において商品化・集約化が急速に進むとともに農外兼業は減少し、農業専業化が進むようである。特に朝鮮ではその傾向が顕著であった。この点は日本と大きく異なる点である。農業の

第5章　小農経営の比較史的検討　　121

商品化が特定の作物に偏奇する傾向がある点とあわせ、朝鮮、台湾が日本
の植民地となり、日本資本主義の周辺部に組み入れられ、日本市場向けの
農産物の商品化が進んだことと、日本政府の開発政策が強行されたためで
あろう。

　もうひとつは植民地以前の歴史的条件がある。東北アジアの小農経営の
兼業・副業で最も広範に展開したのは綿工業と絹工業であったが、19世紀
中期の開港以後、日本と中国は生糸が重要輸出品となり、綿織物業は輸入
に圧迫されるが国内生産はそれとの競争に耐えて発展し、在来綿織物業の
発展による国内綿糸市場の拡大が条件となって近代的紡績業が成立・発展
する。朝鮮の場合は、生糸輸出は開港直後に少しあるがすぐに無くなり、
輸出は米と大豆に特化する。朝鮮の製糸技術は開港時において座繰段階に
もいたらず、それ以前の手繰り段階であり、質が悪く生産性も低く国際市
場でまったく競争力が無かった[19]。綿織物業も開港後、清（イギリス製綿布
の再輸出）、日本（国産綿布）からの輸入品に圧倒され、すでに植民地化の段
階で国産綿織物は国内需要の20%以下になっている[20]。一方、植民地下で
農民の自給的綿織物生産は根強く残った[21]。こうした開港以後の朝鮮の綿
工業、絹工業の日本、中国との差異は、開港以前の条件の違いが一つの重
要な要因であると思われる。

　開港以前の歴史的条件の一つは、15～18世紀の東アジア交易圏への参加
と中国からの先進技術の移転の程度にある。朝鮮では、高級絹織物は中国
との朝貢貿易の輸入品であり、国産化は殆どできなかった。したがってそ
の原料である良質な生糸の生産は無く、生糸の技術改良の誘因が欠けてい
た[22]。日本では15～17世紀には、高級生糸（白糸）はすべて中国から輸入
され、最大の輸入品であったが（西陣織の原料糸）、18世紀に国産化された。
綿織物も朝鮮は開港段階で地機（居座機）であるが、日本は18世紀に西陣

122　　第Ⅱ編　小農社会・複線的工業化・中進国型帝国主義日本

の絹織り技術が綿織物生産地に伝えられて高機に変わる。西陣は日本最大の高級絹織物生産地であるが、その技術は16世紀に中国から導入した。日本の16〜18世紀における小農経営の発達は中国からの先進技術の導入に負っており、日本はそれをさらに改良し、中国をしのぐ生産力段階に到達したのである。朝鮮は日本に比べ、そうした動きが弱かった。

　台湾はもともと対岸の中国南部からの移民によって作られた社会であり、かなり移民が増え、台湾社会の基盤が形成された18世紀末以後は、中国南部との交易によって経済が成り立っていた。米、砂糖を中国に移出し綿織物をはじめ工業製品を中国から移入して農業に特化し、農業の商品化は当時から高かった。

## 4．経営規模別構成

　日本は、20世紀にはいって耕作規模0.5ヘクタール未満の農家が一貫して減少し、0.5〜1ヘクタールは1932年までは微増するが、その後は急激に減少、2ヘクタール以上も減少するのに対し、1〜2ヘクタールが一貫して増加している。いわゆる中農標準化傾向であり、1938年に1〜2ヘクタールの60％は自小作層で、中農標準化の担い手である[23]。朝鮮は、1922年から38年に0.3ヘクタール未満と3ヘクタール以上が減少、その中間の0.3〜3ヘクタールが増加し、やはり中農標準化傾向であるが、0.3〜1ヘクタールが47万戸、55％も増加している点が大きく異なる。全農家戸数も日本が殆ど変わらず、32年以後わずかに減少傾向を示すのに対し、朝鮮では、1922年から38年までに42万戸、17％も増加している[24]。日本では、資本主義の発展、特に工業化・都市化の進展により農業人口の増加が抑えられ、農産物市場の拡大もあったが、朝鮮では、そうした傾向はあったが、日本よりは

## 第5章　小農経営の比較史的検討　　　　　　　　　　123

### 表1　耕作規模別構成

| ha | 日本 | | | | 台湾 | | | |
|---|---|---|---|---|---|---|---|---|
| | 1921年 | | 1939年 | | 1921年 | | 1939年 | |
| | 千戸 | % | 千戸 | % | 千戸 | % | 千戸 | % |
| 0.5未満 | 1,917 | 35.1 | 1,854 | 33.8 | 128 | 30.2 | 109 | 25.2 |
| 0.5～1 | 1,822 | 33.4 | 1,800 | 32.8 | 97 | 22.9 | 89 | 20.6 |
| 1～2 | 1,143 | 21.0 | 1,326 | 24.1 | 100 | 23.7 | 113 | 26.1 |
| 2～3 | 334 | 6.1 | 314 | 5.7 | 46 | 10.8 | 57 | 13.3 |
| 3 以上 | 240 | 4.4 | 198 | 3.6 | 52 | 12.4 | 64 | 14.8 |
| 計 | 6,097 | 100 | 5,492 | 100 | 423 | 100 | 432 | 100 |
| 1 戸当たり | 1.12 | | 1.11 | | 1.63 | | 1.98 | |

| | 朝鮮 | | | | 朝鮮南部 | |
|---|---|---|---|---|---|---|
| | 1922年 | | 1938年 | | 1937年 | |
| ha | 千戸 | % | 千戸 | % | ha | % |
| 0.3未満 | 632 | 25.8 | 488 | 17.0 | 0.5未満 | 48.8 |
| 0.3～1 | 856 | 35.0 | 1,327 | 46.3 | 0.5～1 | 27.6 |
| 1～3 | 676 | 27.6 | 878 | 30.6 | 1～3 | 21.7 |
| 3 以上 | 281 | 11.5 | 176 | 6.1 | 3 以上 | 1.9 |
| 計 | 2,445 | 100 | 2,869 | 100 | 計 | 100 |

註）　日本、台湾は、徐照彦『日本帝国主義下の台湾』東京大学出版会、1975年、218～
219ページ、第95表、朝鮮は、李栄薫「韓国小農社会と工業化」（中国語）（中村哲・
羅栄渠・安秉直編著『論東亜経済的現代化』中国・東方出版社、1998年、所収、211
ページ）、朝鮮南部は、朴ソプ『韓国近代の農業変動』（韓国語）韓国・一潮閣、1997
年、151ページ、表 2-18、より作成

るかに弱く、そのため中農標準化が日本より階層的に低いレベルで進んだ
のであろう。台湾は、1921年から39年に 1 ヘクタール未満がかなり減少し
（全体の53.1％から45.8％へ）、10ヘクタール以上は数が少ないがやはり減少、
1～10ヘクタールが増加している（全体の46.9％から54.2％へ）[25]。やはり中
農標準化傾向といえるが、それとともに 3～5 ヘクタールの富農的階層が
増加しているという特徴がある。台湾はもともと日本、朝鮮よりも農家の

経営面積が大きかったが、この間に農家戸数は殆ど変わらず、耕地面積は23%増え、農家1戸当たりの耕地面積は1.6ヘクタールから2ヘクタールに増加している。台湾は工業化・都市化の進展もあるが、日本と比べると農業内部の拡大・発展によって上向的な中農標準化傾向を示している。

日本、朝鮮、台湾ともに20世紀20～30年代には1～2ヘクタールを中心にする家族労働力による中農層に収斂し、下層の貧農、上層の富農層が減少するという共通する傾向がみられる。そのなかで中農標準化は日本に典型的であり、朝鮮は下層に偏り、台湾は上層に偏るという特徴がある。

## 5. 地主制と小作料

朝鮮、台湾は、植民地化の時点ですでに全耕地の小作地率は50%を超え、水田だけとれば60%を超えている。日本は全耕地の小作地率は最も高くなった1920年代にも46%であり、5割を超えることは無い。水田で5割強である。朝鮮、台湾は植民地化以前に地主制がかなり高度の発展を遂げていたのである。工業化が開始される以前に世界市場に巻き込まれ、外国（台湾は対岸の中国南部を含む）向けの農業の商品化が進んだために社会の資金の多くが土地購入に向けられたからであろう。日本では土地購入のほか、工業・商業・交通等の資本主義化の投資に向けられた。あるいはさらにそれ以前、17世紀～19世紀前半の経済発展・経済構造の差異にも原因があるかもしれない。日本は江戸時代に都市化が進み、全国的な商品流通が形成されていたのである。

小作料は水田で収穫の大体半分、畑で3～4割で、日本、朝鮮、台湾とも収穫に対する割合は共通している。生産性は日本が最も高く、ついで台湾で、朝鮮が最も低いから、実質的な小作料負担は朝鮮が最も重く、日本

第5章　小農経営の比較史的検討　　125

が最も軽く、台湾がその中間である。小作料は日本では1920年頃までやや
上昇し、その後は低下していった。朝鮮、台湾では40年頃まで上昇傾向が
続く。

　小作料の形態であるが、日本では、水田は定額米納（玄米）、畑は金納ま
たは代金納が一般的であり、減免慣行がある。朝鮮（1930年）については、
南部では水田は定額籾納め41.5％、分益（刈分け）籾納め58.5％、畑は定額
籾納め87％であり[26]、北部では水田は定額籾納め21.3％、分益籾納め78.7％、
畑は定額籾納め30％、分益制70％である。朝鮮全体では、水田は定額籾納
め32.0％、分益籾納め68.0％、畑は定額60.6％、分益39.4％である。朝鮮の
小作料の特徴は分益制が多いこと、畑小作料も籾で納めることが多いこと
である[27]。小作契約は口頭契約で、植民地期には契約の短期化が進み、小
作料は上昇傾向にあった。台湾では、水田は定額籾納めであるが、収穫が
増加するのに伴い小作料も増加し、実態は定率（分益）籾納めに近い。減
免慣行がないので不作の時の小作人の負担が大きくなる。畑は金納である。
契約は大部分口頭で、小作人の競争は激しく、浮動性も高く、耕地に小作
人の小屋を付置することも多い。契約時に手付金、保証金を小作人が出す
慣行がある。小作料納入の時期は、水田では収穫後で、2期作田は1期（7
月）に5〜7割、残りを2期（11〜12月）に納める。畑は前納制である[28]。

　小作地は水田が多く、小作料も水田が高いので水田について日本、朝鮮、
台湾を比べてみると、相対的に小作農の状態がよいのは日本であり、小作
料は定額で玄米で納入し、小作条件は比較的安定し、減免慣行もあった。
資本主義化の過程で農業の商品生産化が進み、農村過剰人口の形成ととも
に小作料は上昇傾向にあり、小作条件も悪化したが、朝鮮、台湾と比べれ
ばその程度は弱かった。工業化・都市化の進展とともに農村過剰人口は解
消に向かい、1920年代からは小作争議の高まりもあって、小作料の減額、

小作条件の改善が進む。地主制の後退期に入るのである。朝鮮は、分益制、穀納めであり、小作農の地位は不安定化・不利化が進み、小作料は上昇傾向にある。台湾では、小作料は形式上は定額だが、実質的には分益制に近い。減免は無いとされるが、その場合は小作経営の安定性がかなり高くなければならないと思われるのに、一方で小作料が収穫の増加に応じて増加することや小作人の定住性が弱く、浮動性が強いことなどがあり、両者が整合的でない。


まとめ——いくつかの論点


　今後の研究のためにいくつかの論点を暫定的にまとめておこう。

1. 東北アジア沿海部（中国東部・南部沿海部、日本、韓国・朝鮮）は15〜18世紀に小農社会になった。世界で西ヨーロッパとともに最初に小農社会が形成されたと思われる。そのなかでもおそらく中国・長江下流域の江南において最初に小農社会が成立したと思われるが、15〜18世紀の環シナ海交易圏＝東アジア広域交易圏の形成により、小農社会は東シナ海を取り巻く中国東部・南部沿海部、日本、朝鮮に拡大した[29]。日本の小農社会の成立は江戸時代初期、幕藩制の成立の一環として17世紀であり、朝鮮はそれより遅れ18世紀、特にその後半、台湾は新しい開拓地で、小農社会の形成は遅れ、19世紀であろう。琉球は日本（薩摩藩）に従属したが独立国であり、東アジア交易圏の中での地位の後退により、17世紀末〜18世紀初めに農業国に転換し、近世的支配体制が確立して農民に対する搾取が強化されたため、小農経営が発達せず小農社会の形成は遅れ、日本に併合されて以後の19世紀末頃であろう。

2. 日本は東アジア交易に積極的に参加し、中国から先進技術を導入して

経済発展を遂げ、幕藩制の小農自立政策や都市の発達、全国的商品経済の発達もあり、17世紀末には東アジアにおいてもっとも発達した小農社会になった。世界でも最も小農社会が発達したかもしれない。

3. 朝鮮は、中国との冊封・朝貢関係に強く規制され、独自に東アジア交易に参入することに消極的であったようである。そのため支配体制の変革が不十分となり、商品経済の発達が遅れ、中国からの技術移転も日本ほどでなかった。小農経営の一般的形成、小農社会の成立は日本より遅れ18世紀後半であろう[30]。日本の小農は江戸時代に兼業を発達させ、多角化・複合化を進めたが、その一番大きな分野が綿業・絹業であり、その技術は中国から導入（場合により朝鮮を経由）した。朝鮮の小農経営の一般的成立もやはり兼業の発達を伴ったが、その程度は日本より弱く、そのため朝鮮の小農は開港以前、成立期から日本と比べると農耕に中心があったのではないかと思われる。この差を生んだ要因には政府の政策も作用している。朝鮮政府は中国の先進技術を導入するのに消極的であり、たとえば、高級絹織物は中国から輸入し、国内の生産をむしろ抑えたのに対し、日本では、幕府、藩が積極的に中国の各種先進技術を導入する政策をとった。

4. 台湾は、東アジア交易圏の全盛期、16世紀後半〜17世紀前半には、未だ中国南部からの移民も少なく、開発も進んでいない。オランダ、スペインが台湾の一部を占領したが、それは東アジア交易の足場を作るためで、領土的植民地化の意図は無くその力も無かった。明清交替期であり、清は台南を占拠して清に抵抗した鄭氏が降伏した1683年以後も反清運動の拠点になることを恐れ、台湾の開発に消極的で漢人の移住を制限した。台湾の開発が進み小農社会が成立するのは中国南部からの移民が増加する18世紀末〜19世紀である。その小農のあり方も日本、朝鮮と異なり、

最初から中国南部との交易を前提とする商品生産的農業に特化した小農であったと思われる。つまり台湾の小農は生産した米、砂糖などを中国南部に移出し、中国南部から手工業製品を移入しており、19世紀後半の開港以後は砂糖、茶を主として香港経由で外国に輸出した。

5．20世紀の日本は、資本主義化と近代国家の成立により、小農経営がいっそう発達した。資本主義化・工業化・都市化により農村過剰人口が吸収され脱農化がすすんだ。兼業化もいっそう進み、その中から在来産業が形成され、さらに在来産業から中小工業が発達していった。もっとも農村が資本主義に組み込まれる過程で地主制が発達し、小作権の弱体化・地主権の強化もみられたが、全体として近代にも相対的に小農経営は順調に発達したといえるだろう。

6．朝鮮では、開港以前に小農経営の一般的形成があったが、日本ほど発達しなかったし、特に兼業が未発達であった。そこに開港以後、急激に世界市場、特に日本資本主義の周辺部に組み込まれたため、大量の小農の没落が進み、工業化・都市化も遅れ貧農が農村に滞留して膨大な過剰人口が形成された。それを基盤に地主制が発達し、地主権の強化・小作権の弱体化が進み、小作経営の自立性が弱まる傾向があった。農家の兼業も日本からの製品輸入と日本資本の朝鮮への進出によって駆逐され、衰退する傾向があった。一方、農家所得が低いために自給的な農家家内工業は根強く残存し、農家の自給率は日本、台湾より高かった。日本の開発政策によって農業の商品化・集約化は進んだが、農家所得はあまり増加しなかった。部分的には小農経営の発展も見られたし、朝鮮の工業化・都市化が進む1920〜30年代には、その傾向が強まった。全体として植民地下において、朝鮮の小農経営の発展は偏奇したものになった。

7．台湾は、植民地化とともに急激に日本資本主義の周辺部に組み込まれ

第5章　小農経営の比較史的検討　　129

ることによって、小農経営の商品化・集約化が進んだが、その点は朝鮮と同様である。しかし、甘蔗生産などでは日本資本に組織され従属化が進むが、米作などでは小農経営の自立性は強化されるようである。その点は朝鮮との違いがある。農家兼業率も1910年代に約30％と日本と同じくらいで、朝鮮より高い。

　1910〜20年代に従業員5人未満の零細工業が相当広範に展開してくる。この零細工業は日本のように農家兼業を基盤にしてその上に展開するというより、植民地化という条件のもとで新たに形成・発展したものが多いようである。植民地化以前にあった中国南部との交易が縮小し、それに代わって中国南部から供給されていた手工業製品が台湾で生産されるようになるとともに（日本からの移入に切り替わる部分もあった）、日本市場向け・世界市場向けの製品を生産する零細工業が形成されたのである。農家兼業の発達もそれと同じ条件であろう。


註

1）　小農、小農社会については、中村哲「小農社会論」（中村哲『近代東アジア史像の再構成』桜井書店、2000年、第1章2節）、中村哲「東アジア資本主義形成史論」（東アジア地域研究会・中村哲編著『講座東アジア近現代史1　現代からみた東アジア近現代史』青木書店、2001年所収、本書第1章）、参照。

2）　役務制（あるいは用役給付関係）とは、雇用関係であるが、近代的賃労働のように雇用の目的が剰余価値（あるいは利潤）にではなく、使用価値にある関係であり、前近代階級社会にはかなり広く存在した。歴史研究においてこの関係を奴隷制や農奴制とすることが多いが、役務関係は人格的隷属関係ではない点で質的に異なる。中村哲「総論　中国前近代史理論の再構成・序説」49ページ、註41（中村哲編著『東アジア専制国家と社会・経済』青木書店、1993年所収）、同「資本主義的生産に先行する諸形態」（『マルクス・カテゴリー事典』青

130 第Ⅱ編 小農社会・複線的工業化・中進国型帝国主義日本

木書店、1998年、228〜233ページ）、参照。

3） 中間的地主制とは、地主と借地農の関係が契約関係としての土地の貸借関係であり、高利資本と借金する者との関係が貨幣の貸借関係であるのと同じである。地主と借地農との間に人格的隷属関係は存在しない。この関係も前近代に広範に存在したが、歴史研究において農奴制・封建制・隷農制等の人格的隷属関係と混同されることが多い。中村哲前掲「総論 中国前近代史理論の再構成・序説」36〜38ページ、中村哲「近代東アジアにおける地主制の性格と類型」（中村哲『近代世界史像の再構成——東アジアの視点から——』青木書店、1991年、第5章）、参照。なお、中間的地主制は私が作った概念で、東アジアはじめ世界各地に存在する。日本では一般に寄生地主制と言われることが多い。

4） 江戸時代に最初に全国人口を知りうるのは、幕府による1721（享保6）年の人口調査で2,606万であるが、それは武士などを除外し、藩により幼少者を除いているので、それを含めると3,100万位と推定される（鬼頭宏『文明としての江戸システム』講談社、2002年、66〜68ページ）。有業人口を知りうる最初は1872（明治5）年の壬申戸籍であるが、かなり脱落があるので、それを補正すると、総人口3,481万（内閣統計局）、農林業有業人口1,552万、有業人口の72.7％である（中村隆英『日本経済——その成長と構造 第2版』東京大学出版会、1980年、34ページ）。1721年も農業有業人口率が同一とすると1,382万となるが、この間の経済変化を考えると、1721年の農業有業人口率は1872年より高く、75〜80％程度であろう。75％で1,430万、80％で1,520万となる。雇用労働力は、小農経営が一般的に成立した初期段階で、まだ相当多かったとみられる。しかし、300万を超えることはないであろう。

5） 林炳潤『植民地における商業的農業の展開』東京大学出版会、1971年、274ページ（元は、沢村東平「朝鮮農業の労力組成」『社会政策時報』208号）。

6） 涂照彦『日本帝国主義下の台湾』東京大学出版会、1975年、175ページ。

7） 柳沢悠「南インドにおける小農化傾向と農村小工業」（溝口雄三・浜下武志・平石直昭・宮嶋博史編『アジアから考える6 長期経済変動』東京大学出版会、1994年）。

8） 宮嶋博史「朝鮮甲午改革以後の商業的農業——三南地方を中心に——」（『史

第5章　小農経営の比較史的検討　　131

林』57巻6号、1974年11月）58ページ、第3表から計算。

9）　中村哲前掲註1の諸論文、参照。なお、多角化は2毛作・3毛作や農作物の
　　多様化などの農業内における多角化、複合化は商工業、賃労働などの非農業面
　　への進出を指す。

10）　涂照彦前掲『日本帝国主義下の台湾』85ページ、第18表。ただし、この灌漑
　　面積には畑も含まれるので、灌漑水田の割合はこれより低い。

11）　朴ソプ『韓国近代の農業変動』（韓国語）韓国・一潮閣、1997年、266ページ。

12）　農林省熱帯農業研究センター編『旧朝鮮における日本の農業試験研究の成果』
　　農林統計協会、1976年、24ページ。

13）　川野重任『台湾米穀経済論』有斐閣、1941年、第6章「米穀の取引段階に於
　　ける跛行性」、参照。

14）　林炳潤前掲『植民地における商業的農業の展開』265ページ、第52表、この経
　　営費には小作料を含んでいるが、小作料を除く経営費の商品化率は1932年に自
　　小作40.1％、小作40.9％である（朴ソプ『1930年代朝鮮における農業と農業社
　　会』未来社、1995年、112〜114ページ）。

15）　米作農家のケース、涂照彦前掲『日本帝国主義下の台湾』230ページ、第103
　　表。

16）　川野重任前掲『台湾米穀経済論』210ページ、第100表。

17）　涂照彦前掲『日本帝国主義下の台湾』78ページ、元は、八木芳之助『米価及
　　び米価統制問題』有斐閣、1932年、428ページ、川野重任氏の推計では、1936
　　〜38年平均の台湾の米の商品化率は73.8％とさらに高くなる（川野前掲『台湾
　　米穀経済論』244ページ）。

18）　朝鮮においても工業化・都市化が進み、朝鮮内部の農産物市場が拡大する1930
　　年代には、果樹、蔬菜などの商品生産が発展し、米への偏奇が是正される傾向
　　がある。朴ソプ前掲『1930年代朝鮮における農業と農村社会』、参照。

19）　須川英徳『李朝商業政策史研究——18・19世紀における公権力と商業』東京
　　大学出版会、1994年、231〜235ページ。

20）　村上勝彦「日本帝国主義による朝鮮綿業の再編成」（小島麗逸編著『日本帝国
　　主義と東アジア』アジア経済研究所、1979年）によると、1908〜10年平均で輸

132 　第Ⅱ編　小農社会・複線的工業化・中進国型帝国主義日本

入綿布62%、輸入綿糸使用綿布26〜28%で90%近くを占め、純国産綿布は10%
程度である。しかし、朝鮮の人口を1,300万として推計しているが、現在の人口
史研究では1,700万とみられるので外国綿布の占有率を実際より過大に評価して
いる（李憲昶氏の教示による）。

21)　木村光彦「植民地下朝鮮の紡織工業」（安場保吉・斎藤修編著『プロト工業化
期の経済と社会』日本経済新聞社、1983年、所収）。

22)　須川英徳前掲『李朝商業政策史研究』260〜271ページ、参照。

23)　綿谷赳夫「資本主義の発展と農民の階層分化」（東畑精一・宇野弘蔵編『日本
資本主義と農業』岩波書店、1959年、第 4 章）。

24)　李栄薫「韓国の小農社会と工業化」（中国語）（中村哲・羅栄渠・安秉直編著
『論東亜経済的現代化』中国・東方出版社、1998年、特に、211ページの表〔植
民地期耕作規模的分化趨勢〕、参照）。なお、朝鮮は、農業の南北の違いが大き
く、北部は畑が多く、気候条件が旧満州、華北に近いので、農業も旧満州、華
北に近い。そこで南部だけでみると、1937年、0.5ヘクタール未満48.8%、0.5〜
1 ヘクタール27.6%、1〜3 ヘクタール21.7%、3 ヘクタール以上1.9%である（朴
ソプ前掲『韓国近代の農業変動』151ページ、表 2-18）。日本と比べても 1 ヘク
タール未満が多く 1〜3 ヘクタール層が薄いという特徴がある。

25)　涂照彦前掲『日本帝国主義下の台湾』218〜219ページ、第95表。

26)　小作料の納入は、大別して小作料が定額である場合と収穫を地主と小作人が
一定の比率（折半が多い）で分配する分益制があり、さらに定額には減免がな
い場合とある場合がある。一般的に言えば、豊凶などの危険を小作人が全面的
に負担する減免のない定額小作が小作人の経営的自立度が高い。分益制は地
主と小作人が共同で危険負担し、小作人の経営的自立性は弱い。特に大型農具
や農舎などを地主が提供する分益制の場合には、地主は土地所有者であるとと
もに経営者的な性格も有し、小作人の農業経営に干渉することが多く、小作人
は経営者と農業労働者の中間的存在である。小作料には現物納と貨幣納がある
が、貨幣納には納入額が定額である場合と、納入額が現物で表示され、それを
貨幣に換算して納める代金納制がある。一般的には定額貨幣制が小作人の経営
的自立性が最も高い。

第5章　小農経営の比較史的検討　　　133

27)　久間健一『朝鮮農業の近代的様相』西ヶ原刊行会、1935年、24～25ページ。

28)　川野重任前掲『台湾米穀経済論』第5章3節「小作制度と産米の分配」、4節「分配と商品化との量的観察」、参照。

29)　中村哲前掲註1の諸論文、参照。

30)　宮嶋博史氏は、朝鮮における小農社会の成立は日本と同じ17世紀とするが（「東アジア小農社会の形成」溝口雄三・浜下武志・平石直昭・宮嶋博史編前掲『アジアから考える6　長期経済変動』所収）、実証的に不十分である。

135

# 第6章　転換期の1930年代東アジア

## はじめに

　最近、両大戦間期の東アジア経済に関する研究が進んでいる。特に1930年代が焦点になっている。戦前、1920年代後半から30年代において、いわゆる講座派理論は日本の侵略と対外戦争の原因を国内経済の後進性（生産力の低位性・農民の貧困・労働者の低賃金等）に求めた。戦後、70年代以後日本の高度経済成長と先進国化を背景に講座派理論は影響力を失い、両大戦間期の日本経済の発展を積極的に評価する傾向が強まり（代表的なものとして橋本寿朗氏の研究[1]）、それは戦後経済発展について戦前からの連続面を重視する研究と結びついた。80年代になると中国社会主義の改革・開放政策への転換（実質的に資本主義化路線）が進み、文化大革命を始めとして中国社会主義が見直されるとともに、戦前、南京国民政府期の工業化・中国資本主義の形成を評価する研究が進んだ。また、戦前に植民地であった韓国、台湾、シンガポール、香港が目覚しい経済発展を遂げてNIEs化し、続いて東南アジアのASEAN諸国も成長軌道に乗った。それに伴いNIEs、ASEAN地域の経済成長の歴史的条件を探る研究動向が生まれ、それまでの、植民地期を本国の搾取・収奪とそれへの抵抗を中心とする民族主義的研究に対し、植民地期の経済発展を認め、それが独立後の経済発展につながるという考え方が生まれた。こうした植民地期の再評価の傾向は経済だけでなく、一般的な研究動向であり、たとえば、植民地期の支配体制（植民地国家）が独立後の国家体制に連続していることから植民地期の政治体制

を一種の近代国家と捉え、植民地以前の伝統国家との間に断絶を見る考えが強まっている[2]。

さらにこうした個々の国・地域から構成される東アジア（場合により南アジアを含み）を全体として捉え、戦前・戦後を連続的に捉えようとする研究（代表的なものとして杉原薫氏の研究[3]）も生まれている。

本章は、こうした近年の研究動向を汲み取り、両大戦間期、その中でも特に1930年代を中心にその時期の特徴を戦後との連続面を中心にまとめてみることにしたい。

## 1．研究の視角——両大戦間期を19世紀資本主義から20世紀資本主義への過渡期・移行期と捉える

数年前に私は、両大戦間期を19世紀資本主義から20世紀資本主義への移行期とする考えを提示した（「20世紀資本主義から21世紀資本主義へ」[4]）。イギリス産業革命を起点として、資本主義は19世紀中期に地球的規模（グローバル）で支配的な経済体制（世界資本主義の成立）になったが、現在からみれば未発達な資本主義であり、経済力ではアジア・アフリカの広大な地域を自己に従属させることが出来ず、政治的・軍事的な力によってそれら地域を領土として囲い込んで植民地化し、あるいは不平等条約を強制して従属させた。

1870年代から欧米、特にアメリカとドイツに、より高度な生産力と企業組織（株式会社形態をとる大企業、さらにそれを中心とする企業集団）が形成され始め、20世紀に入り本格的な発展期に入った。しかし、そのような新しい生産体制（いわゆるフォード・システム）は、従来の社会・経済体制を動揺させ、1929年の大恐慌を起こすことになった。新しい生産体制に対応する

新しい社会・経済体制はアメリカのニューディールに始まり、戦後、ヨーロッパ、日本に広がり世界的体制として成立した。一方、アジア、アフリカでは19世紀末から民族運動が広がり、第一次世界大戦後のワシントン体制やロシア革命によって民族自決が国際的に認められ始め、第二次世界大戦後の独立につながる。両大戦間期には経済的にも植民地において工業化や自立的小農経営の形成などが開始される。金融・通貨の面では第一次世界大戦で国際金本位制は解体し、戦後ある程度再建されたが弱体であり、1929年恐慌で完全に崩壊し、管理通貨制への移行が始まる。イギリスの世界覇権が弱体化・解消し、アメリカの世界覇権も未成立で、世界経済はブロック化が進み、不安定・縮小する。

　あらゆる意味で、両大戦間期は世界の不安定な体制移行期である。新しく形成・発展しつつある諸要素（それは20世紀資本主義を構成する諸要素であるが）が旧来の19世紀資本主義の体制に適合的でなく、そのために資本主義体制が動揺・不安定化した、そのような時期である。その中で1930年代は29年恐慌を契機に旧来の体制とそれを構成する諸要素が急速に解体・消滅に向かい、新しい戦後につながる20世紀資本主義の諸要素が成長する時期である。39年の第二次世界大戦の開始で局面が大きく転換するので、移行期の中心をなす30年代は38年（あるいは39年前半）までである（戦争が暴力的に転換を強行した）。以上のような点は東アジアも世界の一部を構成しているから基本的に共通しているが、その具体的なあり方は東アジアに特有である。東アジアにおける両大戦間期の移行・転換の基本的内容は19世紀的な帝国主義的・植民地体制から東アジア工業化・東アジア太平洋経済圏への転換の萌芽・あるいはその起点である。そのような視点から30年代を中心に両大戦間期の東アジア経済の特徴と変化をみることにしよう。

　なお、レーニン『帝国主義論』は、帝国主義は資本主義の最高の発展段

階であるとともに最後の段階であり、社会主義革命の前夜と捉えた。つまり両大戦間期を資本主義の危機の時代、資本主義から社会主義への移行期・過渡期と考えたのである。確かに両大戦間期は世界の大きな体制移行期であったが、それは資本主義から社会主義への移行期・転換期ではなく、19世紀資本主義から20世紀資本主義への移行期であったのである。不安定な移行期を経て世界資本主義はより高度に発達した20世紀資本主義体制をつくりあげた。そして講座派理論の日本資本主義把握の背景にはレーニン的な世界把握があった。両大戦間期は資本主義（19世紀的な）の危機・崩壊の時代であり、その点を考慮すると、講座派理論も一面で日本資本主義を鋭く捉えている。日本帝国は崩壊したのであり、その遺産のかなりの部分は戦後に受け継がれたが、帝国主義という枠組みではなく20世紀資本主義という新しい枠組みの構成要素となったのである。

## 2. 1930年代を中心とする東アジアの工業化と貿易

### 日本

　1930年代の日本経済は大恐慌後の世界市場の縮小・ブロック経済化の中で例外的に急速な発展を遂げた。日本の経済成長は1885〜1940年平均で年率3.4%だが、1932〜36年の5年間は年平均6.3%、5年平均で5％を超えるのは他に第一次世界大戦期の1915〜19年の7.3%だけである[5]。旧来の講座派的見解では為替ダンピングと低賃金労働力の搾取が最大の要因とされたが、最近の研究では工業技術の革新による急激な工業生産力の上昇・国際競争力の強化があり、それが円為替の低落と結びついて急激な輸出増大と輸入代替を実現したとされている。そうした研究の代表的なものとして、富永憲生『金輸出再禁止後の日本経済の躍進と高成長商品』（渓水社、1999

年）があげられるが、それによると1929年〜36年に生産額が2倍以上になった高成長製品は工業生産額の47%を占め、3倍以上も27%を占める。その多くは第一次世界大戦中とその後の新製品である（それ以前は輸入品であった）。最終需要の生産増加への貢献度は輸出および輸入代替4割、消費と投資が各2割5分、1割が政府支出で、設備投資のうち軍需関連は少ない。つまりこの時期の工業生産の躍進は輸出・国内市場拡大と投資に主導されたものである。

　輸出は1929〜36年に急増しただけでなく内容が大きく変わった。この間に輸出が3倍以上に増加した重要商品（輸出額400万円以上）は58品目、内16品目は10倍以上に増加している。重要輸出品は繊維と雑貨が最も多く、次いで化学、金属、機械である。逆にこの間に輸出額が減少した商品は、33品目で、特に生糸、絹織物を始め伝統的な輸出品が衰退した。増加した繊維製品は加工綿布や人絹などの新製品である。輸出先も大きく変わった。20年代の2大輸出市場であったアメリカと中国・香港が減少し、植民地（朝鮮、台湾）、旧満州（以下満州）といわゆる新市場が激増した。後に述べる中国の軽工業部門の発展と国民政府の関税政策によって日本の対中綿製品輸出が激減し、朝鮮でも綿工業が発展したので、従来の輸出市場は失ったが、日本綿工業の技術革新・資本力の強化によって東南アジア、インド、さらにラテンアメリカ、アフリカなどへの輸出を増加させ、イギリスを抜いて世界最大の綿布輸出国になった。雑貨も重要であり、主として中小企業によって生産された。繊維製品、雑貨は世界的に輸出を急拡大させたが、金属・機械などの重工業製品は急拡大する国内市場の大部分と植民地、満州の需要の大部分を抑え、中国市場にもある程度食い込んだ。しかし、東南アジア、インドなどにはイギリス、オランダなどの宗主国の政策に阻まれて殆ど食い込めなかった。

140 　　第Ⅱ編　小農社会・複線的工業化・中進国型帝国主義日本

1931〜37年に日本の輸出額は14.8億円から41.9億円へと2.83倍に増えているが、朝鮮・台湾・満州の帝国圏が4.1億円から16.2億円に3.96倍に、東北アジア（つまり日本帝国圏と中国）を除くアジア（東南アジア・インド・西アジア）とラテンアメリカ・アフリカ・大洋州が3.8億円から13.7億円に3.57倍に増え、欧米は5.4億円から10.1億円に1.87倍、中国は1.4億円から1.8億円に1.24倍である[6]。30年代の日本の輸出市場は帝国圏と中国を除くアジア・アフリカ・ラテンアメリカの開発途上地域（その大半は欧米の植民地）で急拡大したのであり、日本帝国圏が日本の独占的市場であったのに対し、保護主義が台頭しブロック化が進むという不利な条件の下で、日本の軽工業製品は世界の開発途上地域に急激な市場開拓を行ったのである。この段階の日本の工業は、繊維、雑貨などの軽工業部門は世界でもっとも強い競争力をもつようになったが、重工業、特に機械工業はアメリカ、ドイツに対して競争力に劣り、日本本国と勢力圏である植民地、満州を主たる市場とした[7]。

　輸入は一次産品が中心であるが、日本の工業化の急進展により急増しつつあり、しかもその輸入先を自国の勢力圏で確保できず、インド（原綿、銑鉄）、海峡植民地（鉄鉱石、ゴム）、オーストラリア（羊毛）、カナダ（パルプ、木材）、蘭印（ゴム、砂糖）というイギリス、オランダの植民地・自治領とアメリカ（石油、原綿、屑鉄）からの輸入が増加した。それら一次産品はこの時期に急成長する新興工業部門の原・燃料が多く、それをイギリス・オランダの植民地・自治領やアメリカに依存しなければならない点が、有名な名和三環節論で日本の致命的弱点とされた[8]。そして事実、この資源の安定的確保のために日本は自国の勢力圏拡大に向かい、満州、中国、さらに東南アジアを武力侵略する道を選んだのである。いわゆる大東亜共栄圏建設の最大の目的は日本の必要とする資源を安定的に確保することであ

った。しかし、1930年代には日本の工業化に必要な原・燃料は一応確保できたのであり、特にイギリスはポンド価値の維持のため植民地の出超を維持する必要上、日本がイギリス植民地の一次産品を購入することを強く望んでいた。それが不可能になったのは日本の侵略政策によってアメリカ、イギリスと決定的に対立したからである。特に1937年の日中戦争、1939年の第二次世界大戦の勃発が決定的であった。そして日本はアメリカ、イギリスが対決したドイツ、イタリアと37年に三国同盟を結んだのである。また、大東亜共栄圏だけではたとえその資源が確保できたとしても、発展する日本の工業の原・燃料を自給することは不可能であった。そもそも政府が大東亜共栄圏の構想を取り上げるのは、1940年、第二次近衛内閣においてであり、実現性のある計画ではなく、追い込まれたにわか作りのものであった。

## 台湾、朝鮮、満州

　台湾は1895年から、朝鮮は1910年から日本の植民地になり、満州は1931年の満州事変、32年の満州国の建国以後実質的には日本の植民地に近かった。植民地化以後、3地域に共通するのは、日本に従属した現地政府により日本と共通する制度が作られ、鉄道・道路・港湾・通信施設・治水・水利などのインフラストラクチャーが整備され、日本から資本、技術が導入されて、日本に従属した形の近代経済が急速に形成されたことである。これはある程度両大戦間期の植民地に共通することであるが、日本の植民地に特に顕著である。経済成長も1912〜37年平均で年率台湾4.3%、朝鮮3.7%で、当時としては世界で非常に高い。特に30年代に加速している。30年代の満州も同様であろう。つまりこの3地域は日本帝国圏内においてであるが、対外開放経済体制となり外国資本（日本資本）主導の工業化が進んだの

である。戦後の台湾、韓国の輸出主導で外資への依存性が強いNIEs化と基本的な性格が共通する経済変化が両大戦間期から始まったとみることが出来る。もう一つ注目されるのは、3地域とも日本との経済関係が圧倒的であり、日本帝国経済圏は日本を核とし、3地域をサテライトとする構造になったが、30年代には3地域相互の経済関係が急速に強化される。たとえば、満州の台湾への輸出は1932〜41年に10倍に増えるが、その中心は肥料（大豆粕）であり台湾農業の近代化（多肥化）によるというように、3地域の経済開発が相互連関性を強めているのである[9]。1930年代は日本帝国圏の経済構造が従属地域の経済発展によって多角化し始めたといえる。この変化も戦後のNIEs化につながるといえよう（戦後のNIEs化の場合とは異なり日本帝国圏内という制約があり、結びつく地域も異なるが）。これを松本貴典氏は、日本帝国の貿易構造の「サテライト構造」型から「ネットワーク構造」型への変化の端緒と評価している[10]。3地域は日本帝国圏内ではその外部地域（中国、東南アジアなど）よりも有利であり、それを利用することにより経済成長を加速化したのである。これは両大戦間期の植民地末期には世界で共通した傾向であるが（たとえば、イギリス帝国圏・スターリング地域内の有利性を利用して工業化を進めたインド）、経済的結合関係が緊密な日本帝国圏で特に顕著であった。

## 中国

中国では1928年に国民政府による全国統一が一応なされ、近代国民国家が成立し、政治的安定がある程度実現した。国民政府は国内のナショナリズムの高揚を背景に、対外経済自立化政策をとったが、その中心は関税政策と通貨政策であった。アメリカ、イギリスはある程度それに協力的であり、関税自主権の回復を認め、中国は関税を28年から34年にかけて引き上

げた。中国経済は19世紀末から近代工業が成立し始め、第一次世界大戦期から紡績業を中心に軽工業部門が発展し始めていたが、軽工業製品を中心にする輸入関税引き上げが効果的に作用し、20年代末以後軽工業部門の輸入代替工業化が急速に進んだ。輸入において1926〜36年に軽工業製品は比率で43.6%から14.3%に、金額では8割近く減少した。反対に重化学工業製品は18.9%から47.0%に、金額でも3割程度増加し輸入の中心を占めるようになった[11]。

　輸出を見ると、1936年でも一次産品が42.7%を占めて第1位であり、軽工業製品は13.5%に過ぎず、手工業製品が36.9%を占めており、依然として中国が一次産品輸出国であるといえるが[12]、手工業製品が一次産品に近い比重を占め、軽工業製品と合わせれば一次産品を上回り輸出の半分を占める。この時期の手工業製品は生産額が増加しており、従来の伝統的なものは衰え、近代化の中で新しく形成・発展するものが増えつつあった。その中には小資本家経営、問屋制家内工業、工場制手工業などの初期資本主義的生産[13]が相当含まれていた[14]。日本の工業化の特徴は政府・大企業主導の移植型大工業と在来型中小零細工業との複線的発展であり、特に工業化の初期（19世紀末〜20世紀初）には在来型工業化が大きな比重を占めていた[15]。中国の工業化も日本と同じく複線的工業化であり、日本以上に在来型の比重が大きかった。そして1930年代には中国の工業化は日本の19世紀末・20世紀初（第一次世界大戦前）の段階（日本における産業資本確立期といわれる時期[16]）に達していたように思われる。

　通貨政策では1933年に国内の銀の通貨単位であり、地域・業種などによって多様に異なる両を廃止し、国際的な単位である元に統一した。その上で1935年、イギリス、アメリカの支持を受けて、銀通貨から政府系銀行の発行する国家紙幣（法幣）に統一し、元をポンドにリンクさせ、為替レー

トを切り下げ気味に安定させた。それにより金融面が改善し、成長通貨の供給が可能となり、以後37年の日中戦争勃発まで経済は上昇傾向をたどった。

国民政府の経済政策は国内経済重視の輸入代替工業化を目指し、それにかなり成功したといえる。ただ、中国は欧米・日に従属した近代経済化で、工業・金融も開港場を中心に発展し、外資の役割も大きかったから、国民政府の政策はこの対外開放型の経済と矛盾する面があったと考えられる。その後まもなく日中戦争となり、戦後の国共内戦から49年の中国革命を経て中国社会主義が建設されてゆくが、それは輸入代替・対外閉鎖型の経済を極端に推し進めるものであり、それが78年末に始まる鄧小平が主導する改革・開放路線により再度対外開放型経済に転換してゆくわけである。その点からみると国民政府の対外経済政策は共産党政権のそれと共通性を持ち、中国の内向きの輸入代替路線の始まりといえる。この内向き工業化には日本への対抗の必要性という面も強かった。

## インド

イギリスの植民地インドの工業化は、日本より早く1860年代に始まるが、その速度は日本よりはるかに遅かった。しかし20世紀に入ると加速化し、製造業成長率は1900–01～1948–49年平均で年率4.4%と相当高く世界平均やイギリス、アメリカ、ドイツを大幅に上回る水準である。特に30年代には20年代以上の急速な成長を遂げ、29～33年の大恐慌期さえ、近代工業は不況を経験しなかったという[17]。それはオタワ体制下でイギリスがシティーの金融利害を重視し、インドがポンド債務の返済を履行できるようインドに市場を保障したことも重要な条件であった。そしてインド・ナショナリズムの高揚を背景に輸入代替工業化が30年代に急速に進むことにな

第6章　転換期の1930年代東アジア　　　　　145

った。関税に保護されてインド経済に占める貿易の比重が減少し、国内市場の重要性が増した。これは独立後、国民会議派政権の下で推進された内向きの輸入代替工業化の始まりと言え、その点で中国の1930年代の国民政府による輸入関税引き上げと輸入代替工業化と共通している。そしてインドの内向きの工業化が行き詰まり、開放政策に転換するのは中国よりさらに遅れ1991年である。

## 東南アジア

　これまでに述べた地域と異なり、東南アジアでは両大戦間期にも工業化はそれほど進まず、一次産品輸出地域である点では19世紀末と変わらない。大きく変わるのは一次産品の内容と輸出先である。ゴム、錫の輸出が大きく伸び、従来のヨーロッパ向けからアメリカ向けが中心になってゆく。それは自動車・家電などアメリカの新しい20世紀型産業が主導する貿易であり、東南アジアはその原料供給地になったのである。この対アメリカ貿易は蘭領インド、海峡植民地を中心に東南アジアの圧倒的出超であり、輸出によって購買力の増大した東南アジア市場に従来のインドや植民地本国・イギリスなどからの消費財を中心とする工業製品輸入に代わって、日本から綿製品を始めとする安価な消費財の輸入が急増してゆく[18]。1929年の大恐慌以後、一次産品輸出が激減し、東南アジアの購買力が大きく落ち込むと、安価な日本製品に対する需要はいっそう強まった。この変化の背景には、東南アジアにおける小農経営の成長を中心とする経済構造の変化があった[19]。

　1930年代に日本の対東南アジア貿易は出超に転じた。日本の対アメリカ貿易は20年代までは生糸輸出を中心に大幅な黒字であったが、30年代には生糸価格の暴落・輸出減少のため輸出は大幅に減少した。一方、日本綿工

業が太糸・厚手の綿布から細糸・薄手の綿布に製品を変えつつあり、アメリカ綿の輸入が増加し、また、重化学工業化の発展により機械・屑鉄・石油などのアメリカからの輸入が増加したため、対アメリカ貿易は入超となり、その額も増加していった。そこでアメリカ→東南アジア→日本→アメリカという国際決済が台頭した。第一次世界大戦以後、インドの日本、中国、東南アジアに対する出超は減少あるいは逆転し、インドが国際決済の基軸を担うことが出来なくなったが、東南アジアのヨーロッパ、アメリカ向け輸出の増加によりアメリカ→東南アジア→ヨーロッパ→アメリカという国際決済が増加し、世界貿易を支えた。東南アジアはヨーロッパ本国と植民地との貿易から東アジア・太平洋経済圏に組み込まれ始めたのである[20]。

　付け加えると、東南アジアでも両大戦間期に微弱ながら工業化がはじまり、やはりナショナリズムがその背景をなしている。それが戦後、独立当初内向きの輸入代替工業化を進める端緒であった[21]。

## 小括

　19世紀資本主義から20世紀資本主義への移行期である両大戦間期の東アジア経済の新しい変化は、工業化と東アジア・太平洋経済圏形成の始動である。その場合、工業化の型には台湾・朝鮮の対外依存・開放型と中国・インドの対外自立・輸入代替型があり、それが戦後独立した場合の工業化の型と関連している。戦前、植民地・従属国時代から形成されてきた工業化のタイプは独立後工業化を推進する場合の条件として作用したと思われる。1930年代は東アジアやインドだけでなく、ラテンアメリカでも工業化の始動とナショナリズムの台頭が見られ、やはり工業化は対外自立・輸入代替型である。その点からも両大戦間期は移行期、戦後への始点といえる。

## 3．中進国型帝国主義としての日本

　1930年代の東アジア経済においては、日本帝国圏が急成長を遂げその比重を急増させた。そしてまたその急成長と閉鎖性が東アジア経済を分断するように作用したのである。日本は20世紀前半までの世界では最後発の資本主義国であり、1930年代においても非資本主義的関係が広範に存在する中進資本主義国であった[22]。にもかかわらず日本は植民地を獲得して帝国主義化した[23]。講座派的見解では戦後も、この点について欧米帝国主義に対する従属性や後進性が強調され、経済力の弱さを東アジアにおける唯一の帝国主義国であるという地理的条件の有利性や軍事力で補う、遅れた軍事的性格の強い帝国主義であると特徴付けられた。

　しかし、実際には経済的に欧米に劣勢であるがゆえに、欧米に対抗するために植民地の旧社会＝前近代社会の解体を強力に推進し、資本主義化を強行する新しい型の帝国主義であったのである。両大戦間期の日本が欧米よりも遅れた中進資本主義国であったのは事実であるが、その後進性はむしろ開発主義的植民地支配を行うように作用したのである。国内的にもこの時期の急速な経済発展は中進国的条件によって可能になった。この点を労働力再生産のあり方を中心にしてみることにする。その他の重要な条件として欧米からの新しい技術・経営管理方式の導入による生産性の上昇があるが、その点は第2節において多少ふれた。

### 国内の労働力再生産の特徴

　中進資本主義国では非資本主義部門が広大に存在し、労働力の再生産が主要には小経営（家族経営）を中心とする非資本主義部門で行われるため

に、資本主義部門の労働力再生産費もそのかなりの部分を非資本主義部門に転嫁し、労働力の再生産が主要には資本主義内部で行われている先進資本主義国に比べ低賃金になる。国内外の資本主義経済によって農村をはじめとする前近代的関係は変質・解体が進みつつあり、過剰人口が多様な形態で形成され、この面からも所得・賃金が押し下げられる。それが資本蓄積率を高める。世界的な経験からすると一般的に中進国の中・末期に蓄積率が最も高まる傾向がある。

　1930年代の日本の資本主義は急速に発展しつつあったが、なお農林水産業の第一次産業就業者は絶対数ではほとんど変わらず、相対的には減少しつつあるとはいえ、1930年に49.7％と半分を占め40年にも44.3％であった[24]。階級構成からみても近代部門の工業労働者は30年代に倍増したが（196万人→409万人）、40年に全有業者の12％に過ぎない。家内工業・商業・サービス・農林漁業・単純労働・家事使用人を加えた全雇用労働者でも30年26.2％、40年26.0％と４分の１強であり、農民を含む中間階層が30年71.8％、40年68.5％と圧倒的であった。そして中間層がその内部で階層化しつつ増加しているのであり、労働者から中間層への移動もかなりみられた[25]。1930年代の日本は産業・貿易では資本主義が急速に発展しその高度化が進んでおり、資本主義が支配的になっているが、階級構成や人口構成では中間階層優位の体制にあった。

　日本の工業化・資本主義化の特徴である複線的発展についてみると、農村の在来的な問屋制家内工業は20年代に中小工場に発展して縮小してゆくが、新たに都市の発達に伴い都市的な小工業や問屋制家内工業が発達してゆく[26]。下請け関係も発達するが30年代には固定的な専属関係ではなく多面的・流動的な関係であった。都市、特に東京・大阪などの大都市は江戸時代の消費中心の性格から近代産業都市へ転換するに伴い、小工業が発達

し、日雇い・行商などの都市雑業層が相対的に減少してゆく。1930年代の日本の都市下層民と1960年代以後の開発途上国の都市下層民とを比較すると、日本の都市ではスラムが相対的に少なく、工業関係の従事者が多い。商工業・サービス業は日本のほうがはるかに組織化が進んでおり、社会の階層化も進んでいる。また、近代的産業部門との関係も強い。現代の開発途上国のフォーマル・セクターとインフォーマル・セクターの間に相当大きな断絶があるが、1930年代日本の都市内部の階層は比較的連続的である[27]。このような性格は、資本主義部門に低賃金労働力を供給するのにより適合的である。また、30年代は大恐慌による大量失業（潜在的失業も含め）のために近代部門の賃金水準も低位であり、急速な工業発展に対する労働力供給も不足することはなく、むしろ新規の不熟練労働者の急増によって平均的賃金水準は低下することもあった[28]。1930年代の世界市場の縮小・世界資本主義の危機のなかで、日本資本主義が例外的に急速な発展を実現できた主要条件の一つは世界の資本主義国の中で例外的に資本蓄積に有利な労働力の再生産・供給システムを持つ中進国であったことである。

　もう一つ付け加える必要があることは、1920〜30年代は近代日本において現在に至るまでで最も所得格差が大きくなった時期であったということである。現在の研究水準を示す南亮進氏の研究[29]では、日本の所得分布は19世紀末から1930年代まで着実に不平等化し、ジニ係数は1895年の0.395から1923年0.530、1930年0.537、1937年0.573となった。これは現代の世界の中でも最も所得格差が大きい国のレベルである[30]。そして南は1920〜30年代の所得分布の悪化が社会的・政治的不安定を導き、大正デモクラシーの崩壊と軍国主義の台頭に力を貸し、政府は対外侵略によって国民の不安を外にそらしたとする[31]。

## 本国と植民地の所得格差

　日本本国が中進国（その中・末期）にあったことは植民地のあり方をどう規定したであろうか。所得と賃金の水準を本国と植民地、植民地の本国人と植民地人について比較してみよう。

　アンガス・マディソンの『世界経済の成長史　1820～1992年　199カ国を対象とする分析と推計』に、「各年の各国通貨を購買力平価と物価変動率とを用いて1990年の共通のドル（国際ドル）に換算した」通貨単位による各国の1人当り実質所得が示されているので、これを利用する。これによると1930年の日本・朝鮮・台湾の1人当り所得はそれぞれ1,780ドル、1,173ドル、1,112ドルである。日本を100とすると朝鮮65.9、台湾62.5である。欧米のアジアにおける植民地の場合、同年（一部29年か31年）アメリカ6,220ドル、フィリピン1,564ドルで、アメリカ100に対しフィリピン25.1、オランダ5,467ドル、インドネシア1,198ドルで、インドネシア21.2、イギリス5,195ドル、インド654ドル、ビルマ836ドルで、インド12.6、ビルマ16.1、である[32]。植民地は最高フィリピンから最低インドまで2倍強の差があり、朝鮮、台湾は中位の所得水準である。差異が大きいのは本国側であり、日本はアメリカの28.6%、オランダの32.5%、イギリスの34.3%でしかない。日本の所得水準はフィリピンより少し高いレベルで、欧米よりアジアの諸植民地のほうに近いのである。そのため日本の本国と植民地との所得格差は欧米の本国と植民地との格差より遙に小さい。本国と植民地の生活レベルの格差が、日本帝国は小さく、接近していたのであるが、それは量的な面だけでなく、質的な面についてもいえる。日本は東北アジアの中にあり歴史・伝統・文化・生活などが近隣の中国・朝鮮などに近かったが、欧米諸国はその点でアジアとの差異が大きかった。このことが日本の工業製品、特に在来型中小零細工業の製品が欧米製品に比べ、低価格という点

第6章　転換期の1930年代東アジア　　　151

とともに東アジアに受け入れられやすかった原因であった[33]。


## 植民地における日本人と現地人の賃金・所得格差

　次に植民地における本国人と植民地人の賃金・所得格差をみてみよう。朝鮮・台湾の日本人は工業関係が比較的多かったから、工業賃金でみる。1930年朝鮮の工業賃金は日本人3円25銭、朝鮮人2円7銭、同年台湾の工業賃金は日本人2円22銭、台湾人1円28銭であり[34]、日本人の賃金水準に対し朝鮮人62.4%、台湾人57.4%である。本国と植民地の所得格差より格差がやや大きいが資料的違いがあるので実質的には本国と植民地との所得格差の違いを反映していると考えて良いであろう。当時の東アジアにおける欧米植民地の本国人と植民地人の所得水準については、蘭領インドの1930年の国勢調査からえられる[35]。それによると、1人当り所得は現地人63ギルダー、その他のアジア人（多くは華僑）373ギルダー、ヨーロッパ人は3,720ギルダーで、植民地人と本国人の所得格差は59倍と隔絶している。この植民地における本国人と植民地人の所得格差は本国と植民地の格差をはるかに超えている。

　当時蘭領インドのヨーロッパ人は現地人との混血を含めて全人口の0.4%に過ぎなかった。これに対して1930年における日本人の比率は朝鮮で2.5%、台湾で5.4%であった。日本の植民地の本国人の割合は欧米の植民地の10倍であった。当然にその活動分野は欧米植民地の本国人とは違い、かなり植民地人と重なっていたであろう。そのため植民地における本国人と植民地人の所得格差が本国と植民地の所得格差と同じレベルになったと思われる。それに対し欧米植民地では日本より本国と植民地との所得格差が大きい上に、少数の本国人が支配する体制であるため、植民地の本国人は、本国の平均的所得よりも遙に所得の多い職業・地位にあった。欧米のアジア植民

地支配は頂点に少数の本国人が座り、現地社会の上層階層を使って現地の社会秩序を利用する体制であった。この体制では開発主義的政策はとりにくいし、徹底しない。

これに対して日本の植民地支配体制は多くの日本人が植民地で現地人と同じ職業につき、官僚機構もかなり下部まで日本人が掌握する体制であった。これが日本の植民地政策の性格——現地の社会を基礎から近代的に改編する開発政策——を可能にしたと思われる。この点でも日本の中進国的性格が植民地支配のあり方を一面で規定していたであろう。欧米の植民地では本国人は植民地人と隔絶したヨーロッパ式の生活を営んだが、日本の植民地では日本人の生活は現地人に近く、接触の機会も多かった。それが融和も摩擦も生みだしたであろう。

## 4. 1930年代における東アジア国際経済関係

世界、東アジアの両大戦間期、特に30年代の国際関係についても、ブロック経済化と世界経済の縮小、日本の武力による勢力圏拡大と英米との対立という従来の研究とは異なる研究が強まる傾向にある。イギリス資本主義をジェントルマン資本主義とし、産業資本の利害ではなく、地主利害とシティーの金融利害が一貫して優位にあり、両大戦間期にもイギリスの世界覇権は維持されており、それを支えたのはシティーの金融力であるというP. J. ケインとA. G. ホプキンズの説[36]や、それに依拠する秋田茂、木畑洋一、杉原薫各氏らの研究である[37]。両大戦間期、特に30年代の世界経済や東アジア国際経済の安定性を強調しようとする傾向が強すぎる点は問題であるが、研究が進み東アジアの国際経済関係がより具体的に捉えられるようになった点は評価できる。この研究動向のもう一つの問題は東アジア

第6章　転換期の1930年代東アジア　　　153

で影響力を強めつつあるアメリカの動向が組み入れられていない点であり、
こうした点は今後の研究課題である。

## スターリング圏の開放的性格と日・中

　スターリング・ブロックの性格は金と切り離されたポンドの価値を維持
し、世界通貨としての地位を維持してゆくことであり、シティーの金融力
を維持する必要上ポンドをシティーに集中させる目的をもっていた。オタ
ワ会議で帝国特恵関税制度を作ったが、それも帝国圏諸地域に対して市場
を確保してやり、ポンド債の償還を可能にし、シティーの金融力を維持す
るためであった。スターリング圏にはイギリス帝国に属さないヨーロッパ
諸国（スカンジナビア諸国、バルト三国、ポルトガル）やアルゼンチン、エジ
プト、イラク、シャムなども含まれていたし、その範囲を出来るだけ拡大
しようとするのがイギリスの政策であった。日本も金輸出再禁止以後円は
大きく切り下がったが、32年7月資本逃避防止法を制定、11月から全面的
に為替取引を政府管理下におき、33年3月に基準為替相場を従来のドル建
てからポンド建てに変更し、1円＝1シリング2ペンスの低位でポンドに
リンクさせた。ドルはアメリカの不況再発で大きく下落しており、安定し
た通貨はポンドしかなかったのである。日本は広い意味ではスターリング
圏に属することになり、それは39年の第二次世界大戦勃発まで続いた。中
国も1935年の幣制改革で元を1元＝1シリング2ペンスでポンドにリンク
したので中国もスターリング圏に入ることになった。円ブロックが完全に
独立の通貨圏となるのは1940年7月に成立した第二次近衛内閣の「基本国
策要綱」以後であるが、日銀を中央銀行とする「大東亜金融圏」は円系通
貨による勢力圏内の物流の組織化が不可能であるために計画倒れに終わっ
た。日本は独自の通貨圏を作るだけの経済力に欠けていたのである[38]。

## イギリスの対日宥和政策

　イギリスはアメリカ、カナダの強い要求で日英同盟を廃止したが、1926年に東北アジア政策を転換し、アメリカよりも日本と結ぶこと、中国に対しては従来抑圧してきたナショナリズム運動を支援する方針を打ち出した。アメリカは孤立主義的で東北アジアに関心が薄く、東北アジアではアメリカよりも日本の力が大きく、イギリスは東北アジアに大規模な軍事力を持つ力を失っていたからである。1933年にドイツでナチが政権を握り、それに対処するため、東北アジアではますます日本の力を利用することが必要になった。また、経済的にもイギリス帝国の金融的利害と日本の工業化とは補完性をもっていた。スターリング圏では工業製品の自給が出来ず、東南アジアでは日本製品輸入の要求が強かった。植民地の一次産品の販路としても日本を必要とした。1934・35年のイギリス大蔵省顧問リース・ロスの中国と日本への派遣も中国の財政改革を支援して財政を安定させ、イギリスの中国投資を確保することとその見返りに中国に「満州国」を事実上承認させることであった。後者についてはアメリカの協力が得られず失敗した。

　イギリスは東北アジアにおいて覇権は失っていたが、その国際秩序の維持にはなお重要な役割を果たしていたのである。名和三環節論は日本とイギリス帝国圏との関係を対立面だけで捉えており、利害が一致する面を見逃していたのである。

　1930年代の東アジアは日本帝国圏の急膨張、ブロック経済化の動き、通貨制度の動揺など、不安定化が進んでいたが、なお国際経済秩序の完全な解体には至らなかった。それは37年8月の日中全面戦争の開始と39年9月のドイツのポーランド侵攻による第二次世界大戦の開始によって最終的な破局を迎えるのである。

第6章　転換期の1930年代東アジア　　　155

**註**

1）　橋本寿朗『大恐慌期の日本資本主義』東京大学出版会、1984年。

2）　岩崎育夫「比較国家論——開発主義国家を中心に——」（東アジア地域研究会・中村哲編著『講座東アジア近現代史1　現代からみた東アジア近現代史』青木書店、2001年、所収）、白石隆『海の帝国——アジアをどう考えるか——』中央公論新社、2000年、第3章「よちよち歩きのリヴァイアサン」。

3）　杉原薫『アジア間貿易の形成と構造』ミネルヴァ書房、1996年。

4）　中村哲「20世紀資本主義から21世紀資本主義へ」京都民科歴史部会『新しい歴史学のために』228号、1997年12月、（中村哲『近代東アジア史像の再構成』桜井書店、2000年、第5章）。

5）　大川一司ほか編『長期経済統計　1　国民所得』東洋経済新報社、1974年、第18表より。

6）　堀和生「日本帝国と植民地関係の歴史的意義——大戦間期の貿易分析を通じて——」（堀和生・中村哲編著『日本資本主義と朝鮮・台湾』京都大学学術出版会、2004年、所収）8ページ、表1より計算。

7）　朝鮮・台湾・満州に対する重化学工業製品を中心とする日本からの輸出の急増は日本政府・日本企業による経済開発投資が主導した。堀和生『朝鮮工業化の史的分析——日本資本主義と植民地経済——』有斐閣、1995年、金洛年『日本帝国主義下の朝鮮経済』東京大学出版会、2002年、山本有造『「満州国」経済史研究』名古屋大学出版会、2003年。

8）　名和統一『日本紡績業と原棉問題研究』大同書院、1937年。

9）　山本有造『日本植民地経済史研究』名古屋大学出版会、1992年、第3章「日本植民地帝国の経済構造」、堀和生「日本帝国の膨張と植民地工業化——東アジアの国際関係——」、林満紅「日本植民地期台湾の対満州貿易促進とその社会的意義」（両論文は、秋田茂・籠谷直人編著『1930年代のアジア国際秩序』渓水社、2001年、所収）。

10）　松本貴典「戦前期日本の貿易構造と世界貿易」（同編著『戦前期日本の貿易と組織間関係　情報・調整・協調』新評論、1996年、第2章）。

11）　久保亨『戦間期中国〈自立への模索〉——関税通貨政策と経済発展——』東

京大学出版会、1999年。

12)　久保亨前掲『戦間期中国〈自立への模索〉』、162ページ、表6-8。

13)　初期資本主義の概念については、中村哲「初期資本主義の理論」（中村哲『日本初期資本主義史論』ミネルヴァ書房、1991年、第2章）。産業革命以前の工業化（プロト工業化）の研究は実証的には進んだが、それを基礎に理論化を図ることが遅れている。

14)　奥村哲『中国の資本主義と社会主義　近現代史像の再構成』桜井書店、2004年、弁納才一『華中農村経済と近代化』汲古書院、2004年、曾田三郎『中国近代製糸業史の研究』汲古書院、1994年、森時彦『中国近代綿業史の研究』京都大学学術出版会、2001年、特に第2章「中国在来綿業の再編」、など。弁納氏の研究は、最近数多く刊行された地方誌類を利用して、20〜30年代の綿織物業の工場制手工業や紡績会社兼営織布ではない中小の力織機工場の各地の事例を紹介している。これから見ると、中国綿業についてのこれまでの評価も修正する必要がありそうである。

15)　中村隆英「在来産業の発想」、「在来産業の規模と構成」（中村隆英『明治大正の経済』東京大学出版会、1985年）、谷本雅之『日本における在来的経済発展と織物業——市場形成と家族経済——』名古屋大学出版会、1998年、中村哲前掲『近代東アジア史像の再構成』。

16)　従来、日本経済史研究では産業革命の時期や産業資本確立期が何時であり、どのような内容かが繰り返し議論されてきた。しかしそれはヨーロッパ、特にイギリスを基準にした考え方に基づいていた。戦後現在まで世界の発展途上国の工業化が進行し、工業化の多くの事例が加わった。旧来の産業革命、産業資本確立などの概念はそうした戦後の途上国工業化を分析するのに適当ではない。そのような事例を加え世界史的な工業化の理論を構成すべきである。

17)　柳沢悠「英印経済関係とインド工業化の一側面——第二次日印会商（1936〜37年）を中心に——」（秋田茂・籠谷直人編著前掲『1930年代のアジア国際秩序』、所収）。

18)　加納啓良「国際貿易から見た20世紀の東南アジア植民地経済——アジア太平洋市場への包摂」『歴史評論』539号、1995年3月（同『現代インドネシア経済

第6章　転換期の1930年代東アジア　　157

史論——輸出経済と農業問題』東京大学東洋文化研究所、2003年、第4章）、
中村哲「両大戦間期の東アジアと日本資本主義」『立命館大学言語文化研究』9
巻5・6合併号、1998年3月（中村哲前掲『近代東アジア史像の再構成』、第2
章）。

19)　アン・ブース「日本の経済的進出とオランダの対応——植民地インドネシア
の経済政策」（杉山伸也、イアン・ブラウン編著『戦間期東南アジアの経済摩
擦——日本の南進とアジア・欧米』同文館、1990年、所収）、加納啓良「ジャ
ワのヨーマンリー？——農民甘蔗作発展史序説」（秋元英一・広田功・藤井隆至
編『市場と地域　歴史の視点から』日本経済評論社、1993年、所収）。

20)　四方田雅史「多角的貿易決済網の変質とアジア経済」（川勝平太編『アジア太
平洋経済圏史　1500–2000』藤原書店、2003年、所収）。

21)　池本幸生「1930年代東南アジアの貿易と経済」（秋田茂・籠谷直人編著前掲
『1930年代のアジア国際秩序』、所収）。

22)　中進資本主義の概念については、さしあたり中村哲「近代世界史像の再検討」
『歴史評論』404号、1983年12月（中村哲『近代世界史像の再構成——東アジア
の視点から——』青木書店、1991年、所収）。

23)　中進資本主義の概念規定において、「場合によっては、低開発国を植民地や勢
力圏に組み入れて小帝国主義化することもある」とし、註で「戦前期日本資本
主義はこの類型であるが、国内的条件と地理的位置からこの性質が特異に発達
した点に特徴がある」とした（中村哲前掲書『近代世界史像の再構成』63、84
ページ）。この点を検討するのである。

24)　矢野恒太記念会編『数字でみる日本の100年』改定第二版、国勢社、1986年。

25)　竹内常善「諸階層とその動向」（社会経済史学会編『1930年代の日本経済　そ
の史的分析』東京大学出版会、1982年、所収）。この竹内論文は1930年代日本
の階級構成の中進国的特徴を明確にした点で画期的である。それまでの日本の
階級構成の研究は、資本主義国・帝国主義国という観点から欧米との比較が意
識されたために、中間層が膨大であるというこの時期の日本の特徴が明確でな
かった。

26)　谷本雅之「近代日本の都市「小経営」——『東京市市勢調査』を素材とし

158 第Ⅱ編 小農社会・複線的工業化・中進国型帝国主義日本

て──」(中村隆英・藤井信幸編著『都市化と在来産業』日本経済評論社、2002年、所収)、同「戦間期日本の都市小工業──東京府の場合──」(中村哲編著『東アジア近代経済の形成と発展──東アジア資本主義形成史Ⅰ』日本評論社、2005年、所収)。

27) 中村哲前掲『近代東アジア史像の再構成』、第3章・第4章、谷沢弘毅『近代日本の所得分布と家族経済──高格差社会の個人計量経済史学──』日本図書センター、2004年、第5〜終章。

28) 橋本寿朗前掲『大恐慌期の日本資本主義』、第4章「1930年代における景気回復の蓄積機構」。

29) 南亮進『日本の経済発展と所得分布』岩波書店、1996年。

30) たとえば、世界銀行『世界開発報告』2003年版によると、ジニ係数の分かる113カ国の中で0.5以上の国はラテンアメリカ10カ国、アフリカ8カ国、アジア・大洋州2カ国である(ほぼ1990年代)。このうちアジアは香港だけであり、アジア、特に東アジアは比較的所得格差が小さい。また、戦前日本の所得分布に関する最も実証性の高い前掲註27の谷沢弘毅氏の研究でも同様の結論である。

31) 南亮進、ウェンラン・ジャン「所得分布の社会的・政治的衝撃：日本の経験」(南亮進、クワン・S・キム、マルコム・ファルカス編『所得不平等の政治経済学』東洋経済新報社、2000年、所収)。

32) アンガス・マディソン『世界経済の成長史 1820〜1992年 199カ国を対象とする分析と推計』東洋経済新報社、2000年、表D-1 (a)・(e)より計算。

33) 川勝平太「国際交流の経済史的接近──国際交流と日本」『国際交流』34号、1983年1月、同「明治前期における内外綿布の品質」『早稲田政治経済雑誌』250・251合併号、1977年7月、同「アジア木綿市場の構造と展開」『社会経済史学』51巻1号、1985年6月、杉原薫『アジア間貿易の形成と構造』ミネルヴァ書房、1996年など。

34) 溝口敏行・梅村又次編『旧日本植民地経済統計──推計と分析──』東洋経済新報社、1988年、第25・27表。

35) アンガス・マディソン『20世紀の世界経済』東洋経済新報社、1990年、73ページ。

第6章　転換期の1930年代東アジア　　　159

36）　P. J. ケイン、A. G. ホプキンズ『ジェントルマン資本主義の帝国』Ⅰ, Ⅱ、名
　　古屋大学出版会、1997年。

37）　秋田茂『イギリス帝国とアジア国際秩序——ヘゲモニー国家から帝国的な構
　　造権力へ——』名古屋大学出版会、2003年。杉原薫「東アジアにおける工業化
　　型通貨秩序の成立」、木畑洋一「イギリス帝国の変容と東アジア」、秋田茂「ジ
　　ェントルマン資本主義と東アジア——日本・中国の工業化に対するイギリスの
　　認識　1890～1930年代——」（いずれも、秋田茂・籠谷直人編著前掲『1930年
　　代のアジア国際秩序』、所収）。

38）　山本有造「「大東亜金融圏」論」、京都大学人文科学研究所『人文学報』79号、
　　1997年 3 月、原朗「「大東亜共栄圏」の経済的実態」『土地制度史学』71号、
　　1976年 4 月。

第Ⅲ編

東アジア三国（中国・日本・朝鮮）の
18世紀における分岐と「源蓄国家」の不在

# 第7章　東アジア三国経済の近世と近代（1600〜1900年）

## はじめに

　21世紀初の現在、世界における広域経済圏はEUを中心とするヨーロッパ、アメリカを中心とするNAFTA（アメリカ・カナダ・メキシコ）、それに東アジアである。そのうち東アジアが最も新しく、また、台頭が著しい。ごく最近まで経済史の理論は近代までは西ヨーロッパ、現代についてはアメリカを主たる対象として作られてきた。しかし、現在、東アジア（東北アジア・東南アジア）が資本主義的広域経済圏を形成していることからすれば、東アジアにおける資本主義の形成過程とその諸条件の探求が経済史研究の重要な課題である。さらに、東アジア資本主義の形成過程がヨーロッパ・アメリカと相違する面が多いから、経済史理論そのものを、東アジアの歴史的経験を組み入れて再構成する必要がある。本章は、そのような問題意識を根底においている。

　東アジア広域経済圏の中心は中国・日本・朝鮮・台湾であり、歴史的にもこの東北アジアが資本主義形成において東南アジアに先行した。従来の世界の資本主義形成史や工業化の歴史研究は、西ヨーロッパ、特にイギリスを中心にし、そこで形成された資本主義や近代工業が世界的に波及してゆく過程として捉える視角が中心であった。それに対して本章は東北アジアにおける資本主義形成の内在的な条件を探ることを基本視角にする。本格的な資本主義はまずイギリスで発生し（世界最初の産業革命）、世界的に波及していったことを否定するわけではないが、東アジア資本主義の台頭と

いう現状からすれば、その独自性、他の地域でなく東北アジア、特にその沿海部（中国東部・南部沿海部、日本、韓国、台湾）に資本主義の第三の核が形成され、それが先行する西ヨーロッパ、アメリカと異なる類型の資本主義であることを研究する意義が大きいと考えるからである。

　私はこれまでもいくつかの論文で以上のような点を主張してきた。本章ではこれまでに述べてきた点についてはより論点を深め、また、これまでに取り上げていない新しい論点を加えるよう努力しようと思う。

## 1．小農社会の成立と発展

### 小農社会の歴史的位置付け

　一組の夫婦とその子供を基本的構成要素とする小家族による小規模な農業経営は、原始社会の末期に定着農業が生産の中心になった時から世界で一般的に存在してきた。しかし、小農経営が安定し自立性を持つようになり、自立的小農経営が社会的に一般化するのは、歴史的にかなり新しいことである。15・16世紀の西ヨーロッパ（アルプス・ピレネー以北で、地中海沿岸は含まない）と東北アジア沿海部に最初の小農社会が形成された。世界で資本主義以前に小農社会が成立したのはこの両地域だけである。そしてこの小農社会を基盤として資本主義が形成されるというのが本章の主要な主張の第一点である。

　これまでの経済理論では、資本主義の形成・発展とともに農民は資本家と賃労働者に分解してゆくと考えられてきた。この考え方からすると小農は遅れた自給自足的な前近代的残存物であるとされて、小農の経営的発展には注意が払われなかった。しかし農業は工業と異なり資本主義化（資本主義的大経営と賃労働者という形での）するのではなく、生産は小農経営の充

第7章　東アジア三国経済の近世と近代（1600～1900年）　　165

実・発展、その生産力の上昇という形態をとったのである。資本主義的農
業が発達したイギリスは世界の中では例外であり、そのイギリス農業も19
世紀後半以後になると資本主義的大経営は次第に後退し、第二次世界大戦
後には小農経営を中心とする構成になった[1]。工業の賃労働者すら現実に
は農民層の分解から形成されるというよりも、小農経営の余剰労働力の排
出が中心であった。原始社会の末期、定着農業の成立以後近代工業社会の
成立以前は農業社会であるが、その最後の最も発達した農業社会が小農社
会であり、それが資本主義を生み出す母体になったのである。

## 東北アジアにおける小農社会の成立

　東北アジアの小農経営は西ヨーロッパの小農経営とはその性格がかなり
異なり、それは基本的には気候条件に規定される農法の違いによる。詳し
い説明は省略するが[2]、モンスーン地帯に属する東北アジア沿海部は、夏
には高温多湿で作物の生育は極めて旺盛であるが、同時に雑草の繁茂も著
しいので収穫を増やすためには除草が重要である。とくに多肥集約的な段
階では丹念な除草が不可欠である。そのため東北アジアの発達した小農経
営は極めて労働集約的であるとともに土地生産性が極めて高い。それには
質の高い耕地を必要とする。特に作物のなかで稲が中心であるため水田の
質の高さが重要である。つまり水利・灌漑施設の整った水はけの良い水田
（排水した状態では畑になる）であり、その造成と維持にはかなり高度の土木
技術と多大の資材・労働を要した。特に大河川中・下流域の沖積平野の大
規模な水田造成とその高度化はそうであり、そのような水田が一般化する
のも自立的小農の形成の重要な条件であった。

　付け加えると、農業の主要な生産手段は土地であるが、その土地は自然
の土地（大地）ではなく人間の労働が加えられた耕地であり、農業生産力

166 第Ⅲ編 東アジア三国(中国・日本・朝鮮)の18世紀における分岐と「源蓄国家」の不在

の発達は耕地の高度化が重要性をもつ。製造業の主要な生産手段が道具や機械であるのに対し、農業の主要な生産手段は耕地、つまり土地資本（土地と合体した資本）であり、そのなかで作物が変化・成長する容器・装置である。農業生産力の発達は農具の発達よりも作物の生育を安定させ促進する耕地の高度化が中心である。発達した農業はその意味では高度の有機化学工業に似た性質を有しており、特に集約的な水田農業の場合がそうである。従来、気候を中心にした自然環境の相違に規定された農法の違い、および農業技術における耕地改良・土地資本の重要性の認識が不十分であった。農業生産の基本的要素である土地・労働力・資本のうち西ヨーロッパは土地と資本が主要であり、東北アジアは土地と労働力が主要であるという理解が一般にあるが、少なくとも東北アジア沿海部で自立的小農が成立する段階には土地資本の重要性が極めて大きい。西ヨーロッパは気候条件から東北アジアほど農業が労働集約的でなく土地生産性は低いが同一労働量で相対的に広い面積の耕作が可能である。そのため東北アジアよりも生産手段における農具と役畜の重要性が大きい。つまり農法の違いに規定されて農業資本のあり方が東北アジアと西ヨーロッパで違うのである。そして高度に発達した耕地（特に水田）において稲と綿・菜種・サトウキビなどの原料用作物の作付け転換、二毛作・三毛作、多肥を有効にする深耕などが効果的に行なえるのである。

東北アジア沿海部の耕地は、自立的小農の形成される15・16世紀以後、世界のなかでも最も発達し高いレベルに達していた。つぎに東北アジアにおける自立的小農の形成・発展を概観する。


## 中国・長江下流域（江南）を中心とする先進地帯

従来、宋代の長江下流域のデルタは農業先進地域と考えられてきたが、

第7章　東アジア三国経済の近世と近代（1600～1900年）　　167

最近の研究によると、しばしば冠水のために作付け不能となる不安定耕地を大量に含む低湿地であり、栽培される稲も梅雨期の増水を避けるため作期が短く悪条件に強い赤米などが多かった。比較的安定的な農業はデルタ周辺の河谷平野部で行なわれていたのである[3]。長江デルタが農業先進地域になるのは明代中期（15世紀）以降である。長江と通じていた太湖水系が堤と運河によって長江とは独立の水系となり、梅雨期の増水を大幅に軽減し排水も一応体系化された。それとともに囲田・圩田の改修が進み、内部が短冊形の耕地に改造され灌漑・排水が自由に行なえる耕地になった。稲も赤米系統から改良多肥多収穫品種に変わり、施肥の増大と深耕用の鉄塔（備中鍬）の普及や丹念な中耕除草などの技術改良が進んだ[4]。

　こうした水利・灌漑・農業技術の進歩によって、江南の小農経営の規模は宋代の30畝（1ムーは日本の約6.6畝）から明清時代に10畝余りに縮小する。同時に養蚕・製糸・綿加工などの家内工業を経営に加え多角的・複合的経営[5]に発展してゆくのである。しかし明清期には20畝以上の常雇い労働者を必要とする富農もある程度存在し、他方2.5畝以下の零細農が多数存在するという状況であり、清末から民国期（19世紀末～20世紀前期）に零細農と富農が減少していわゆる中農標準化が進むようである[6]。同時に明代中期以降、自立的小農を基盤にして耕地を貸し付けて小作料を収取する小借地農制[7]（中国の租田制、日本の寄生地主制、朝鮮の並作制）が発達する。江南ほどではないが、山東、長江中流域（湖南・湖北・江西）、華南などの地域でも遅れて同様の過程が進むとみられる。

## 中国・華北、四川、東北などの自立的小農の形成が未熟な地域

　華北・東北はモンスーン地帯からはずれ、畑作地域であり雨量が少なく乾地農法（dry farming）が行なわれている。雨季に地中に溜まる水分の蒸発

を防ぐため地表を浅く犂で鎮圧する農法で、収穫は降雨の時期と量に左右されて不安定であり、土地生産性は低い。犂は宋代には2頭の牛で挽くことが多かったが、明清期には大型化し3〜4頭挽きになった。この犂による適正耕作規模は100畝（6〜7ヘクタール）程度で4〜5人の労働力を要し、家族労働力以外の雇用労働力を使用する大規模経営を行なうか、分益農制[8]（分種制）によって経営した。他方、農民の中で経営規模20畝以下の零細農が半数程度を占め、彼らは牛などの大型の役畜や犂などの大型農具を持たなかったから、分益農となって土地を借りるとともに地主から牛、犂を借りるか、あるいは地主・富農に自分の経営地を犂耕してもらわなくてはならなかった。そこで収穫を一定の比率で地主と借地農が分け合う分益農制（分種制）が発達した[9]。下層農民は雇農になることも多かった。

　明清期にはある程度集約化が進み土地生産性も高まったが、この地域では小農の経営的自立性が弱く不安定であり、経営の危険を全面的に小農が負担する小借地農制は成立しなかった。東北は清の故地であり、19世紀末まで立ち入りが禁じられ、人口希薄な広野であったが、19世紀には禁を犯して漢民族が入り込み開拓が進んだ。農業のタイプとしては華北と共通する乾地農法で、新開地のために雇用労働をかなり使用し経営規模が大きかった。四川、広東などの辺境は移住民によって新しく開拓される土地が多く、農業は粗放的なところが多かったと思われる（集約的農業地帯もあった）。


## 朝鮮

　朝鮮は南部と北部とでは農業の在り方と発達度にかなりの差異がある。北部は朝鮮時代（李朝時代）には人口が少なく経営面積が南部よりかなり大きく、畑が圧倒的で水田は少ない。犂も2頭挽きであり、分益農制（打作法）が圧倒的で、華北、東北に近いタイプである。

第7章　東アジア三国経済の近世と近代（1600〜1900年）　　169

南部は雨量も多く水田もかなりあり、犂は1頭挽きで、小借地農制が多い。15・16世紀から人口・耕地が増加してゆき、この頃から小農経営が発達し始めた可能性がある。16世紀末から17世紀前半に日本、清の侵略を受けて人口・耕地が激減するが、それから急速に回復して17世紀中期〜18世紀に農業生産力の発達を基盤に奴婢を使用する両班の大経営は衰退・消滅し、自立的小農の一般的形成があった。移秧法（田植法）の普及、牛による堆肥の増産、丹念な耕起や除草など、小家族による集約的な農業技術が発達し、小農経営が優位に立ったとみられる。しかし、中国・江南や日本が大規模な治水・灌漑工事によって、それまで低湿地で冠水の危険にさらされていた大河川中・下流域を安定的で豊かな水田地帯に変えたのに比べると、この時期の耕地開発は中小の河谷平野と遠浅の西海岸の干拓であり、中国・江南の宋代、日本の中世に近い面もある。大河川下流域が開発され、豊かな水田地帯になるのは植民地時代である[10]。

## 日本

日本における小農社会の形成は14世紀末から始まるが、本格化するのは戦国期の16世紀であり、特に16世紀末に全国統一がなされ、社会が安定し平和になった17世紀である。この1世紀間に人口・耕地が急増した。従来、人口・耕地が倍増したという通説であったが、私の見方ではそれは過大で、人口は1,500〜1,600万から2,800万へ1.8倍、耕地は210万町歩（1町歩は約1ヘクタール）から290万町歩へ1.4倍位であろう。それでも17世紀が日本の社会的・経済的大発展期であったことは確かである。人口・耕地が量的に増えただけではなく、質的にも発展した。自立的小農が広範に形成され一般化したし、耕地は水利・灌漑設備が整備された安定的な優良耕地が増加した。中央政権（豊臣政権・徳川幕府）を始め、地方政権（大名、1万

170　第Ⅲ編　東アジア三国(中国・日本・朝鮮)の18世紀における分岐と「源蓄国家」の不在

石以上の領地を持つ大領主で最大は100万石を越えた。中央政権の方針に背かない限り、領地内では独自の支配権・徴税権を持ち独自の法令を制定する権利を持っていた、全国に約260あった）も小農の自立を促進する政策をとり、小農の増加をはかった[11]。また領内の開発を進めたし、個々の領主では不可能な大河川の治水は幕府が大名（地方政権）を動員して行なった。

　従来の研究では、この自立的小農は大経営の隷属民が解放され自分の家族と経営を持つようになったという説[12]が有力であったが、少なくとも中世後期（14〜15世紀）には隷属民を抱える大経営は一般的ではなく、経営的に不安定な小農が圧倒的であったと思われ、その小農が経営の安定とともに家族員が増加し、分家を出すという形で人口が増えたのが主要な形態であったと思われる。

　もう一つ、日本の小農社会の成立にとって重要な条件は、15〜17世紀の東アジア広域交易圏の形成と発展であり、それに伴って中国から先進的な技術が伝播したことである。その重要性を最初に明らかにしたのは川勝平太氏であるが[13]、それは日本に限ったことではなく、東アジア広域交易圏の中国周辺部に広く見られる。それまで圧倒的に経済・文化・技術において先進的であった中国から周辺部へ文化・技術が伝播・移転し、日本・朝鮮・琉球・東南アジアなどの文化・技術水準が向上し、中国との格差が縮小した。技術移転に最も熱心であり、成果を上げたのは日本であった。日本は生糸・絹織物を始めとする中国からの輸入に対して大量の金属（金・銀・銅）を輸出したために、貨幣素材が不足し貿易制限を行なうとともに輸入品の国産化に努めたのである。15〜18世紀に綿花・綿織物・白糸（高級生糸）・高級絹織物・磁器・茶・砂糖・タバコなどの国産化に成功し、それにより日本人の生活が大きく変わり向上した。特に重要なのは綿とその加工品（繰綿・綿糸・綿織物）、養蚕・生糸・絹織物という日本人の衣料が、

第7章　東アジア三国経済の近世と近代（1600〜1900年）　　171

中世の麻や地方ごとの自給的な繊維から一変し、その生産が小農経営の不可欠の構成部分となり、しかも商品生産として行なわれるようになったことである。日本における自立的小農は成立当初から多角的・複合的な経営を発展させ、小商品生産的性格を持ったのである。小商品生産的小農の一般的成立は江戸時代の市場経済の発達の基盤になった。

## まとめ

　東北アジア沿海部では、まず15世紀、明代中期に経済的に最も進んでいた中国・江南に最初の小農社会が成立し、東アジア広域交易圏の形成と発展に伴いその先進技術が周辺部に移転されて、日本、朝鮮にも小農社会が成立する。そのなかで17〜18世紀までに江南と西日本が最も発達した小農社会になった。中国の山東・長江中流域・華南と日本の九州・四国・東日本、朝鮮南部がそれに準ずる地域であり、中国の華北・東北などと朝鮮北部、琉球などは自立的小農の形成度は低かった。しかし、小農社会を広く捉えて生活を農業経営以外の収入によって補わなければならない零細農民でも家族農業を営む限り小農に加え、農業経営を行なわない農業労働者（隷属的であるか否かを問わず）が階層としては存在しなくなる農業社会を小農社会とすれば、中国の華北・東北、朝鮮北部、琉球なども未熟な小農社会とすることができる。17世紀から18世紀はじめには東北アジアは小農社会になった。自立的経営を行なう家族農業が一般化している社会と経営の経験をもたない農業労働者が社会の下層に大量に存在している社会とでは近代経済・資本主義経済に対応する能力に大きな差がある。小農社会の一般的成立は、資本主義形成の基礎である。

## 2. 東北アジア三国（中国・日本・朝鮮）の分岐

### 問題提起

　東北アジアは、地域によって時期的な違いや発達度の差はあるが、15〜18世紀に小農社会になった。しかしその後、18〜19世紀、特に19世紀の三国の変化はその差異が非常に大きい。差異は19世紀前半までに、つまり欧米、特にイギリス主導の世界資本主義にこの地域が組み込まれる以前に生じており、主として国内的な条件によって起こったと考えられる。そしてこの時期に生じた差異が世界資本主義への対応の差異を生んだ大きな原因であった。18〜19世紀、特に19世紀前期の三国の差異は、中国の停滞、日本の発展、朝鮮の後退・危機と概括される。同じ小農社会でありながらどうしてそうした違いが生じたのか。小農社会の発達度の違いもあるが、社会体制の質的・類型的差異が基本的原因であると考えられる。

　世界資本主義に組み込まれる段階の三国の差異を説明する仕方にはこれまで主に二つあった。一つは中国、朝鮮が中央集権的専制国家であるのに対し、日本が分権的封建社会であったという説明である[14]。もう一つは日本の江戸時代が市場経済を中心とする経済社会になったが、中国、朝鮮は依然として自給経済中心であったというものである[15]。この二つの説明はある程度妥当性をもち、私の説明でもそうした側面を含んでいるが、特に強調したいのは、第一に分岐が18世紀後半から19世紀前半という特定の時期に生じたということ、第二に日本と中国・朝鮮という分岐ではなく三国の分岐であり、中国と朝鮮の差異が日本と中国の差異よりも大きい可能性があるということである。日本封建制論の立場からは朝鮮は中国よりも地方勢力が強く集権体制が弱く、中央集権的専制国家ではあるが日本に近い

第7章　東アジア三国経済の近世と近代（1600～1900年）　　173

面があると考えられてきた。

　本節で三国の18～19世紀前期における対照的な変化を数量的に知ること
ができるいくつかの側面から見たうえで、次節で最も大きな違いと思われ
る支配体制を財政を中心に検討する。

### 国内総生産・人口・1人当り所得

　日本は17世紀に人口は急増したが、18世紀初めから増加しなくなり19世
紀初めまで1世紀間約3,000万で停滞する。最近の研究では所得の増加にと
もない結婚年齢が上がり、出生率が低下したことによる。1820年代から再
び増加に転じ明治以後の増加に連続してゆく。その原因は出生率の増加で
はなく死亡率の低下であり、19世紀初めは初期資本主義が発展しはじめる
時期でもあるから、近代的人口成長がこのときから始まったと見られる。

　中国では1700年から1850年に人口は1.4億から4.1億に3倍に増え日本と
対照的である。耕地面積も増えているが（公式的、つまり課税耕地面積は増え
ていない）、その多くが四川、広東などの辺境、ついで長江中流域などで、
江南は人口はかなり増えたが耕地はあまり増えていない。そのために零細
農が激増した。農業経営の集約化が進み、小農の生産力が上昇した江南を
除き、この時期の中国の経済発展は主要には人口増加に伴う外延的な発展
であり、生産性増大などの内包的発展ではなかった。アンガス・マディソ
ンの推計では、1人当り実質GDP[16]は、1600年中国600ドル、日本520ド
ル、1700年中国600ドル、日本570ドル、1820年中国600ドル、日本669ド
ル、1870年中国530ドル、日本737ドルである[17]。かなり粗い推計である
が、中国が停滞的であるのに対し日本が江戸時代を通じて40%上昇してい
る。私の推定では中国は18世紀中期から19世紀中期の1世紀に1人当り
GDPは1割程度減少し、日本は3割程度増加したと思われる。そして1人

174 第Ⅲ編 東アジア三国(中国・日本・朝鮮)の18世紀における分岐と「源蓄国家」の不在

当たりGDPは17世紀末に中国に追いつき19世紀中期の開港時点で中国を4割程度上回る水準に達していた。朝鮮についてはこうした推計はないが、李憲昶『韓国経済通史』から大雑把な推計をしてみる。朝鮮の米に換算した還穀[18]の分給量は18世紀初めに180万石程度、1760年代に350万石程度、19世紀半ばに200万石（朝鮮の石は日本の石の半分の量）程度で、米生産量のそれぞれ14%、23%、13%に当るという[19]。当時、朝鮮では米は総生産の約3割を占めたので、朝鮮の総生産は米換算で日本石にして18世紀初2,143万石、1760年代2,537万石、19世紀半ば2,564万石となる。1人当りでは18世紀初1.58石、19世紀半ば1.55石である。18世紀初めから19世紀半ばまでの150年間に総生産は19%しか伸びていないし、1人当りでは全く増えていない。18世紀後半からは総生産も全く増えなくなった。おそらく1人当り生産は減少しているであろう[20]。19世紀後半は人口、総生産とも減少した可能性が大きい（後述）。

　要約すれば、18世紀初から19世紀半ばにかけて人口と1人当りGDP（生産量）の点で三国は対照的な変化を見せる。日本は人口は殆ど増えず1人当りGDPは工業化以前の前近代社会としてはかなり速い速度で増加した（同時期の西ヨーロッパと同程度）。中国は人口はかなり速い速度で増加したが、1人当りGDPは全く増加しないか、多少減少した。朝鮮は人口はある程度増えたが、1人当りGDPは全く増えないか、多少減少した。

## 市場・都市

　日本の江戸時代の特徴の一つは都市の急激な発達である。兵農分離、城下町の建設、参勤交代、交通・運輸や商業の発達などさまざまな要因がある。人口1万以上の都市の人口が総人口に占める比率は、1600年日本4.4%、中国4.0%であるが、1820年には日本12.3%、中国3.8%である[21]。なお、

第7章　東アジア三国経済の近世と近代（1600〜1900年）　　175

西ヨーロッパはそれぞれ7.8%、12.3%である。朝鮮の都市はソウルが圧倒的な存在で1428年10万余、1669年19万、19世紀末25万、1876年開港直前の人口1万以上の都市の人口は約40万、総人口の2.5%、5千以上を合わせると3.4%程度と推定される。平壌と開城が3〜4万、大邱、全州、統営、海州、咸興が1万程度であった[22]。

　日本は三都（江戸、大坂、京都で、18世紀江戸の人口は100〜110万、大坂、京都は40数万、江戸は中央政府である幕府の所在地で政治の中心、大坂は経済の中心、京都は古代からの首都で文化の中心であるとともに手工業の中心であった）をはじめ全国に城下町（最も大きい名古屋、金沢は人口10万前後）を中心に都市が発達した。城下町には武士と商人・手工業者が集められたが、大名の居城とその城下町の建設は先進的な技術・文化を全国に普及させたし、土木・建設技術を発達させて農業・鉱山・港湾等の発達を促進した。

　定期市は中世から全国的に展開していたが、先進地域では15世紀から常設店舗化が進み、畿内（大体現在の大阪府、京都府南部、兵庫県東南部、奈良県）では15世紀末から16世紀にかけて多くの小都市が2〜3キロの間隔で散在し、尾張（現在の愛知県西部）でも20近い小都市が4〜6キロの間隔で分布していた[23]。先進地域以外の農村は定期市が商品取引の中心であったが、17世紀末以後には大名の領国で農村小都市（在町）が増加してゆき、城下町を核とするネットワークが形成される。

　中国でも先進地域の江南ではすでに明代（15〜16世紀）に農村の定期市に常設店舗ができ始め小都市化（市鎮）してゆく。華北では16世紀から定期市が増加し、20世紀前半までは農村定期市の時代である[24]。朝鮮では定期市は15世紀後半に出現し、17世紀始めに数百、1770年1,062で、多くは5日毎の市であり、ソウル周辺や江景、元山、馬山など商業都市に発展したところも少数あるが、20世紀まで農村の商業取引の中心は定期市であっ

176　第Ⅲ編　東アジア三国(中国・日本・朝鮮)の18世紀における分岐と「源蓄国家」の不在

た[25]。

　要約すれば、17世紀から18世紀に日本では急激な都市化が進み、農村の定期市は小都市化が進んだ。中国は江南がすでに15・16世紀に日本が18世紀に到達した都市化のレベルに達していたがそれ以後は停滞的であり、その他の地方は都市化があまり進まなかった。朝鮮は18～19世紀にも都市化は進まず、農村の取引は定期市であった。

## 商業・流通・利子

　日本では江戸時代に都市とともに全国的に商業・商品流通が発達した。その中心は三都で、江戸は50万を超える武士人口（しかも将軍、大名始め上級武士が多い）を抱え、最大の消費都市であり、膨大な消費財が集められ消費された。商業・手工業の中心は畿内であったので大坂・京都から江戸に膨大な商品が送られた。重要な商品である高級絹織物は主として京都の西陣で生産され江戸に送られた。三井家はその最大手の商業資本として発展した。清酒も最大の消費地は江戸であり、17世紀初期に清酒が大坂周辺で開発され船で江戸に運ばれたが、清酒専門の海運業者（樽廻船）が成立した。江戸時代最大の金融業者である鴻池家は最初は清酒の製造販売で利益をあげた。全国で最大の商品は米であるが、西日本（日本海側の東日本を含む、東日本の日本海側は船運によって大坂と結ばれていた）は大坂、東日本は江戸が中央市場であり、それぞれ年間130～200万石の米が集められ、その大部分は大名・幕府の年貢米であった。大坂には現物か大名の発行する米切手（有価証券）を取引する市場が成立し、1730年には会員制システムで現物（現物の米ではなく米切手）と先物を売買する堂島米会所（一種の証券取引所）が成立し、全国の米価の決定を主導した。江戸をはじめ全国の米価がそれに連動するようになった。地方市場では農民や地主の販売米がかなり

第7章　東アジア三国経済の近世と近代（1600～1900年）　　177

多かった。米以外の商品は18世紀初頃に大坂を中心に全国の市場が連結し
たが、大坂を経由しない地方市場間の直接的取引が増えるのは18世紀末・
19世紀初めからである。商品も米が最大であることは変わりないが、商品
作物や製造業の発達でその比重は低下していった。たとえば、大坂に集め
られる商品を見ると、1736年には単一商品としては米が圧倒的でそれに次
ぐ綿関係商品（綿織物・繰綿・実綿）でも米の5分の1であったが、1804～
29年になると米を超える金額になる[26]。

　中国の明清期には財政的物流は縮小し各省から北京政府に送られる年間
300～400万石（中国の石は日本の石の半分強）の米だけになった。先進地帯
の江南から華北・東北に綿や絹を始めとする商品が送られ、華北・東北か
ら大豆、大豆粕などの農産物とその加工品が運ばれるのを中心に遠隔地流
通が発達した。流通の基本的タイプは、局地的市場は農村の定期市とそれ
を巡回する行商であり、遠隔地市場では産地と消費地をつなぐ客商と客商
のために産地では商品を買い集め、消費地では販売を請負う仲介商人であ
る牙人（がじん）であった。客商は自己資金で商品を買い消費地に運んで販売する形
態が主要であり[27]、問屋・仲買・小売の分化はあまり進まなかった。

　朝鮮は財政的物流が圧倒的比重を占め、商業的物流は副次的であり、局
地的市場は農村の定期市とそれを巡回する行商（褓負商（ほふしょう））であり、遠隔地流
通は河・沿海の舟運による南部沿岸・洛東江と慶尚道沿岸、南部沿岸とソ
ウルを結ぶ流通が中心であった[28]。比較的規模の大きい全羅道の海商も自
己所有の商品を自己の船で運び、取引も当事者間の相対取引（あいたい）であったが、
18世紀末にソウルに近い漢江の浦口に始まり主要浦口に仲介商人である客
主が成立した。中国の遠隔地商業の牙人・客商形態の流通が形成されたの
である。しかし、それが発達するに至らず中央政府の王族・官僚の独占に
よって押し潰されてゆく。

178 第Ⅲ編　東アジア三国(中国・日本・朝鮮)の18世紀における分岐と「源蓄国家」の不在

　日本では16世紀末・17世紀はじめの遠隔地流通を担ったのは外国貿易[29]も含め豪商といわれる自己の船に自己所有の商品を積んで交易するタイプの商人であったが、17世紀前期に鎖国政策や政府の統制強化によって没落し、大坂、京都などの中央の大都市に手数料を取って地方商人の取引を仲介する荷受問屋が成立した。中国の牙人、朝鮮の客主に近い形態である。地方商人は自己資金で商品を買い入れて中央都市と地方産地・消費地を結びつける形態で危険負担をする代わりに利益も大きく、17世紀の経済発展に乗って資本を蓄積し、17世紀後半に中央大都市に進出して仲介問屋に代わって問屋（自己資金で自己の商品を動かす問屋、仕入れ問屋）になり、都市内部で、問屋、仲買、小売などの流通系列が成立し、地方でも中央問屋と取引する生産地の買次問屋、仲買、生産者から商品を買い集める小仲買の系列ができた。中央問屋に集められた商品は消費地の問屋・仲買・小売の系列で消費者に渡った。中央問屋の資金が商品購入時の前貸しや商品販売時の後払い（掛売）などの流通信用を支え、その中央問屋に大坂の金融業者（大両替）が融資した。これは商品量の多い業種で、少ない業種ではこれほどは整備されていない。また、地方経済が発展するとともに19世紀にはいると地方商人の資金力が充実し、中央問屋の金融力に裏付けられた流通支配が動揺・解体してゆく。

　日本では法制度の整備・度量衡の統一・流通機構や運輸制度の発達と安定などによって取引費用が低下し、資本の利益率もかなり低下した。大坂、江戸の大商業資本の売上高に対する利益率は18世紀初15%程度、18世紀末7〜8%、19世紀前期5%程度であり、三井、鴻池という大両替商の貸付利子率（実際の受け取り利子率）は1721〜40年平均三井4.9%、鴻池6.3%、その後次第に低下して1781〜1800年平均三井1.7%、鴻池3.8%、1821〜40年平均三井1.9%、鴻池3.4%である[30]。農村の利子率は地方によりかなり差異

第7章　東アジア三国経済の近世と近代（1600～1900年）　　179

があるが、大坂近郊の先進農村の場合（和泉国泉北郡夕雲開の筒井家の事例）、地主である筒井家の貸付利子率は、土地担保の場合1728～58年平均18.6％、1771～88年平均14.2％、1789～1800年平均14.2％、1801～24年平均12.4％、1845～59年平均10.7％、であり、1世紀間に8％くらい低下した。無担保貸付（証文貸し）もほぼ同じ水準である。これは一般農民が借りた場合の利子率であるが、地主が借りる場合はそれよりかなり低い。筒井家は自己資金だけでなく必要な場合には資金を借り入れて不動産売買をしているが、筒井家の借り入れ利子率は1728～58年平均13.4％、1771～88年平均9.7％、1789～1800年平均6.7％、1801～24年平均6.3％である[31]。18世紀から19世紀前期にかけて利子率はかなり低下しており、主として生活資金に当てられた農民の借り入れ利率よりかなり低く3分の2から半分程度の水準である。1件当りの借り入れ金額が大きく取引コストが低いことや返済の不能（貸倒れ）や延期などのリスクが小さいことによるのであろう。なお、開港以後は経済事情の激変によって利子率はかなり上昇する。

　中国では商業資本に対する貸付利子率は一般的に月1％、年10～20％であるという[32]。農民に対する貸付利子率はそれより相当高かったであろう。朝鮮後期の利子率は中国よりさらに高かった。相互扶助的性格を持ち一般の貸付より低利であると思われる族契、洞契の場合、慶尚道慶州では17世紀末から1910年まで50％を維持し、全羅道霊岩では1740年代から40％、18世紀末30％、1810年代20％、以後上昇し19世紀半ば35～40％となり、以後1910年代までその水準である。この場合の18世紀末～19世紀初の利子率低下は契員の経済状態悪化のため相互扶助の観点から行なったものであるという[33]。1890～1907年にソウルの金融業者が商人に貸し付けた帳簿を分析した李栄薫・趙映俊両氏の研究では平均利子率は年83％におよぶ[34]。朝鮮政府は1744年に公定利子率を20％と決めたが（『続大典』）、実効性は全く

180 第Ⅲ編 東アジア三国(中国・日本・朝鮮)の18世紀における分岐と「源蓄国家」の不在

なかった。朝鮮後期末にはこのようにかなりの高金利が一般的であったようであるが、その条件は何であったか、よくわからない。今後、実証研究を進める必要がある。

中国、朝鮮は18〜19世紀に利子率の変動、特にその低下傾向はなかったが、日本は18世紀から19世紀前半に利子率が相当低下した。おそらく17世紀には中国と日本は利子率に大きな差はなかったが、19世紀前半には日本は中国の半分程度になったと思われる。朝鮮は中国と比べても非常に高利である。

## 3. 支配体制と財政の類型的差異

前節で18〜19世紀前半における中国・日本・朝鮮の経済的変化の相違について述べたが、その始めにそうした差異を生み出す最大の要因が支配体制の質的な相違にあると指摘した。本節ではその点を財政を中心に検討することにしたい[35]。

### 財政規模

最初に差異が相当大きいことを示すために三国の財政規模をみる。日本の江戸時代には、中央政府である幕府は全国の約4分の1（約700〜750万石）を領有し、さらにその内かなりを直属家臣（旗本）に分与しており、幕府直轄領は約420万石[36]、残り4分の3は約260の大名（藩）が領有し独自に支配しているので、全国の貢租額がわかるのは明治維新によって藩が廃止され中央政府の全国支配が完成する1871（明治4）年からである（廃藩置県）。1871年の全国の貢租額[37]は1,255万石（米換算額）であり、江戸時代はこれより若干多かったと思われる。なお、これは付加税や村の経費（村

第7章　東アジア三国経済の近世と近代（1600～1900年）　　181

入用）を含まない額である[38]。当時の石高は3,220万石なので、公式的な貢租率は39％であるが、地租改正の土地調査による収穫量は4,681万石、これも3割くらい過小なので大雑把に実収高6,000万石位であろう。そうすると貢租率は約21％となる。1870年の人口は3,440万で1人当り貢租額は0.365石である。

中国は、1812年の歳入額は4,014万両（地丁・雑税・塩課・関税の合計）（史料旬刊）、米価1石＝2両程度（中国は銀両）、中国の石は日本の半分強なので、日本の石で約1,000万石、人口は1811年に3億5,860万、1人当り0.028石で、日本の13分の1である[39]。歳入総額でも人口が10分の1以下の日本より2割程度少ない。農業生産額は日本ほど正確ではないが、呉承明氏の推定で、地主の小作料収入と農民の収入の合計は家内副業を含め19世紀前半に18～19億両なので、1.3％となり、非正規負担を同額とすると、実質は2.6％である。

朝鮮は18・19世紀の国家歳入は米換算192万石（地税46％、還穀利子36％、身役価16％）（金玉根『朝鮮王朝財政史研究』）、朝鮮の石は日本の半分なので日本石で96万石、1800年の推計人口1,650万（李憲昶前掲『韓国経済通史』）、1人当り0.058石、中国の1.8倍、日本の6分の1強、19世紀半ばの推計総生産2,564万石の3.7％である。

単純な量的比較であるが、日本の重税が際立っている。その理由のいくつかは以下で取り上げるが、中国、朝鮮より圧倒的に高いだけでなく西ヨーロッパと比べてもかなり高いのではないかと思われる。たとえば、イギリス（連合王国）の1850年の歳入は5,700万ポンド、GDP5億3,600万ポンドで、歳入はGDPの10.6％であり、しかも関税と消費税が6割以上で直接税は少ない[40]。

## 支配形態——集権と分権の実態

　幕府は三都や外国貿易の拠点長崎など重要都市や主要鉱山を直轄領とし、貨幣発行権を集中するなどによって初期には圧倒的経済力をもち、参勤交代制、武家諸法度などの大名統制策も有効に機能した。しかし中期(18世紀)以後になると貿易、鉱山の衰退があり、領地が大名統制を目的として全国に散在していたために、相対的に力は低下した。大名(藩)は過剰な家臣団を抱えた上に参勤交代に莫大な経費を要するため初期から財政は困難であった[41]。財政困難を打開するためのいろいろな政策がとられた。収入に見合うよう支出を圧縮することは最も一般的な政策であるが、商品経済化が進み江戸、城下町の都市生活のためには有効ではなかった。結局、商品経済化に対応して領国経済の発展をはかることになった。

　江戸時代の商品経済は初期には圧倒的に幕府・大名の領主主導であったが、その下で小農経済の商品化が進み、18世紀、特にその後半以後には商品経済の主導権が領主から商人・地主・農民に移り始めた。特に大藩(大体20〜30万石以上、全国に20〜30位あった)は国産奨励(この場合の国は領国のこと)、領内の産業・商業資本の保護政策をとり、独自の紙幣(藩札)を発行し、領国の米や特産物を大坂・江戸の中央市場で販売し、有力な特産物を専売品にすることもあった。大藩は半独立国化し一種の重商主義政策をとり、中央市場で競争した。藩自体も初期の大名を頂点とする武士団の領地から商工業者・農民も含む領国に変質し、家臣団はその領国の官僚になっていった。このような過程が近代革命である明治維新が薩摩・長州を中心とする倒幕派の武力による幕府の打倒という形をとる条件を作ったのである。

　中国では明末の一条鞭法の改革から18世紀の地丁銀制にかけて国家財政は大部分銀立てで行なわれるようになっていった。現物財政は漕糧など約

第7章　東アジア三国経済の近世と近代（1600〜1900年）　　183

900万石でそのうち半分が北京に送られて宮廷消費、官僚の禄米と軍隊の兵糧に充てられ、残りが各省内で支給された。銀部分が80％を占めるようになったために銀価格の影響を強く受けることになった。銀は国内銀もあったが、主として中国の外から貿易を通じて持ち込まれたのであり、銅銭と違って国家がその流通量や価格をコントロールすることができない。明清政府は銀貨を発行しなかったから銀は地金価値で流通したのである。17〜19世紀に銀価は長期的に低落傾向をたどったから政府収入は実質的にかなり減少した[42]。清は征服王朝であり明代まで財政支出の中心を占めた北辺守備の軍事費が大幅に減少した。財政規模が収支とも縮小したのである。

　中国は中央集権的専制国家であるが、中央からの官僚の派遣は県レベルまでである。また日本と違い村落は自立性が弱く日本のように村落が納税を請負う方法（村請制）は成立できない。そのため国家は社会を編成する方法として人工的な統治組織を作った。明代では里甲制であるが、一種の地縁的な官製の納税組合（松本善海氏の命名[43]）である。里甲制は15世紀から解体し始めるが16世紀中頃から急速化し、それに代わって徴税実務を担当する胥吏制度が発達し、包攬（徴税請負）が行なわれるようになり、国家の徴税能力は低下していった[44]。国家による人工的な農民編成が解体した農村で社会秩序を維持する役割を担ったのが郷紳（紳士）である。

　朝鮮は、中国と中央集権国家である点では共通するが、そのあり方はかなり異なる。一番大きい違いは実物財政が中心であることである。朝鮮前期（15〜16世紀）の税制[45]は田税、身役、貢物の3本立てであったが、1608〜1708年に徐々に大同法が施行され国家の需要する物資を現物で農民から徴収していた貢物が土地税に転化され米と綿布に統一された。次いで1750年に農民にかけられた身役で過重となった軍役をすべて軍布（綿布）に切り替え、負担額も半分（1人当り1匹）に減らし、その財政収入の減少（綿

184　第Ⅲ編　東アジア三国(中国·日本·朝鮮)の18世紀における分岐と「源蓄国家」の不在

布50万匹＝銭100万両、銭１両は100文）を補うため耕地１結（けつ）（２～３ヘクタール程度）当り米２斗を結作米として徴収した。こうして18世紀には農民の税負担は大部分土地税に統一された。徴税の方法は1720年代に比総制が採用された。それまでの踏験制が毎年中央から道（どう）（最も大きい地方行政単位、中国の省に相当）に敬差官が派遣され収穫調査をして免税額を決めるというやり方であったのを、中央は道単位の税額と免税額だけを決定し、道の観察使（長官）がそれを支配下の県郡に配分するやり方になった。つまり道の行政機構（観察府）の支配力が強化されたのである。郡県の下部の面・里には支配の末端として面任——里任（里正）が置かれたが、日本のような村請制はなく村落の自立性も弱かったので、税・役の徴収のために８結を単位とする人工的な徴税組織（八結作夫制）がつくられた[46]。人工的な徴税組織が上から設定された点では中国と共通している。そして在地両班（やんばん）[47]の在地支配組織（留郷所）とその下にある郷吏[48]がそれを補完した。中国でも明清時代には、引退して郷里に帰った元官僚や官僚の一族が在地で勢力を強めたが（郷紳）、留郷所のような制度化された組織は無く在地両班ほどの力は無かった。

　しかし、18世紀後半以後、20年ごとに行なう規定である量田は全く行なわれなくなり、旱魃・洪水などの自然災害が増加し[49]、国家の課税耕地は減少していった。1807年には給災免税地30万結、流来陳雑頃地41万結、各種免税地20万結で、実結（課税耕地）は81万結に過ぎなかった[50]。朝鮮国家は土地・人民の把握を放棄し、租税の割り当て制を取るようになった。また、中央財政の悪化は地方からの上納額を増加させ地方財政は農民にしわ寄せされた。

　朝鮮財政の大きな特徴に還穀の制度がある（詳しくは註45李栄薫・朴二沢論文参照）。農民の再生産維持のために国家が春に食料と種料として穀物を

第7章　東アジア三国経済の近世と近代（1600～1900年）　　185

貸し与え、秋の収穫を待って1割の利子をつけて返済させる制度であるが、その還穀制度も19世紀に崩壊していった。

中国と朝鮮は中央集権国家ではあるが、中国の財政はすでに市場を基礎にした財政であるのに対し、朝鮮は全国的物流を国家が直接運営・管理する現物財政であった。両者とも土地・人民の把握力は末端では弱く制度外・非正規の秩序が在地を支えていた。そのため国家の租税徴収額は少なかった。日本は対照的に強力な支配体制が在地まで貫徹し、それを自立性の強い村落が支えていた。そのために前近代国家としては極めて効果的に重い租税を徴収できた。また、中国財政が貨幣・商品経済に受身に対応したのに対し、日本では中央政府が貨幣発行権を集中して貨幣流通量をコントロールできたし、兵農分離・城下町建設・参勤交代・石高制・流通の自由（楽市楽座）といった政策で積極的に市場を創出した。そのため日本では中国より商品経済の発展速度は速かったし、国家（幕府・藩）はそれに対応した政策をとることができた。

### 財政の崩壊・近代的転化

中国財政は19世紀に入り解体を始めていたが、決定的な契機になったのは太平天国乱である。太平軍との戦費だけでも中央が負担できたのは一部に過ぎず、太平軍の支配地域からの中央上納は途絶し中央財政は破綻した。新しくつくられた釐金（一種の国内関税）、海関税などの流通課税が財政の主要部分を占めるようになっていったが、釐金は中央政府に入らず地方（省）の総督・巡撫に握られ、省財政が中央から自立していった。さらに日清戦争や義和団事件の莫大な賠償金がのしかかってきた。中国財政は19世紀後半に完全に変質・解体した。土地税は増大する支出の一部しかまかなえず、流通税中心の税制になったがそれは地方に握られ中央財政は外国借

186 第Ⅲ編 東アジア三国(中国·日本·朝鮮)の18世紀における分岐と「源蓄国家」の不在

款で補うしかなかった。地方（省）は財政的に自立していっただけではなく、制度外の機構を作り中央からの独立性を強めていった。

　朝鮮財政も中国とほぼ同時期、19世紀中期に解体が本格化する。小農経営の再生産を支えていた還穀は、1807年の1,000万石を頂点として減少してゆき、1840年代には本来の機能を喪失する。凶作時の免税地も財政難のため縮小されて、作況とは無関係になる[51]。中央財政の地税収入の減少を補うために商業課税が強化され、それと引き換えに独占権の付与がなされることにより、ようやく発達し始めた遠隔地商業が萎縮・衰退してゆく。しかも商業課税・独占付与は中央政府が行うのではなく、王室・個々の官庁・官僚が私的に行なうのであり、中央財政の分裂を招いてしまった。

　中国、朝鮮の財政は19世紀中期に崩壊・分裂してゆくが、日本の財政はそうではなかった。本節の始めに見たように藩が最終的に廃止される1871年でも若干低下したとはいえ貢租額は江戸時代中期以降の水準を維持していた。それは地租改正でも受け継がれ（もちろん近代的な形式を整えて）、土地税は初期の明治政府財政収入の7〜8割を占めるのである[52]。

## おわりに――東北アジア工業化への展望

　ガーシェンクロンは後発国のキャッチアップ型工業化を研究し、後発であるほど設備や企業の規模が大きくなり、消費財より生産財に重点がおかれ、産業資金の供給も企業の自己蓄積（イギリス）ではなく銀行（ドイツ）、さらに後発になると政府資金（ロシア）になり、資本主義のタイプも違ってくるとした[53]。工業化の後発性を単に時期的な遅れ（後進）ではなく先発国との対外的・国内的条件の差異とそれへの対応の差異による類型的な差異と規定した点で大きな貢献であり、その影響力も大きい。しかし、彼は

第7章　東アジア三国経済の近世と近代（1600〜1900年）　　187

主としてドイツ、ロシアなどヨーロッパの後発国の研究からそうした結論を導いたが、ヨーロッパ以外の工業化については、関心はあったが知識はあまりなかった[54]。現在、彼の研究から半世紀たって東アジアはヨーロッパ、アメリカと並ぶ資本主義経済圏となり、その類型的な特徴や歴史的研究も進んできている。その一つに複線的工業化論がある。従来、日本の工業化は政府主導の上からの工業化であるという考えが強かったが、1980年代以後、江戸時代以来の在来型中小工業の発達が評価されるようになった[55]。むしろ工業化初期には在来型が量的に圧倒的であり、しかも急速に発展しているのである。複線的工業化論は日本の経験を中心にしており、他の東北アジアにも妥当するかには問題がある。本章で述べてきた東北アジア三国の17〜19世紀における経済変化の共通性と差異性に関連する工業化を複線的工業化の観点から評価してみよう。

　前節でみたように、中国の国家財政は19世紀中期以降に急速に変質・分裂・解体した。そのために中央政府は財政的に近代化・工業化政策をとる能力がなかった。20世紀初めの光緒新政も政策立案段階では近代的改革案が作られたが殆ど実行できず、1911年の辛亥革命によって成立した中央政府も1912年に独自財源は1,200万両に過ぎず、13年の善後借款2,500万ポンド（中央政府の実収2億5,000万元）に依存するしかなかった。工業化政策はむしろ財政的に中央から自立した洋務派の地方政府（省）が推進したが、その財源も釐金などの流通税で限界が大きく、そのため最も費用がかかり、民間では困難なインフラストラクチュア（鉄道・道路・船舶・通信・港湾・電気など）を本格的に整備できず、民間でも可能な近代工場の建設が中心であった。辛亥革命後の軍閥割拠を克服して一応国家統一を果たした南京国民政府の歳入の95%は海関税・塩税・統税という流通税で19世紀半ばまで歳入の中心であった田賦は減少した上で、1928年に地方に移管された（釐

188　第Ⅲ編　東アジア三国(中国・日本・朝鮮)の18世紀における分岐と「源蓄国家」の不在

金は廃止)。

　朝鮮政府の財政はいっそう困難が大きかった。中国は地方政府も含めれば清末にも流通税の増加があり、財政規模をある程度拡大できた。1894年の国家財政は8,898万両、その内容は、地丁銀は2,500万両に過ぎず、海関税2,199万両、釐金1,295万両、塩税1,366万両である。朝鮮は1876年の開港以後、政治改革の試みは何回かあったが改革派の力が不足であり、日本・清の干渉などによって実効性のある改革は行なわれなかった。1894年の甲午改革は殆ど唯一、かなりの実効性を持つ改革であり、財政においても租税金納化、予算制度導入、財政権の度支部への集中、王室財政と国家財政の分離などが行なわれた。財政規模もわずかに増加したが、96年の歳入予算は481万円に過ぎず（同年の日本の中央財政の40分の1の規模）、歳出（1896～1904年平均）では軍事費が31.8%で最も多く商工部は2.1%に過ぎない。政策意図はともかく、実際に政府が工業化政策を実施することは不可能であった。

　日本は三国の内では、かなりの財政資金を工業化政策（殖産興業）に投入できたし、官営工業にも一部充てられたが、圧倒的部分はインフラ整備に充てられた。もちろん資金以外に近代的制度の整備が重要で、明治維新によって旧体制を打倒したことが大きい。1900年の財政収入は中央2億9,300万円、地方を含めると4億1,200万円であり、三国でもっとも大きいし、新財源が増えて土地税の比重はかなり減少した（1900年に地租は15.8%）[56]。明治維新以後の財政改革と経済発展によって財政規模は急激に増加し、中国、朝鮮との格差を拡大した。

　要するに、財政資金を投入した政府主導の工業化（移植型大工業と近代的インフラ整備）は財政的裏付けのあった日本だけが相当規模で行なうことができたが、それのない中国は微弱にしか、朝鮮は殆ど行なえなかった。

第7章　東アジア三国経済の近世と近代（1600〜1900年）　189

　西ヨーロッパ諸国と比べると前近代の専制的中央集権国家である中国、朝鮮は実は支配の末端が農村にまで及んでおらず財政基盤が脆弱であり、すでに世界市場に組み込まれる以前に小農社会の成長に対応できず解体を始めていた。世界市場に組み込まれることによってそれは加速し、決定的になった。19世紀末までは中国、朝鮮では政府主導の移植型工業化は微弱であるか（中国）、ほとんどなかった（朝鮮）といえる。ガーシェンクロンのキャッチアップ型工業化のモデルは東北アジアには当てはまらない。その主要な原因は国家権力の分散性（集中性の弱さ）と農村支配力の弱さである。その点で日本はむしろ例外であり、その主要な条件は幕藩体制の支配力の強さと明治維新の変革（革命）と近代国家の建設にある[57]。

　時期を下げて20世紀前半まで含めると、中国は1928年、南京国民政府が一応全国を統一し、関税改正に成功、次いで関税自主権を回復し財政的基礎を固め、幣制改革にも成功し、国内的・対外的な工業化政策を打ち出してゆく[58]。この時期から中国において政府主導の移植型工業化が開始される。朝鮮は1910年に日韓併合によって独立を失い日本の植民地になったが、日本政府（朝鮮総督府）の開発主義政策によってインフラ整備が進み、日本資本による移植型工業化が急速に進むことになる[59]。

　複線的工業化のもう一つの在来的中小工業化については、日本に関してはすでに多くの研究があるので省略する[60]。在来型中小工業は日本が最も発達したことを前提として中国と朝鮮についてその特徴を要約的に述べる。

　中国の20世紀前半期までの工業化の中心は繊維工業、特に綿工業と蚕糸業であるが、最近の実証的研究は従来の評価と違い、その発展、特に在来的発展がかなり進んだことを明らかにしつつある。綿業については在来の土布生産の発展についての研究はかなり多いが、高陽、宝坻、定県など華北の主として非綿作地域で土布生産の伝統のなかったところで輸入綿糸を

190　第Ⅲ編　東アジア三国（中国・日本・朝鮮）の18世紀における分岐と「源蓄国家」の不在

使って急速に発展した地域に偏重し、先進地域で綿作・土布生産の盛んな江南の研究がなかった。むしろ古い綿作・紡糸・織布が結合した形態が根強く残存したとみられていた。

　しかし最近は徐新吾主編『江南土布史』（上海社会科学院出版社、1992年）を始めとして優れた実証研究が発表されるようになり、江南においては19世紀末から在来綿業の変化が急速に進み、それを軸に社会・経済の全体的な変化が起こっていることが明らかになりつつある。上海とその近郊、無錫、杭州、寧波をはじめ都市部では綿織業において工場制手工業や機械制工場が発達し、農村では主として問屋制家内工業（資本制家内工業）が発達するのである[61]。それを市場として移植型の紡績工場がまず上海、ついで無錫、南通を始めとする地方都市につくられてゆく。日本で19世紀末から20世紀初めに起こった変化と非常によく似た過程が多少遅れて20世紀10〜30年代前半に展開している[62]。工場制手工業が日本より発達するのは、中小工場に適した動力である電力業の普及が日本と比べるとかなり遅れるためである[63]。日本では電力業の普及によって問屋制家内工業から直接力織機による近代工場に移行する。日本よりも不利な条件の多かった江南においても多少の遅れはあるが、ほぼ日本と同様な在来的工業化があったとみてよいであろう[64]。

　朝鮮では農家副業としての在来綿工業は広範に存在していたが、それは自給的な農家家内工業が中心であり、綿布は米に次ぐ商品であったが農家の余剰販売で問屋制家内工業も成立しなかった。開港以後には日本や中国と同様に在来綿織業は輸入綿糸を相当大量に使用するようになるが、それは農家の自給的な綿織業の使用が中心であり[65]、商品生産である中国、日本と異なる。1910年代から都市において少数の工場制手工業形態の綿織業が出現したが短命であり、30年代にも朝鮮人経営の機械制綿織工場は非常

第7章　東アジア三国経済の近世と近代（1600～1900年）　　191

に少なかった[66]。朝鮮では在来的工業化は殆どなかった。ただし、植民地期に朝鮮人経営の中小工場は急激に発展し日本人経営の中小工場を上回るようになる[67]。それらの工場の殆どは在来の農家家内工業や都市手工業が発展したのではなく、植民地期に新しく成立したものであるが、植民地という日本人より相対的に不利な条件の下におけるそのような発展は、朝鮮がすでにそれ以前に小農社会の段階にあったことを基盤にしていると考えられる。

　在来型工業化は19世紀末までをとれば、東北アジア三国においては日本だけであるが、20世紀前半には中国においては広範に展開し、朝鮮では在来的ではないが中小工業が新しく広範に形成されてくるのである[68]。


## 註

1）　詳しくは、中村哲「近代世界における農業経営、土地所有と土地改革」京都大学経済学会『経済論叢』141巻1、2・3、4・5号、1989年1～7月（中村哲『近代世界史像の再構成——東アジアの視点から——』青木書店、1991年、所収、なお、同書の中国語版は、『近代東亜経済的発展和世界市場』商務印書館、1994年、韓国語版は、『世界資本主義と移行の理論——東アジアを中心に——』比峰出版社、1991年）、参照。

2）　中村哲「東アジア資本主義形成史論」（東アジア地域研究会・中村哲編著『講座東アジア近現代史1　現代からみた東アジア近現代史』青木書店、2001年、本書第1章）。農業における自然環境の決定的重要性から世界農業の基本タイプを規定し、そのなかで東アジアを中耕農法、西ヨーロッパを休閑農法と特徴付けた飯沼二郎『農業革命の研究——近代農学の成立と破綻——』農山漁村文化協会、1985年、『増補　農業革命論』未来社、1987年、参照。

3）　足立啓二「宋代以降の江南稲作」（『稲のアジア史　2　アジア稲作文化の展開』小学館、1987年）、大沢正昭「"蘇湖熟天下足"」——〈虚像〉と〈実像〉のあいだ」『新しい歴史学のために』179号、1985年6月、同『陳旉農書の研究——

192　第Ⅲ編　東アジア三国(中国・日本・朝鮮)の18世紀における分岐と「源蓄国家」の不在

12世紀東アジア稲作の到達点』農山漁村文化協会、1993年。

4）　足立啓二「明清時代長江下流の水稲作発展──耕地と品種を中心として──」
『熊本大学文学部論叢』21号、1987年3月、同「大豆粕流通と清代の商業的農
業」『東洋史研究』37巻3号、1978年12月。

5）　東北アジアの自立的小農はその発達過程において年間の労働需要をできるだ
け平均化して家族労働力を有効に使用するために、季節的に労働需要の異なる
作物を組み合わせて多角的経営を発達させる。さらに農業以外の商工業や賃労
働・出稼ぎなどにも従事する。農業以外の部門を経営に付け加えることを経営
の複合化と規定し、農業内部の多角化と区別する。そして東北アジアの小農経
営の発達の仕方の大きな特徴がこの経営の多角化・複合化であり、それが社会
的分業の基礎になり、農村工業化を生む母体になるのである。これにたいし、
西ヨーロッパの小農経営の発展の特徴は専業化と地域的分業の発展である。農
業に適した平坦地では専業化して耕作面積の拡大に向かい、それが困難な丘陵
地、山間地では小面積で可能な農業と加工業の組み合わせが発達し、その中心
地域は農業よりも加工業が中心的産業になる農村工業地帯になっていった。

6）　足立啓二「清～民国期における農業経営の発展──長江下流域の場合」(中国
史研究会編『中国史像の再構成』文理閣、1983年)、足立啓二前掲「明清時代
長江下流の水稲作発展──耕地と品種を中心として──」。なお、中国における
明清以後近代の農業経営発展のあり方については十分実証研究が進んでいると
はいえず、論争が続いている。論争の動向については、三品英憲「近代中国農
村研究における「小ブルジョア発展論」について」『歴史学研究』735号、2000
年4月、を参照。

7）　農奴制のような人格的隷属関係によるのではない、小農と地主の単なる土地
の貸借関係（中間的地主制）の一種で、定額の借地料を支払う形態（中村哲前
掲『近代世界史像の再構成──東アジアの視点から──』、第5章、第6章、参
照）。

8）　中間的地主制の一種であるが、小農の経営的自立性がまだ十分でないので豊
凶などの危険を小農が全面的に負担することができず、地主も危険を負担する
形態で、借地料は定額でなく収穫の一定比率であり、そのなかには地主から借

第7章　東アジア三国経済の近世と近代（1600〜1900年）　　193

りる大型農具や牛馬など大型役畜の借り賃も含んでいる（註7の文献参照）。

9）　近代東北アジアの地主制の地域的類型については、中村哲「近代東アジアにおける地主制の性格と類型」（中村哲・梶村秀樹・安秉直・李大根編著『近代朝鮮の経済構造』日本評論社、1990年、韓国語版『朝鮮近代の経済構造』比峰出版社、1989年、後、中村哲前掲『近代世界史像の再構成――東アジアの視点から――』に収録）、中国の分種制については、草野靖『中国の地主経済――分種制』汲古書院、1985年、参照。

10）　最近の李栄薫氏を中心とする研究グループの研究成果は、朝鮮後期（17〜19世紀）の小農社会の成立について否定的な事実を示している。そして小農社会の成立は植民地期であるとする。これらの点の検討は今後の課題である。

11）　戦国の騒乱を終わらせ全国を統一した豊臣政権が小農自立政策を強力に推進したことを最初に主張したのは、安良城盛昭「太閤検地の歴史的前提」『歴史学研究』163・164号、1953年5月・8月、「太閤検地の歴史的意義」『歴史学研究』167号、1954年1月、であり、以後いわゆる太閤検地論争（太閤とは豊臣秀吉を指す）が活発に展開された。

12）　たとえば、速水融『日本における経済社会の展開』慶応通信、1973年。前掲安良城説も日本中世は家父長制的奴隷制社会であるという考えであった。

13）　川勝平太「国際交流の経済史的接近――国際交流と日本」『国際交流』34号、1983年1月。

14）　最近の代表的研究は、足立啓二『専制国家史論――中国史から世界史へ』柏書房、1998年。

15）　代表的研究として、速水融前掲『日本における経済社会の展開』、速水融・宮本又郎編『経済社会の成立――17〜18世紀――』日本経済史1　岩波書店、1988年。

16）　「各年の各国通貨を購買力平価と物価変動率とを用いて1990年の共通ドル（国際ドル）に換算した」通貨単位で表示したもの。アンガス・マディソン『経済統計で見る世界経済2000年史』柏書房、2004年（Angus Maddison, *THE WORLD ECONOMY: A Millennial Perspective*, 2001, OECD）

17）　アンガス・マディソン前掲『経済統計で見る世界経済2000年史』311ページ、

194　第Ⅲ編　東アジア三国(中国・日本・朝鮮)の18世紀における分岐と「源蓄国家」の不在

　　表B-21による。

18）　農民の経営を安定させるために政府が春に農民に種料・食料を貸し与え、秋
　　の収穫後に1割の利子をつけて回収する制度。なお、当時の朝鮮では春から秋
　　までの約半年で1割の利子はかなりの低利である。

19）　李憲昶『韓国経済通史』法政大学出版局、2004年、121ページ。なお、原書
　　は李憲昶『韓国経済通史』法文社、1999年、であるが、著者が日本語版として
　　大幅に加筆、補訂した原稿を翻訳した日本語版（須川英徳、六反田豊監訳）が
　　2004年に法政大学出版局から出版された。本書はこの日本語訳によっている。

20）　もっともこれは推計値であるが、生産の停滞が一般的認識であることを示し
　　ている。

21）　アンガス・マディソン前掲『経済統計で見る世界経済2000年史』、45ページ表
　　1-8 c、290ページ表B-14、による。

22）　李憲昶前掲『韓国経済通史』154、163〜164ページ、なお李栄薫・朴二沢「朝
　　鮮後期の経済体制——広域的統合体系の特質を中心に——」（鹿児島国際大学附
　　置地域総合研究所の中・日・韓・台共同研究「東アジア資本主義形成史」第5
　　回合宿研究会報告、2005年8月、中国・蘭州）によると、1789年の都市人口57
　　万余、戸口統計による全人口740万の7.8%である。しかし、この都市の定義は
　　不明であり、戸口統計は実際の人口の2分の1ないし3分の1しか把握してい
　　ないので、採り上げない。18世紀末は朝鮮経済が頂点に達した時である。なお、
　　この研究では中国の江南地方の都市化率を1629年15%、1776年16.3ないし
　　19.3%、1776年の中国全体の都市化率7.4%、17世紀中葉の日本は15.9%としてい
　　る。このうち日本は三都と城下町であり、そのすべてが人口1万以上とはい
　　えない。

23）　新保博・長谷川彰「商品生産・流通のダイナミックス」（速水融・宮本又郎編
　　前掲『経済社会の成立——17〜18世紀——』。

24）　石原潤『定期市の研究——機能と構造——』名古屋大学出版会、1987年、第
　　4章・第5章、山根幸夫『明清華北定期市の研究』汲古書院、1995年。

25）　李憲昶前掲『韓国経済通史』第3章。

26）　日本についての概観は、速水融・宮本又郎前掲『経済社会の成立——17〜18

第7章　東アジア三国経済の近世と近代（1600〜1900年）　　195

世紀——』、新保博・斎藤修編『近代成長の胎動』日本経済史 2　岩波書店、
1989年、所収の各論文を参照。

27)　足立啓二前掲『専制国家史論』第Ⅴ章、同『非団体型社会中国における経営
統合様式の発展に関する研究』（平成13年度〜平成15年度科学研究費補助金研
究成果報告書）2004年。

28)　吉田光男「商業史研究から見た朝鮮の近世と近代——李朝後期の経済構造を
めぐって」（中村哲・堀和生・安秉直・金泳鎬編著『朝鮮近代の歴史像』日本評
論社、1988年）、李憲昶前掲『韓国経済通史』第 3 章、李栄薫・朴二沢前掲「朝
鮮後期の経済体制——広域的統合体系の特質を中心に」、李栄薫・朴二沢「農村
米穀市場と全国的市場統合：1713–1937」『朝鮮時代史学報』16号、2001年 3
月。

29)　外国貿易は17世紀初期の最盛期には、国内総生産の10%程度を占めるほどの
規模であったが、17世紀後半以後傾向的に縮小してゆく。それは主要輸出品で
ある金属（金・銀・銅）の海外流出によって貨幣素材が不足し、経済運営に支
障をきたしたために幕府が輸出量を規制したこと、そのために輸入代替に努力
して主要輸入品（生糸・高級絹織物・磁器・砂糖・高麗人参など）の国産化に
成功したからである。江戸時代初期の外国貿易はその構造からみて永続性がな
く、いわゆる鎖国政策がなくてもいずれ転換せざるを得なかった。外国貿易が
縮小しても重要商品の国産化（輸入代替）によって国内経済は発展したのであ
る。

30)　新保博・斎藤修編前掲『近代成長の胎動』41ページ、表 1-6 。

31)　中村哲『明治維新の基礎構造——日本資本主義形成の起点——』未来社、1968
年、348ページ、表 7-10、 7-11。

32)　足立啓二前掲『専制国家史論』200〜201ページ。

33)　須川英徳「朝鮮後期経済史研究の新動向——李栄薫編著『数量経済史から再
検討した朝鮮後期』を中心に——」『社会経済史学』71-3 、2005年 9 月、79ペー
ジ。

34)　李栄薫・趙映俊「19世紀末〜20世紀初におけるソウル金融市場の特質——南
大門一帯の‘日収’金融を中心として——」（註22の共同研究「東アジア資本主

196 第Ⅲ編 東アジア三国(中国・日本・朝鮮)の18世紀における分岐と「源蓄国家」の不在

義形成史」第3回合宿研究会報告、2004年8月6日、ソウル)。貸付件数のうち94.6%は元利金がすべて償還されているので貸付リスクは高くない。

35) 私は6年程前に、東北アジアと西ヨーロッパで15・16世紀にほぼ同時に小農社会が形成され、資本主義の萌芽が生まれたにもかかわらず、18世紀後半から19世紀に西ヨーロッパが産業革命を経て本格的資本主義に発展したのに、東北アジアは19世紀まで小農社会にとどまり、結局、欧米主導の世界資本主義に受動的に組み入れられてしまった。その最も大きな原因は、東アジアでは中華帝国体制が存続し、西ヨーロッパのような国家間競争がなかった。西ヨーロッパでは国家間競争に勝ち残るために、国内経済の統合、国家財政の膨張、国債の発行、遠隔地交易の国家による推進・統制、軍事力の強化などが進むのに対し、東アジアはそのような過程がなく経済が緩慢にしか成長しなかったためであるとした。つまり東北アジアと西ヨーロッパとの差異を経済内部ではなく国家体制のあり方とそれを規定した国際的条件に求めた(中村哲前掲「東アジア資本主義形成史論」)。ここではこの点を三国の国内面からみることにもなる。

36) 江戸時代には、全国の農業生産額・耕地面積を調査し、土地保有者(事実上の土地所有者)を確定し(検地)、生産額を米に換算してそれを基に土地保有者(農民)に貢租を賦課した。これを石高制という。石高は収穫高以外のいろいろな条件が入り込むので(農業以外の条件も入ることがある)実際の収穫高とは一致しないが、江戸時代初期にはかなり収穫高に近かったとみてよい。農民の反対で検地ができなくなる中期以後には石高は固定的になり、収穫高は増えるので両者の差が大きくなっていった(中村哲前掲『明治維新の基礎構造』第4章、参照)。

37) 貢租とは日本独特の呼称であり年貢ともいう。その大部分は土地税である。土地税は幕府、各藩ごとに違いがあるが、米納が最も多く次いで米価(場合によって大豆や麦の価格)によって米(大豆・麦)を貨幣で納める石代金納、その換算率が固定化した事実上の定額金納がある。最大の領主でもあった幕府の場合は、一般的に貢租の3分の1が米価で換算した代金納、10分の1が大豆価格で換算した代金納、残りの57%が米納であった。江戸時代の貢租の大きな特色は、米の取れない畑もすべて収穫を米に換算し可能な限り米で納めさせる点

であり、それはすでに商品経済が一般化しており、米が最大の商品で価格の安定度も最も高かったからである。最大の商品である米を押さえることによって領主は商品流通で優位に立ち支配を安定できた。しかし後期には米以外の工業製品・商品作物が伸びて米の流通上の地位は低下する傾向にあり、また年貢米（領主米）以外の地主や農民の販売米が増加した。

38）　中村哲前掲『明治維新の基礎構造』187ページ。

39）　岩井茂樹「財政」（狭間直樹・岩井茂樹・森時彦・川井悟『データでみる中国近代史』有斐閣、1996年）では、1753年の財政収入は6,000万両、内４分の３が土地税で残りが塩税、常関税（国内関税）などであった（44ページ）。18世紀に物価は上昇傾向にあり人口も増加したから、18世紀中ごろには税負担は19世紀初より重かったが、２倍としても朝鮮と同程度、日本の６〜７分の１である。また、正税以外の付加税や捐納、胥吏の経費などが相当多く、後になるほど増える。1900年に中国関税を管理していたロバート・ハートは公式的歳入と同じ位の非正規収入があると見積もっている（岩井茂樹前掲「財政」51ページ）。一方、銀価低落によって実質負担額は減少していったことを考慮すると19世紀末頃にも、日本の５分の１から６分の１程度であろう。

40）　B. R. ミッチェル『マクミラン世界歴史統計　Ⅰ　ヨーロッパ編〈1750-1975〉』原書房、1983年、751、818ページ。

41）　16世紀末・17世紀初には戦争に備えて武力を強化する必要上多くの家臣を抱えたが、17世紀中頃以後はその必要性が大幅に低下した。しかし家臣を大幅に削減できなかった。参勤交代の江戸の経費は、藩財政の３分の１から半分位を占めた上に大部分が貨幣支出であった。大坂に貢租米の販売機関（蔵屋敷）を置くことや参勤交代による大名の領地と江戸との往復にも経費がかかった。

42）　この時期の中国財政に関しては、主として岩井茂樹「中国専制国家と財政」（『中世史講座　第６巻　中世の政治と戦争』学生社、1992年）、同前掲「財政」による。

43）　松本善海『中国村落制度の史的研究』岩波書店、1977年。

44）　中村哲「中国前近代史理論の再構成・序説」（中村哲編著『東アジア専制国家と社会・経済』青木書店、1993年）。

198 第Ⅲ編 東アジア三国(中国・日本・朝鮮)の18世紀における分岐と「源蓄国家」の不在

45) 李栄薫・朴二沢「18世紀朝鮮王朝の経済体制：広域的統合体系の特質を中心として」(中村哲編著『近代東アジア経済の史的構造──東アジア資本主義形成史Ⅲ』日本評論社、2007年、所収)。

46) なお、朝鮮後期（17〜19世紀）の村落の自立性を評価する有力な研究も存在する。代表的な研究として、呉永教『朝鮮後期　郷村支配政策研究』ヘアン出版社、2001年（韓国語）、特に第3章「郷村対策と面里制の確立」、参照。

47) 両班とは本来は朝鮮時代、科挙試験に合格して中央官僚となった者をいうが、朝鮮後期には官僚にならず土着して地主化するが、儒学（性理学）の教養がある知識人（士）である階層を指すようになる。重要なことは村落内では名門の両班を頂点とする身分秩序があり、日本の村落の身分秩序よりも厳格で格差が大きく、後になるほど強化された。両班は同族結合が強く、同族内の相互扶助組織が発達し、日本の村落ほどには団体性が強くない朝鮮では村落共同体の機能を代位した。しかし、その共同性は同族内に限られるから両班身分の農業経営は他の階層よりも安定性が高かった。そうした事情が他の階層（良人、奴婢）の両班への上昇志向を生み、両班身分の増加、良人・奴婢身分の減少傾向が続くことになった。

48) 中国の胥吏に相当するが、社会的地位は胥吏より高かったし、郷吏層の組織化も進んでいた。

49) 人口増加・耕地開発が進み産業が発達して木材の需要が増えたにもかかわらず、それを管理する制度が作られず、政府は盗伐禁止令を出すのみで効果はなく、18世紀末には多くの山が禿山となり、山林の荒廃が洪水を頻発し、水利施設が破壊され、あるいは機能が低下した。そのために19世紀に農業生産力はかなり後退した。李栄薫「数量経済史から再検討した17〜19世紀の朝鮮経済」鹿児島国際大学地域総合研究所『地域総合研究』31巻2号、2004年3月、須川英徳前掲「朝鮮後期経済史研究の新動向」、参照。

50) 李憲昶前掲『韓国経済通史』第2章。

51) 李栄薫・朴二沢前掲「農村米穀市場と全国市場統合：1713–1937」29ページ。

52) 明治維新における藩体制の解体と土地改革については、中村哲「領主制の解体と土地改革」（歴史学研究会・日本史研究会編『講座日本歴史7　近代1』

第7章　東アジア三国経済の近世と近代（1600～1900年）　　199

東京大学出版会、1985年）参照。また、明治維新の制度的改革については、中村哲『明治維新』集英社、1992年、参照。

53)　Alexander Gerchenkron, *Economic Backwardness in Historical Perspective: A Book of Essays*, 1962, Cambridge, Massachusetts; The Belknap Press of Harvad University.

54)　彼の有名な論文、*Economic Backwardness in Historical Perspective* が発表されたのは1952年であるから、止むを得ないことである。ただし日本については関心が強かったようで、同論文の註で「少なくとも日本の工業化に若干なりとも言及することによって、ヨーロッパの経験の限界を越えることは、きわめて好ましいことであるだろう。残念ながら、筆者は日本の経済史に無知であって、そのようにして自分の観察の範囲を拡大することができない」と言っている。

55)　その先鞭を付けたのは、中村隆英「在来産業の発想」、「在来産業の規模と構成」（中村隆英『明治大正期の経済』東京大学出版会、1985年、所収、後者は1976年発表）である。

56)　石井寛治『日本経済史』第2版　東京大学出版会、1991年、193、195ページ。

57)　中村哲前掲『明治維新』。

58)　久保亨『戦間期中国〈自立への模索〉――関税通貨政策と経済発展――』東京大学出版会、1999年、奥村哲『中国の現代史――戦争と社会主義』青木書店、1999年。

59)　山本有造『日本植民地経済史研究』名古屋大学出版会、1992年、平井広一『日本植民地財政史研究』ミネルヴァ書房、1997年、中村哲・安秉直編著『近代朝鮮工業化の研究』日本評論社、1993年（韓国語版『近代朝鮮工業化の研究――1930～1945年――』一潮閣、1993年）、堀和生『朝鮮工業化の史的分析』有斐閣、1995年、金洛年『日本帝国主義下の朝鮮経済』東京大学出版会、2002年。

60)　Johzen Takeuchi, *The Role of Labour-Intensive Sectors in Japanese Industrialization*, 1991, United Nations University Press, 中村隆英前掲『明治大正期の経済』、中村隆英編著『日本の経済発展と在来産業』山川出版社、1997年、谷本雅之『日本における在来的経済発展と織物業――市場形成と家族経済』名古屋大学出版会、1998年、黄完晟『日本都市中小工業史』臨川書店、1992年、中村哲「日本の資本主義化と中小工業――日本資本主義形成の一特質」（後藤靖編著『近代日本社

200　第Ⅲ編　東アジア三国(中国・日本・朝鮮)の18世紀における分岐と「源蓄国家」の不在

会と思想』吉川弘文館、1992年、後、中村哲『近代東アジア史像の再構成』桜
井書店、2000年、所収)、谷本雅之「戦間期日本における都市型輸出中小工業
の歴史的位置：「在来的経済発展」との関連」(中村哲編著『近代東アジア経済
の史的構造——東アジア資本主義形成史Ⅲ』日本評論社、2007年、所収)など
参照。

61)　江南のこうした過程についての包括的な実証研究として、弁納才一『華中農
村経済と近代化』汲古書院、2004年。

62)　たとえば、蘇南地方の武進ではすでに19世紀初めに綿替制(綿花を農民に配
り織り上げた綿布と交換する形態の問屋制家内工業)が成立し、1890年代初め
に中国最初の近代的紡績工場、上海機器織布局の綿糸が導入され、1905年頃か
ら日本からの輸入綿糸が入り、県城に工場制手工業、農村に問屋制家内工業が
発達する。さらに第一次世界大戦の好況時に農村の問屋制家内工業の工場制へ
の移行が進み(力織機、足踏機を採用)、工場制織布業が生産の半分を占めるよ
うになる。それを市場として武進に紡績工場、常州紗廠が地元財界の主要人物
を中心にして設立され(1919年8月発起人会、20年10月創立会、21年10月操業
開始)、つづいて21年11月に操業した大綸紗廠は、問屋制家内工業の経営から
織布工場を設立して成功した蔣光祖が中心となり、織布兼営であった。第三の
紡績工場として利民紗廠が24年に操業している(創立は22年)(武進について
は主として、森時彦「武進工業化と城郷関係」〔同編著『中国近代の都市と農
村』京都大学人文科学研究所、2001年、後、「武進工業化のプロセス」と改題
して、同『中国近代綿業史の研究』京都大学学術出版会、2001年、所収〕によ
る)。

63)　上海、江蘇省の電力業については、金丸裕一「中国「民族工業の黄金時期」
と電力産業——1879〜1924年の上海市・江蘇省を中心に——」『アジア研究』
39巻4号、1993年8月、同「江北における電力産業の成長——「企業城下町
(Kigyo-Jokamachi)」南通のケース——」『帝京史学』9号、1994年1月、参照。

64)　蚕糸業については、奥村哲『中国の資本主義と社会主義——近現代史像の再
構成』桜井書店、2004年、曾田三郎『中国近代製糸業史の研究』汲古書院、
1994年、楊縲『開港と江浙蚕糸市場——近代中国の世界市場への統合過程をめ

第7章　東アジア三国経済の近世と近代（1600〜1900年）　　201

ぐって——』（東京都立大学博士学位論文、2004年）、参照。

65)　高村直助「近代日本綿業と韓国」『朝鮮文化研究』1号、1994年3月。

66)　安秉直「戦前東アジアの在来綿業——中国・日本・朝鮮の比較分析——」（堀和生・中村哲編著『日本資本主義と朝鮮・台湾』京都大学学術出版会、2004年、韓国版『日本帝国主義と韓国・台湾——帝国主義下の経済変動』韓国・伝統と表現社、2007年。台湾版『日本帝国主義與韓國・臺灣——帝國主義下的經濟變動』台湾・博揚文化事業有限公司、2010年）。

67)　許粹烈「日本帝国主義下朝鮮人工場の動態——1930年代『朝鮮工場名簿』の分析を中心に」（中村哲・安秉直編著前掲『近代朝鮮工業化の研究』）。1930年に2,233、1938年に3,963あった朝鮮人経営の職工5人以上の工場の内、綿織工場は30年14、38年23に過ぎなかった（同論文128・129ページ）。

68)　小農社会が形成され、その中から中小零細工業が形成される。非欧米地域の後発型資本主義の形成には国家や外国資本（時に国内の大資本）による上からの移植型工業化だけでは十分でなく、それとともに在来型の中小零細工業の広範な形成及び両者の連関が必要であるというのが私の仮説である。そしてそれが実現したのは東アジア（特に東北アジア）であり、その条件が欠けるか不十分な他の地域は資本主義の形成・発達が順調でないという仮説である。たとえば、ラテンアメリカの資本主義形成はかなり古くから始まり東アジアより早いが、その速度は東アジアより遅く順調ではない。その重要な原因が、ラテンアメリカでは、農業において大土地所有・大経営（ラティフンディオ）と経営的自立性の弱い零細経営（ミニフンディオ）が支配的で、零細経営が大経営に労働力を提供するという相互依存関係があり、自立的小農の形成が弱く小農社会が成立せず、中小零細工業の発達度が低いことにある（前掲註60の中村哲「日本の資本主義化と中小工業——日本資本主義形成の一特質」参照）。

# 第8章 「源蓄国家」の不在
## ──西ヨーロッパとの決定的差異

## はじめに

　最近、20年位で東アジア経済史研究は格段に進んできた。実証水準も上がったが、より大きいのは研究の視角・関心の変化である。その背景は、20世紀後半から始まった東アジア経済の急速な発展である。それ以前は東アジア経済の停滞・後進性がもっぱら注目されていたが（先進の欧米と停滞・後進のアジアという構図）、東アジア経済の目覚ましい成長によって、むしろ東アジア経済がどうして、どのように発展したのかに関心が向けられるようになったのである。

　最近では欧米の研究者の中からも、東アジアの経済発展に注目し、その歴史的成長過程を評価する研究が出てきている。E. L. ジョーンズ (Jones)[1]、K. ポメランツ (Pomeranz)[2]ら。

　本章の方法は比較史、特に国際比較を重視する。第一は、東北アジア三国（中国・日本・朝鮮）の比較、第二に数量化できるものをできるだけ利用する。欧米経済史に比べて数量的研究が遅れていたが、まず日本経済史の分野で研究が進み、最近、中国経済史、朝鮮経済史でも数量的研究が進んできた。ようやく中国・日本・朝鮮の数量的比較が不十分ながら可能になった。数量で表示できない構造的な分析を加える。定量的分析と定性的分析を組み合わせるわけである。第三に東北アジアと西ヨーロッパの比較、これは世界史的に見て、現在までのところ、この両地域が前近代社会から近代資本主義社会に発展・変化した地域だからであり、経済史研究の実証

水準が他の地域より高いからである。それ以外の地域を加える必要があるが、本章ではそこまで手が及ばない。

東北アジアにおける資本主義形成史に関する私の研究は、①小農社会論、②複線的工業化論、③資本主義成立における国家の役割、であるが、今日は、時間が限られているので、この三つの問題を取り上げると、説明が不十分になってしまう。そこで、私の研究で一番新しく、まだ不十分な③に絞ることにしたい[3]。

なお、この三つの分野は並列的な関係ではなく重層的な関係にある。一般的に言って、経済の構造は重層的な構成をとるが、東アジアにおける資本主義形成はまず小農社会が形成され、それを基盤にして農村工業・在来的工業化が興り、その上に国家の政策と財政によるインフラ整備・大工業（工場制）の導入が行われて、複線的工業化が成立・発展する。また、これは時系列的でもあり、この三者が出そろって初めて東アジア資本主義の形成が本格化するのである。

西ヨーロッパ諸国は国ごとの差異はもちろん相当あるが、東北アジアの諸国と比べるとその差異は少なく、東北アジアとの対比では一つの類型とすることができる。また、東北アジア三国の間の差異は、西ヨーロッパ諸国相互間の差異よりも大きいし、とくに国家・財政の領域については一つの類型にはできないように思われる。

## 1．東北アジア三国（中国・日本・朝鮮）の国家財政（17〜19世紀）

### 日本の17〜19世紀の財政（幕藩制と明治政府）

日本の江戸時代（1600〜1867年）における財政は、中央政府である幕府に関して1686年以後ある程度分かる。しかしその大部分は、最大の領主とし

　　　　　　　　　第8章　「源蓄国家」の不在　　　　　205

ての財政である。全国支配の経費（例えば、城の建設・修理、大河川の治水工
事、主要道路の建設・維持等）のかなりを諸藩に負担させているし、老中、
寺社奉行などの幕府高官は譜代大名から任命され、その藩の負担がかなり
ある。幕府の全国支配の経費を含む中央政府としての財政は現在のところ
わからない。今後の重要な研究課題である。

　また、全国が約260位（初期は少なく200以下、末期には300近くになるが、
増加するのは小藩である）の藩に分かれていて、その財政は独立しているの
で全体は不明であり、全国の貢租額がわかるのは廃藩置県が行われた1871
（明治 4 年）から74年までの 4 年間だけである[4]。1871年の全国の貢租額は
米表示で1,255万石、これは付加税や村の経費（村入用）などは含まない。
1870年の人口は3,440万で、人口 1 人当たり0.362石である。また、米に換
算した農業生産額は、推定6,000万石程度で、貢租率21%となる。GDP比
はそれよりかなり低く10%位ではないか。しかし、地方税や付加税を含む
と若干上がるだろう。ひどく大雑把な推測だが、日本の近代国家成立時の
財政規模は、GDP比では西ヨーロッパ諸国の財政規模と同程度で、国際的
にもかなりの財政力を持っていたと言えるだろう。もちろん西ヨーロッパ
の大国と比べれば、財政の絶対的規模は小さい。

　江戸時代の貢租額は不明だが、判明する藩の事例からある程度の傾向は
わかる。17世紀には貢租率はかなり高く、変動が大きい。豊臣秀吉は1586
年に収穫の 3 分の 2 を領主取り分とした[5]。江戸時代は一般に五公五民と
言われ、貢租率五割となるが、基準となる石高は実際の収穫高よりかなり
少なく、時代が下るほどその差が大きくなるし、検見（収穫調査）によって
石高（あるいは耕地面積）からかなり引かれた額に対して貢租が掛かるので、
実際の貢租率は公称の貢租率よりかなり低くなる。参考までに地租改正の
地租率は収穫の25.5%であった（地租が地価の 3 %の場合であり、1877年に地

206　第Ⅲ編　東アジア三国(中国・日本・朝鮮)の18世紀における分岐と「源蓄国家」の不在

価の2.5%に減租になると、21.25%)。この収穫は実収より少ないが、それでも五公五民の半分の率である。17世紀末・18世紀初め頃から貢租率の変動は少なくなり、固定化してゆく。実際の収穫高は増えてゆくから、実際の貢租率は傾向的に低下していった。以上は一般的な傾向で藩による差異はかなり大きい。

17・18世紀の西ヨーロッパと比べた場合、幕藩制は圧倒的に直接税[6]、それも地税に依存している。中国は間接税が相当ある[7]。商工業者・金融業者に対する課税が非常に軽い。後期になると幕府の御用金、諸藩の専売制[8]や藩札の価格下落などの負担があるが、農業課税に比べればはるかに軽いといえる。

日本の近世初期（16世紀末・17世紀初め）は、世界でもまれにみる極めて重い地税を農民は負担していたと思われる。では、どうしてそれほど地税が重かったのか、また、それは如何にして可能だったのか。かつては前近代、あるいは封建制は極めて重税であると考えられていたが、それは近代主義的な立場からの封建制批判のイデオロギーであって、実際は近代・現代に比べればむしろ軽税である。徴税機構が不十分で徴税能力が低かったし、流通・運輸が未発達であったからである。また、近代と違い支配者の需要を満たすのが目的であり、商品経済が未発達な状態では支配者の欲望も大きくなかった。

領主財政が急激に膨張したのは戦国時代であり、戦国大名は戦争に莫大な費用が掛かり、そのために領国支配の強化、権力の集中が進んだ。幕藩領主の財政支出の最大部分は家臣団への扶持であるが（大名の場合はそれに加えて参勤交代の経費）、近世初期までは戦争に備え、できるだけ強力な家臣団を抱える必要があり、その必要がなくなった後も、領国統治の必要をはるかに超える家臣団を抱えることになった。戦国時代に重税が実現し、江

第8章 「源蓄国家」の不在　　207

戸時代にも継続したのである。これは中国・朝鮮と日本との大きな差異であり、西ヨーロッパと類似する面がある。それにしても極めて重い地税にもかかわらず、その負担が可能であり、さらに戦国・近世初期に農業生産が急速に発展したのはなぜなのか、という問題が残る。ただし、税負担の軽重と経済への影響は直接的ではない。現在でも北欧は極めて重税だが、経済にマイナスの効果ばかりではない。租税の使途と徴税の効率、それに正当性が問題であるが、その点はここではふれない。しかし、幕藩領主は中国・朝鮮の専制国家と比べると、インフラ整備や耕地開発などへの支出がかなり多いと言える。西ヨーロッパ諸国と比べても同様のことが言えそうである。

## 中国の17〜19世紀の財政

　中国は中央集権国家であるが、実は国家の社会に対する統治能力はかなり低かった。財政力を見ると、1812年の歳入額は4,014万両（地丁・雑税・塩課・関税の合計）、米価は1石＝2両程度（中国は銀両）、中国の石は日本の半分強なので、日本の石で約1,000万石であり、日本の幕藩領主の総年貢収入より少ない。1811年の中国の人口は3億5,860万で、日本の人口は1870年3,440万、中国は日本の約10倍、中国の1人当たり税負担は0.028石で日本の12分の1しかない。農業生産額は呉承明氏の推定では家内副業を含めて19世紀前半に18〜19億両なので、負担率は1.3%で極めて軽い。中国は非正規の負担が多く、正規負担と同じくらいあったとされるので、実質負担率はその倍として2.6%、1人当たり負担は日本の6分の1となるが、それでも軽税であることに変わりはない。アンガス・マディソンの推計による1人当たり所得、1820年中国600ドル、日本669ドル（1990年の国際ドル表示）を使うと、実質負担率は日本の5.7分の1である[9]。

208 第Ⅲ編 東アジア三国(中国・日本・朝鮮)の18世紀における分岐と「源蓄国家」の不在

　中国の官僚制は、上層部では整備・発達しており、また、時代が経過するにつれて発達したが、社会と接触する下部は極めて弱く、それを支える在地社会の組織化も弱かった。この傾向は明清時代にも変わらず、たとえば、村落共同体や同業組合は日本と比べはるかに未発達であった。中央からの官僚の派遣は県レベル止まりであり、その下の納税組織である里甲制も清代にはすでに解体し、それに替わって徴税実務を担当する非公式な制度である胥吏制度が発達し、抱攬（徴税請負）が行われるようになり、国家の徴税能力はますます低下していった。

　明末の一条鞭法から18世紀の地丁銀制にかけて国家財政は大部分銀立てで行われるようになった。17〜19世紀に銀価格は長期的に低落傾向をたどったため、政府収入は実質的にかなり減少した。銀は主として中国の外から貿易を通じて持ち込まれたのであり、国家が鋳造権を握っていた銅銭[10]と違って国家が流通量や価格をコントロールすることができない。明清政府は銀貨を発行しなかったから銀は地金価値で流通した（清末に洋務派の一部地方政府が銀貨を発行した）。清は征服王朝であり、明代まで財政支出の中心を占めていた北辺守備の軍事費が大幅に減少した[11]。財政規模が収支ともかなり縮小したのである。

## 朝鮮の17〜19世紀の財政

　朝鮮（李氏朝鮮）は中央集権的専制国家である点は中国と共通するが、そのあり方はかなり異なる。一番大きい違いは実物財政が中心であることである。中国も宋代までは実物財政中心で、国家が財政を維持するために巨大な財政物流を全国的に組織していたが、朝鮮はそれと基本的に同じタイプの財政である。ただし、その規模ははるかに小さい。全国的物流の中心は財政物流であって、商品流通ではないのである（中国史研究者、特に欧米

の研究者は財政物流を商品流通と誤解することが多く、それが中国における商品経済の発達度を過大評価することになる一因である）。

　朝鮮前期（15〜16世紀）の税制は、田税（土地税）、身役（賦役）、貢物（各地方の特産物を現物で徴収する）の3本立てであったが、1608〜1708年に徐々に大同法が施行されて貢物が土地税に転化され、1750年に身役で特に過重な軍役を軍布（綿布）に切り替え、負担額も半分（1人当たり1匹）に減らし、その財政収入減を耕地1結[12]当たり米2斗の結作米として徴収した。こうして18世紀半ばには農民の税負担は大部分土地税に統一された。中央官僚の地方派遣は郡までであり、村落の自律性も日本ほど強くないため、税・役の徴収のために8結を単位とする人工的な徴税組織（八結作夫制）が作られた。人工的な徴税組織が上から設定されたことは中国と共通している。なお、江戸時代の日本では、村で租税納入を請負う村請制度であった。朝鮮も中国同様地方統治組織は弱体であり特に末端で弱かったが、非公式な在地支配である両班地主の留郷所とその下にある郷吏[13]がそれを補った。中国でも明清時代には、引退して郷里に帰った元官僚や官僚の一族が地方で勢力を強めたが（郷紳）、留郷所のような制度化された組織はなかったし、在地両班ほどの力はなかった。

　朝鮮の18世紀の国家歳入は米換算192万石（地税46％、還穀利子36％、身役価16％）、朝鮮の石は日本の半分なので日本石で96万石、1760年代の米換算推計総生産額は2,537万石、税率は3.8％である。1800年の推計人口1,650万、1人当たり負担額0.058石、日本の1人当たり負担額の6分の1にすぎない。朝鮮でも非正規課税がかなりあったと思われるが、それが全体としてどの程度であったか分からない。非正規課税を加えても日本よりかなり軽税であったことは間違いない。参考までに、日本の植民地初期（1910〜18年）に地租改正と基本的に同じ近代的土地改革である土地調査事業が行

われたが、これによる地税は法定収穫量の3.9%で、朝鮮末期より若干の増税であった。日本の地租改正の場合は、先述のとおり、法定収穫量の25.5%であり、法定収穫量を基準にすれば、朝鮮の地税は日本の地税の6.5分の1である。朝鮮末期にはさらに少ないであろう。

朝鮮は17世紀中期以後18世紀に経済がかなり発展し、小農社会が成立した。国家財政も18世紀末までは健全に運営されていたが、19世紀に入り解体してゆく。


## ムガル朝時代（16〜18世紀）のインド

東北アジアの中国、朝鮮の前近代専制国家は、江戸時代の日本や18世紀の西ヨーロッパ諸国よりもかなり軽税であった。しかし、前近代専制国家が一般に軽税であったかはさらに検討の余地がある。たとえば、インドや西アジアの前近代専制国家は中国・朝鮮とは相違する可能性がある。インドのムガル時代（16〜18世紀）に関する近藤治氏の研究[14]では、16世紀のアクバル期に行われた土地丈量と課税表に基づく地税査定法がその後固定化され、地税は17世紀後半以後には大半が村単位で賦課される定額地税と刈分地税になった。両者とも課税率は収穫量の5割が一般的である（3分の1の場合もある）。しかし、耕地面積と収穫量は16世紀末に固定されて、17・18世紀には実際とはかなり相違しているし、徴税官は末端の地方行政区である郡に駐在し、管轄下の村の地税額を決定したが、郡の下には多数の村が属しており[15]、徴税官が各村の収穫量を正確に把握することは不可能で、実際には在地有力者（領主・地主）である郡長・郡書記・村長・村書記と協議・交渉して決めている。従って実際の税率は5割よりも相当低いであろう。アンガス・マディソンの研究[16]では、17世紀に国家の全租税収入はGDPの15〜18%であり、主として地税であった[17]。この推計を信頼

第8章　「源蓄国家」の不在　　　211

すると、ムガル時代の実質課税率はかなり高いことになる[18]。同時期の中国・朝鮮より相当高く、日本に近い。ムガル時代のインドは、村落共同体が発達し、領主制も存在して領主の中央政府に対する自立性もある程度（江戸時代の藩ほどではないが）あったようであるから、専制国家体制であるが、支配の末端と農村社会の結びつきは中国・朝鮮より強かった可能性がある。ただし、ムガル時代の実証研究の水準が東北アジア三国と比べて低いと思われることと、私の知識不足があるのでさらに検討が必要である。


## 2. 西ヨーロッパの国家財政（16〜18世紀）

　西ヨーロッパ諸国の内、データが一番揃っているのはイギリス（イングランド、場合によりブリテン）なので、イギリスを中心にして見る[19]。

　イギリスの政府収入はGDP比で1558年エリザベス治下から1620年代まで平時で2％を超えず、戦時にも4％を超えなかった。それが1640年代（市民革命期）に6％、1690年代（名誉革命直後の九年戦争期）に10％に達し、その後その水準を維持し（スペイン継承戦争）、18世紀半ばからさらに増え始め（オーストリア継承戦争、七年戦争、アメリカ独立戦争）、19世紀に入って17〜19％に達し（ナポレオン戦争）、その後低下し1850年10.6％（連合王国）である。これは中央政府の収入であり、地方で徴収し地方で支出したものは含まれず、これは不明である。イギリスは15世紀半ばから17世紀末までヨーロッパの大規模な国際紛争に関係しなかったので、国家支出が相対的に少なかった。スペイン、フランスは16世紀から国家支出が増加し（主として対外戦争の費用）、官僚制[20]が発達する。

　支出面では、この急激な増加は大部分戦争と軍備（軍隊と兵器・糧抹）に使われた。17世紀半ばは内戦であるが、17世紀末以後は対外戦争である。

212 第Ⅲ編 東アジア三国(中国・日本・朝鮮)の18世紀における分岐と「源蓄国家」の不在

王室費や文教費（行政費）も増加しているが軍事費に比べれば僅かである。文教費は人件費が大部分で、公共投資に当たるものが殆どない。それは王室費にもない。おそらく地方で徴収され地方で支出されたものに含まれているのであろう。それと大領主・地主が負担していると思われる。

　収入面の変化で大きいのは、まず国王収入の減少で、1558～1603年にはまだ平均28.8％を占めていたが、特に1640年代に激減し、40年代末以後は５％以下になる。内戦に議会派が勝利し、国家財政権は国王から議会に移った[21]。それによって国家の財政基盤が格段に強化され、議会による租税の徴収が急増してゆく。それは増加する軍事費を賄うためであった。

　さらに、1689年に国債が創設され、国家の借り入れ能力が格段に向上したが、それも安定した租税収入が国債の利払い・償還を確実にしたからである。国債の大量発行はイギリスの金融業の発達を基盤にしたのはもちろんであるが、巨額の国債の発行とその消化は金融業の発達を促進した最大の要因であった。イギリスの巨大な金融利害が形成される。国家債務は18世紀に急増し、九年戦争が終わった時点で1,670万ポンド、1720年の金融恐慌（南海泡沫事件）時に5,000万ポンド、1748年7,600万ポンド、1775年１億3,100万ポンド、1783年２億4,500万ポンドである。これは税収総額の20年分に近い金額であり、アメリカ独立戦争の終った年には、利払いは税収総額の66％に達した。

　収入額では、18世紀は土地税・消費税・関税が税収の９割を占めたが、その内訳をみると、17世紀末から18世紀初期に４～５割を占めた土地税は傾向的に低下して末期には20％になり、それに替わって消費税が増加してゆき1730年代以後には５割を占め、関税は25～30％程度。つまり18世紀にイギリスの租税は間接税中心になる。西ヨーロッパの主要国は同時期にやはり土地税と国際貿易・国内製品に対する間接税を組み合わせた租税構造

になる。18世紀後半にはイングランドの政府収入の75%は間接税であるが、プロイセンとオランダもやはり関税と物品税への依存率が高く、直接税が多いとされるフランスでも税収の過半は間接税である。中国・日本・朝鮮・インドが土地税中心であったのとは対照的である。

　租税の徴収面では、イギリスは中央政府の地方統治力が弱く、1640年以前は殆ど地方の役人（治安判事や治安官）が徴収していたが、40年代以後は中央から職業的歳入官が派遣されるようになる。

　要約すれば、イギリスは封建王政から絶対王政を経て近代国民国家に至る過程で、国家財政が急膨張した。その最大の支出要因は戦争・軍事費であり、それを支えた収入面では、議会が財政権を握ることにより財政基盤が強まり、租税増徴が可能となったこと、金融の発達による国債発行である。他の西ヨーロッパ諸国はイギリスと比べるとこのような変化がイギリスほど急激ではない。16〜18世紀の大国フランス、スペインはイギリスより早く絶対王政が形成され、大規模な対外戦争を行って、財政の膨張も早かった。また、金融市場の発達がイギリスより遅れたから、国家の借り入れも制約がイギリスより大きかった。市民革命によって財政権が国王から議会に移るのも遅れて、財政基盤の拡大・安定化が進まなかった。オランダは逆にイギリスに先んじて、財政近代化、戦争による財政膨張が進み、金融の発達も早くて国家の借り入れも多かった。しかし、他の西ヨーロッパ諸国の国家財政も傾向としてはイギリスと同様である。

## 3. 東北アジア三国（中国・日本・朝鮮）の
### 近代国家への移行と財政

　中国の国家財政は19世紀に入り解体を始めていたが、太平天国の乱（1850

214　第Ⅲ編　東アジア三国(中国・日本・朝鮮)の18世紀における分岐と「源蓄国家」の不在

〜64年）が決定的契機になった[22]。太平軍との戦費だけでも中央政府が負担できたのは一部に過ぎず、太平軍の支配地域からの中央上納は途絶し中央財政は破綻した。新たに作られた釐金（一種の国内関税）、海関税などの流通課税（間接税）が財政収入の主要部分を占めるようになっていったが、その多くは中央政府に入らず、地方（省）の総督・巡撫に握られ、省財政が中央から独立していき、省は制度外の機構を作り中央からの独立性を強めていった。さらに日清戦争や義和団事件の莫大な賠償金がのしかかってきた。中国財政は19世紀後半に変質・分裂した上に、中央政府が確保できた安定的な財源である関税収入は外国管理下に置かれた（外国管理下に置かれていたから地方政府に渡らず、すべて中央政府に入った）。中央財政は外国借款で補うしかなかった。

　このような状態では、中央政府が近代化・工業化政策をとることは財政的にほとんど不可能だった。20世紀初めの光緒新政も政策立案段階では近代的改革案が作られたが、殆ど実行できず、1911年の辛亥革命によって成立した中央政府も1912年に独自財源は1,200万両に過ぎず、13年の善後借款2,500万ポンド（中央政府の実収2億5,000万元）に依存するしかなかった。近代化・工業化政策はむしろ財政的に中央から自立した洋務派の地方政府が推進したがその財源も限られており、最も費用が掛かり、民間では困難なインフラストラクチュア（鉄道・道路・港湾・電気・通信など）を本格的に整備できず、民間でも可能な近代工場の建設が中心であった。

　その後軍閥割拠を経て、1928年に一応全国統一に成功した南京国民政府がようやく関税引き上げなどで財政基盤を強化し、近代化政策を推進する。しかしその本格的な展開は日本の侵略に阻まれ、抗日戦争期の重慶国民政府から内戦に勝利した共産党政府に受け継がれ、社会主義経済建設の中で進められてゆくことになる。

第8章　「源蓄国家」の不在　　215

　朝鮮の国家財政も中国とほぼ同時期、19世紀中期から解体が本格化する。小農経営の再生産を支えていた還穀（農民の再生産維持のため、国家が春に食料と種料として穀物を貸し付け、秋の収穫を待って1割の利子をつけて返済させる制度であり、当時としては春から秋までの利子1割はかなり低利である[23]）は1807年の1,000万石を頂点として減少してゆき、1840年代には本来の機能（農民の再生産維持）を喪失する。凶作時の免税地も財政難のために縮小されて、作況とは無関係になる。中央政府の地税収入の減少を補うため商業課税が強化され、それと引き換えに独占権の付与が行われ、ようやく発達し始めた遠隔地商業が萎縮・衰退してゆく。しかも商業課税・独占権付与は中央政府ではなく、王室・個々の官庁・官僚個人が私的に行うのであり、中央財政の分裂を促進した。

　1876年の開国・開港（日朝修好条規＝江華条約）以後、改革の試みは何度かあったが挫折した。1894年の甲午改革は唯一、ある程度の実効性を持ち、財政においても租税金納化、予算制度導入、財政権の度支部への集中、王室財政と国家財政の分離などが行われ、財政規模もわずかに増加したが、96年の歳入予算は481万円（日本の20分の1の程度）に過ぎず、歳出（1896〜1904年平均）では軍事費が31.8%で最も多く、商工部は2.1%に過ぎない。政策意図はともかく、政府は財政的に工業化政策を実施する能力を持たなかった。制度面でも実効性のある近代的改革は殆ど行われなかった。

　1905年の日本による保護国化・統監府設置、1910年日韓併合により、日本主導の近代化・工業化政策が強行されてゆくことになる。さらに日本の敗戦・南北分断と独立を経て韓国では1960年代からNIEs的発展が本格化するのである。

　中国・朝鮮と違い日本の幕藩制は、最後まで支配体制を維持し、租税徴収も基本的に効果的に行われていた。この点は従来の研究ではほとんど見

216 第Ⅲ編 東アジア三国(中国・日本・朝鮮)の18世紀における分岐と「源蓄国家」の不在

逃されてきたが、明治維新のあり方を知る上で、きわめて重要な論点である。従来の研究は明治維新を前提にして、幕藩制の解体過程ばかりに注目してきた。商品経済の発達とともに財政支出も増加傾向にはあったが、幕府は三都の大商人・金融業者からの御用金（三都は幕府領）、貨幣改鋳益金（幕府が貨幣高権を握っていたから可能であった）、諸藩に諸費用を負担させるなどによって、諸藩は専売制や藩札（領国内で強制通用力を持つ紙幣）発行、三都や領内の大商人・金融業者からの借り入れなどによって、財政を維持した[24]。幕府財政の変質・崩壊は開港以後、特に幕藩対立（特に幕府と薩長の対立）が激化する1860年以後である。海防・外交・軍事費の急増を歳入で賄えなくなったのである。

1868年維新政府成立、71年廃藩置県による全国支配の実現、続いて地租改正・秩禄処分などがあり、近代的財政が成立する。政府財政の基盤は、江戸時代の幕藩領主の貢租（地税）を継承した地租であり、初期の財政収入の7〜8割を占め、歳出面では秩禄処分などで幕藩家臣団を切り捨て、余裕のできた財政資金を近代化・工業化政策に投入した。殖産興業の財政資金は軍事工業をはじめ官営工業にも投入されたが、圧倒的部分はインフラ整備と鉱山開発に充てられた。

日本は、中国・朝鮮と違い、明治維新の改革（革命）によって近代国家が成立し、近代化・工業化を推進した。それを可能にしたのは、幕藩制が未だ解体しない状態で、その支配を引き継いだ上で、それを相当徹底して解体しつつ、近代的大改革を行ったからである。

1900年の財政収入は中央2億9,300万円、地方を含めると4億1,200万円であり、明治維新以後の財政改革と経済発展によって財政規模は急激に増大し、中国・朝鮮との格差を拡大した。新財源（酒税・営業税・所得税等）の増加によって地税は歳入の15.8%に低下した。

## 4. 主要な結論　近代移行における国家・土地所有・経済の類型
### ——東北アジアと西ヨーロッパ——

**近代移行期における国家類型**

　近代移行期における東北アジア三国と西ヨーロッパ諸国を、財政を中心に比較すると三つの類型に分かれる。中国・朝鮮、日本、西ヨーロッパである。

　西ヨーロッパ諸国と東北アジアの中国・朝鮮が対照的である。西ヨーロッパ諸国が財政規模を急速に拡大したのに対し、中国・朝鮮は財政の拡大はなく、逆に縮小した。西ヨーロッパ諸国は封建王政から絶対王政、市民革命を経て中央政府の統治能力が強化され、財政基盤は拡大した。財政支出の増加の中心は戦争、特に対外戦争とそれを賄う軍事費の増加であった。最近の研究では、この時期の国家は「財政＝軍事国家」(the fiscal-military state) と命名されている（ジョン・ブリュア前掲書）。マルクス流に言えば「源蓄国家」であり、資本主義の形成を加速する権力である[25]。

　東北アジアの専制国家中国・朝鮮は資本主義の形成に対応できず、分裂・解体した。この差異が資本主義形成の速度の大きな落差を生み、さらに西ヨーロッパ諸国、とくにイギリスで産業革命が起きる条件となったし、東北アジア諸国、とくに中国・朝鮮の経済的遅れを起こす条件になった。そして東北アジア諸国はイギリスを中心とする欧米主導の世界市場に受動的に組み込まれることになったのである。両地域（西ヨーロッパと東北アジア）の近代移行の決定的差異を生んだ最大の要因は国家類型の差異にあると言えるだろう。端的に言えば、「源蓄国家」の存在の有無である。

　付言すれば、この国家類型の差異は西ヨーロッパ中心的思考によるアジ

ア的専制国家と西ヨーロッパ封建制という差異ではなく、近代移行期に新しく形成された差異である。国家財政規模について言えば、イギリスは絶対王政期の16・17世紀初期にはGDPの2％程度であり、同時期には中国・朝鮮の国家財政は3％〜4％程度でGDP比でイギリスより相当大きかった（イギリスは中央財政のみなので、地方財政を含めるとGDP比で中国・朝鮮に近い規模になるかもしれない）。17世紀末・18世紀初にそれが逆転し、18世紀末には財政規模の格差は決定的になるのである。他の西ヨーロッパ諸国もイギリスほど急激ではないが、国家財政規模の拡大傾向は同じである。

　近代移行期に、西ヨーロッパ諸国が「財政・軍事国家」、あるいは「源蓄国家」化するのにたいし、中国・朝鮮は旧来の前近代国家が存続し、その解体過程に入っていた時期に欧米主導の世界市場に組み入れられたのである。

## 日本の幕藩体制の評価

　日本の幕藩体制は、中国・朝鮮の中央集権的専制国家型ではないし、西ヨーロッパの絶対王政型とも言えない。本章は、財政の規模を中心とした考察であるが、幕藩体制の徴税能力は、中国・朝鮮をはるかに上回ったし、西ヨーロッパの絶対王政をも上回った。日本が世界でもまれな重税になったのは、戦国時代に戦争・軍事力強化と領国統一が進み、さらに全国統一を目指す有力な戦国大名間の大規模な戦争が続いたこと、織豊・江戸時代初期の検地・石高制や兵農分離・農民統制・小農自立化などの政策によるものであろう。もう一つ、次項で述べるが、幕藩体制の租税、特に土地税は国家的租税と封建地代が融合・統一されたものであり、中国・朝鮮の国家的租税[26]とも西ヨーロッパの絶対王政の租税とも違って、封建地代が含まれていることである。

第8章 「源蓄国家」の不在 219

　16・17世紀の戦国時代から江戸時代初期は日本が本格的に東アジア広域交易圏に参入し、中国から技術移転が進んで経済的に中国にキャッチアップした時期であり、西ヨーロッパ勢力とも接触した時期である。この時期に日本の貿易は大きく伸びて17世紀初期には、主要輸出品である銀の輸出額は農業生産額の10％に達していた[27]。おそらく貿易依存度（輸出入額のGDPに対する比率）は15〜20％に上るであろう。これは当時の中国・朝鮮をはるかに上回るだけでなく、西ヨーロッパの大部分の国を上回りイギリスと同程度で、それを上回るのはオランダだけである。日本は国際貿易に深く入り込んでいた。ただし、輸入は中国からの生糸が中心であり、一次産品輸出・製品輸入の後進国型貿易である。これは西ヨーロッパ諸国も同様で16〜18世紀のアジアとの貿易は、アジアから輸入する商品（インドの綿布、中国の茶、生糸、磁器など加工品が多い）に対し西ヨーロッパから輸出する商品は4分の1に過ぎず、4分の3はラテンアメリカ産の銀であった[28]。

　17・18世紀に小農社会の発達、全国市場の形成、都市化が進んで、緩やかな「アダム・スミス的成長」を遂げた。1人当たりGDPは1700〜1870年に年率0.15％で成長している（アンガス・マディソンの推計）。西ヨーロッパ諸国の1人当たりGDP成長率は1700〜1820年にイギリスは0.34％で日本より高いが、西ヨーロッパの平均は0.15％で日本と同じ、フランス0.18％、スペイン0.14％である（同）。江戸時代中期以後、日本は同時代の西ヨーロッパと同程度の経済成長であった[29]。そうした経済発展が明治維新とその後の産業革命、複線的工業化、経済成長の加速を生む前提を作ったことは確かである。中国は、1700年から1850年に人口は1.4億から4.1億に3倍に増えているが、1人当たり実質所得はほとんど増えず、19世紀にはむしろ減少している[30]。朝鮮では、人口・総生産は18世紀半ばまでは増えたが、後半から19世紀を通じて増えなくなった。1人当たり生産額は19世紀に減

220　第Ⅲ編　東アジア三国(中国・日本・朝鮮)の18世紀における分岐と「源蓄国家」の不在

少した可能性が強い。


## 近代移行期の土地所有の類型

　西ヨーロッパの東北アジア（中国・日本・朝鮮）（多分インドや西アジアも基本的には東北アジアと共通する）と比べた大きな特徴の一つは、封建領主制において結合していた土地所有と裁判権・行政権・軍事権（＝主権）が長期的に漸次分離し、封建領主の持っていた裁判権・行政権・軍事権は次第に国家に吸収されて国家主権を構成し、それらの属性を失った土地所有は近代的な土地私有権になって行くことである[31]。

　西ヨーロッパでは封建社会後期には領主権や王領地の売買が行われており、国王の売官（称号・官職・特権など）が行われ国王収入の一部となり、絶対王政時代には国家収入の重要な一部になった。たとえば、フランスでは1620〜30年代に政府収入の25%を下回ることはなかった。イギリスはフランス、スペイン程ではないが、それでも1630年代には政府収入の30%に達している（ブリュア前掲書26〜29ページ）。

　こうして西ヨーロッパでは、領主権の私的性格が強まり、領主の地主化、大商人の地主化が進み、地主とブルジョアジーの関係が強まって行く。他方で、絶対王政の形成とともに、封建領主の独立性が失われ、宮廷貴族化が進んだ。また、西ヨーロッパでは16・17世紀の「軍事革命」によって、火器の使用・常備軍・兵力の大規模化などにより、封建領主の軍事力が低下し、国王に軍事権が集中していった。イギリスではヘンリ七世（1485〜1509年）からチャールズ一世（1646〜49年）の時期に貴族の非武装化が進み、武門貴族は没落した（ブリュア前掲書18ページ）。

　東北アジア（インド、西アジアも多分）では、この分離が容易に進まなかった。中国・朝鮮は中央集権的専制国家であり、個別領主は存在しない。

第8章 「源蓄国家」の不在　　221

地主は存在するが、国家から独立した裁判権・行政権・軍事権は持たない
し、その土地は専制国家の下における農民の保有地を主として買得によっ
て集積したもので、農民保有地同様国家に従属・支配される存在であり、
中間的地主制である[32]。そして中間的地主制は、西ヨーロッパにも日本に
も存在した。中国・朝鮮の専制国家においては、国家が最高・唯一の領主
であり、国家の租税と経済外強制に基づく地代は一致していたのである[33]
（中間的地主制は土地の貸借関係であり、その小作料は借地料である）。

　日本の幕藩領主の地税（貢租）も国家の租税と経済外強制に基づく地代
が融合・統一されたものである[34]。個々の藩は中央政府である幕府の政策
に違反しない限り独立して領国を支配し、独自の裁判権・行政権・軍事権
を行使した。領地の売買は中世・戦国時代には行われたが、江戸時代には
石高制と幕府統制で行われなかった（事実上は、幕末に多少あったが、非公
然）。

　西ヨーロッパは、絶対王政から市民革命を経て国民国家が形成され、国
家主権が強化され、他方、私的土地所有が発達してゆく。東北アジアでは
この分離が進まず、国民国家の形成が遅れ、土地私有権も西ヨーロッパ程
に強力でなかった。中国・朝鮮の専制国家は近代国民国家へ転化できず、
内部から崩壊過程に入り、世界市場への編入がそれを加速・決定した。そ
のために世界市場・国際政治の圧力の下で、近代国家を新たに創出しなけ
ればならず、困難な過程をたどることになる。中国の国民党・共産党によ
る党・国家体制という形態での近代国家の創出[35]とそれからの脱出・政治
的民主化の困難。朝鮮の国家の弱体化・独立の喪失、日韓併合後の植民地
国家から戦後、韓国の独立・独裁政権から民主化への長い歩み、北朝鮮の
社会主義化とその行き詰まり。

　日本の場合は、明治維新の戊辰戦争から版籍奉還・廃藩置県・地租改正・

秩禄処分の過程で、幕藩体制が解体し幕府の全国支配権・幕藩の領有権は明治政権に集中した。つまり明治維新は一挙に国家主権を持つ近代国民国家を創出するとともに、国家租税と封建地代の両方を含む幕藩領有権を国家に吸収して、近代国家を支える強力な近代租税制度を創出したのである。農民・庶民地主（中間的地主制）の土地私有権も公認したが、それは幕藩体制下で事実上成立していたものに近代法的裏付けを与えたのである。

　アジア（東北アジア・インド・西アジア）の租税には西ヨーロッパの封建地代に相当する部分も含むから、西ヨーロッパの国家収入と地代の合計とアジアの租税を比較する必要がある。しかし、西ヨーロッパの地主（領主）の地代を一国単位で知ることはほとんど不可能である。イギリスについては、グレゴリー・キングによる1688年のイングランドとウエールズの所得推計が利用できる。それによるとイングランド・ウエールズの総所得4,474万ポンドの内、地主の所得は629万ポンドで、14.1%をしめる[36]。これに国家の租税226万ポンド[37]を加えると855万ポンドとなり総所得の19.1%になる[38]。これは17・18世紀の中国・朝鮮の国家租税率の5〜6倍であり、日本と同じ位である。中国・朝鮮と比べると、国家・地主の租税・地代（中国・朝鮮の専制国家の租税に相当する）徴収能力ははるかに高かったが、日本の幕藩体制はそれと同程度であると言える（江戸時代前期の17世紀には日本がイギリスを上回っていた可能性が大きい）。イギリスでは17世紀に地主所得は国家収入をはるかに上回っていたが、18世紀を通じて国家収入が急速に増えて、地主所得をはるかに上回るようになる。その負担のかなりは地主が負った。

### 所得格差から見た資本主義類型

　16〜18世紀の西ヨーロッパでは、1人当たりGDPはゆっくりと上昇し

た。「アダム・スミス的成長」である。この3世紀間に西ヨーロッパの中でも最も成長率の高かったイングランドは年率0.3%、オランダ・ベルギー（低地諸邦）は0.2%で成長し、その結果実質的な生活水準は約2倍になった。それにもかかわらず両地域の労働者の実質賃金は1800年に1500年の70〜80の水準にまで低下している[39]。他の西ヨーロッパはこの両地域程ではないが、やはり1人当たり所得の上昇にもかかわらず、実質賃金の低下があった。一方、江戸時代の日本は1700〜1870年に1人当たり実収石高は年率0.1%、1人当たりGDPは年率0.15%で成長している。この内、実収石高は私が54年前に行った推計であって過少であり、実際はもう少し高いと思われる[40]。1人当たり所得の上昇率はイングランド・オランダ・ベルギー以外の西ヨーロッパと同程度であろう（地中海地域のスペイン・イタリアより高い）。同時期の実質賃金は年率0.1%で上昇していて、1人当たり所得よりは多少低いが[41]、西ヨーロッパとは対照的に所得と並行して上がっている。

　要するに、西ヨーロッパと日本（多分中国の江南が加えられよう）は産業革命以前に社会的分業の発達による「アダム・スミス的成長」を経験した点で共通したが、労働者の実質賃金は反対の方向に動いた。西ヨーロッパは下がり日本は上がった。これは実に興味ある問題であるが、その原因は何であろうか。この事実を指摘した斎藤修氏は、西ヨーロッパについては、国際貿易と都市の発達、工業の農村への波及と農業の資本主義化による労働者・土地なし農民の増加を挙げ、この3世紀に市場と生産の拡大とともに社会的不平等が拡大したとしている。日本については、鎖国、農村工業の発達が都市の発達を抑えたこと、農業の労働吸収的発達を挙げている。これらはいずれもある程度妥当性を持つが、私の見方からすれば、①国家による本源的蓄積の有無、あるいは程度、②日本（東北アジア）小農の労働

224 第Ⅲ編 東アジア三国(中国・日本・朝鮮)の18世紀における分岐と「源蓄国家」の不在

集約的で多角的・複合的発達、それを基礎にする農村工業の発達（西ヨーロッパと違い農民の兼業が中心）が基本的な条件であった。②について補足すると、小農が多角的・集約的な農業と商工業・賃労働を兼業する方向で発展し、賃労働者に転落することが少なかったのである。

　イギリスではグレゴリー・キングの1688年表やジョセフ・マッシイの1759年表から計算すると、当時のイギリスのジニ係数は0.5を超えて、現代のラテンアメリカ並みの所得格差の極めて大きい社会である（註39、斎藤論文、11ページ）。日本の江戸時代、18～19世紀前半はそれよりはるかに経済格差の小さい社会であった。斎藤修・西川俊作両氏は最近、『防長風土注進案』を利用して1840年代の長州藩の所得分布を推計し1688年のイングランド、1600年頃のインドと比較した。これは支配者・商工業者・農民の３階層区分というきわめて簡単なものであるが、「徳川日本における所得分布は英印両国よりは格段に平等であった」という結論になっている[42]。幕末開港にともなう急激なインフレーション、明治維新以後の政府の近代化政策、移植型の大規模な機械制工業化、財閥などの民間大資本の発展、欧米とくにイギリスからの工業製品輸入による綿作・在来綿業（とくに紡績）の衰退などによる過剰人口の形成などによって、所得格差は拡大に向かうが、1895年になおジニ係数は0.395であった[43]。

## 工業化の類型

　西ヨーロッパの産業革命以後の工業化は、後発国であるほど設備や企業の規模が大きくなり、企業の形態も個人経営やパートナーシップから株式会社になり、消費財より生産財に重点が置かれ、産業資金の供給も企業の自己蓄積（イギリス）から銀行（ドイツ）、さらに後発になると政府資金（ロシア）になり、資本主義のタイプが違ってくるとした、ガーシェンクロン・

第8章　「源蓄国家」の不在　　225

テーゼ[44]が相当程度妥当する[45]。

　しかし、東アジアの工業化は西ヨーロッパとはかなり異なる。その特徴
は、政府主導の移植型大企業（国営企業を含む）中心の工業化と在来産業か
ら発達した中小零細企業中心の工業化との複線的工業化である。その条件
は、第一に欧米主導の世界市場に東アジアが組み込まれる以前、16〜19世
紀前期の国家は「源蓄国家」ではなく、産業革命が起こらず、在来の小規
模・労働集約的工業が発達していった。主として社会的分業の発達による
「アダム・スミス的成長」で（日本と中国・江南であり、それ以外の地域はそこ
まで発達していなかったと思われる）、機械化による生産性向上ではなかった。
したがって経済成長は緩慢であった。この工業化の基盤として東アジア型
小農がある。西ヨーロッパの小農が経営規模拡大・農工分離という方向に
発展したのと違い東アジアの小農は労働集約的で多角的・複合的な方向に
発展し、工業化はこの農家兼業の発展という形態をとったのである[46]。第
二に19世紀中期以後、欧米主導の世界市場に組み入れられ、それに対応す
るために、欧米型の機械制大工業を移植・育成したが、それは相当程度の
資金を必要とし、機械・設備など資本集約的であった。小規模で労働集約
的な在来工業とは異質であり、製品も異なり市場も異にしたので、直接的
競争関係に立つことが少なく、両者が並行して発展する複線的工業化が進
むことになったのである。移植型・在来型は相互に関連し、影響しあった
が、融合することはなかった。19世紀末に複線的工業化が始まった日本
は、1920年代から次第に両者の関連が強まって行く。中国・朝鮮も日本よ
り遅れるが、20世紀10年代から移植型大工業が発達し、複線的工業化のタ
イプとなる。

226　第Ⅲ編　東アジア三国(中国・日本・朝鮮)の18世紀における分岐と「源蓄国家」の不在

**註**

1）　エリック・L・ジョーンズ（安場保吉訳）「環境、国家と経済発展──ヨーロッパとアジアの比較史──」『社会経済史学』67-2 、2001年7月（社会経済史学会69回大会［2000年10月21日］特別講演の改稿）。Eric Lionel Jones, *Growth recurring: Economic change in world history*, 1988, Oxford, Oxford University Press、（天野雅敏・重富公生・小瀬一・北原聡訳『経済成長の世界史』名古屋大学出版会、2007年）。

2）　ケネス・ポメランツ（杉原薫・西村雄志訳）「比較経済史の再検討──「東アジア型発展径路」の概念的、歴史的、政策的含意」『社会経済史学』68-6 、2003年3月、K. Pomeranz, *The great divergence: China, Europe and the making of the modern world economy*, 2000, Princeton, NJ., Princeton University Press。

3）　本章は、2007年1月6日、京都民科歴史部会と東アジア地域研究会の共催で龍谷大学深草学舎において行われたシンポジウム「東アジア資本主義の歴史構造」における報告を文章化したものである。

4）　1871年7月に廃藩置県が行われ、貢租徴収権も中央政府に移った。以後地租改正までの間は、中央政府の地方統治能力が弱かったし、農民の租税軽減要求に押されて地租は年々減少した。

5）　1595年の徳川家康ほか5大名連署の掟に「天下領知方儀、毛見之上を以て三分之二は地頭、三分一は百姓これを取るべし」とあり、収穫の3分の2を領主取り分とするのは全国的な原則である。これは太閤検地を行った上で、検見を行って収穫の3分の2を領主がとるのであるから、その正確度は前近代では相当高いとみてよい。もちろん実際には3分の2より相当少ないであろうが、前近代の世界では稀に見る水準である。

6）　一般には、幕藩領主の貢租を封建地代とするが、その中にはかなり国家的租税が含まれている。中国・朝鮮と比較する上からも租税と表現する。

7）　中国は、宋代には間接税（塩・酒・茶の専売と商税）が多かったが、明清期には直接税が中心になった。しかし、間接税もかなり多い。朝鮮は直接税が圧倒的で、その点日本と共通するが、18世紀半ばまでは身役（賦役）・貢物（地方の特産物）がかなり多いのに対し、日本は17世紀後半からは殆ど地税になる。

第8章　「源蓄国家」の不在　　　227

　　また、朝鮮は18世紀には農民の再生産維持を目的とする還穀が財政収入の大き
　　な部分を占めていた。日本には凶作時の農民の再生産維持の救い米などはある
　　が、その額は少ないし、幕藩財政にとっては収入ではなく、支出である。

8）　江戸時代の専売制といわれている制度の中には、流通を統制し課税するとい
　　うやり方がかなり多く、特に後期には多くなる。これは西ヨーロッパでは租税
　　に入れられていることが多い。西ヨーロッパでは租税（間接税）に入るものを
　　専売と分類しているわけで、江戸時代の専売制の内容について再検討する必要
　　がある。

9）　E. L. ジョーンズ前掲『経済成長の世界史』では（133ページ）、明清時代に国
　　民生産の 8 ％を超えることはなかったとしそれを低いと評価するが、実は、こ
　　の数値はかなり過大なのである。なお、この数値は、Albert Feuerwerker, 'The
　　State and the Economy in Late Imperial China,' *Theory and Society* によっている。

10）　中国で実際に流通している銅銭は国家鋳造の良貨ではなく、私鋳銭が多かっ
　　たが、国家鋳造の銅銭が基準通貨であった。

11）　中国の歴代王朝の財政支出で最も多いのは軍事費で、その大半は北方騎馬民
　　族の侵入を防ぐための費用であった。清朝は北方民族が中国を征服して成立し
　　た国家なので、漢民族王朝のような北辺守備の必要はなかった。

12）　朝鮮の耕地面積の単位で、地種（田と畑）、土地生産性に応じて面積が異なる
　　が、大体 2〜3 ヘクタール程度。

13）　中国の胥吏に当たり、在地で支配の実務に携わる非正規の下級官吏であるが、
　　胥吏よりも社会的地位が高く、階層としての組織も持っていた。

14）　近藤治「ムガル朝時代における土地制度の変遷」（近藤治『ムガル朝インド史
　　の研究』京都大学学術出版会、2003年）。

15）　地方行政区は、州─県─郡であり、アクバル期にアーグラ州は13県、203郡、
　　アウラングゼーブ期（17世紀後半・18世紀初）に 3 万180村、1 郡は平均150村
　　位となる。1 村の戸数は、数十から百数十位であった。

16）　Angus Maddison, *Class structure and economic growth:India and Pakistan since the
　　Moghuls*, 1971, New York: Norton。
　　　ただし、E. L. Jones, *European Miracle: Environments, economies and geopolitics in*

228 第Ⅲ編　東アジア三国(中国・日本・朝鮮)の18世紀における分岐と「源蓄国家」の不在

*the history of Europe and Asia*, 1981, Cambridge University Press（安元稔・脇村孝平訳『ヨーロッパの奇跡——環境・経済・地政の比較史』名古屋大学出版会、2000年）の引用による（203ページ）。

17)　E. L. ジョーンズ前掲『経済成長の世界史』では、国民生産の33％から50％としている（132ページ）。これはレイ・チョウドリーの研究によっているが、先に述べたように公式的な建前であって実際とは大幅に違う。

18)　日本の推計より精度が相当劣ると思われるので、日本と直接比較しない方がよい。

19)　イギリスについては、主として、M. J. Braddick, *The nerves of state: Taxation and financing of the England state, 1558–1714*, 1989, Unwin Hyman、酒井重喜訳『イギリスにおける租税国家の成立』ミネルヴァ書房、2000年、及び John Brewer, *The sinews of power: War, money, and the English state, 1688–1783*, 1996, Manchester U. P.、大久保桂子訳『財政＝軍事国家の衝撃——戦争・カネ・イギリス国家 1688–1783』名古屋大学出版会、2003年、による。

20)　西ヨーロッパの絶対王政期に発達する官僚制は、近代官僚制とも東北アジア前近代の官僚制とも非常に異なる。一番大きな違いは、官僚の増加は売官によるものが多いことであり、売官収入が国家財政収入になったのであるが、逆にその官僚への給付（給与・特権など）が支出増加要因になった。また、官僚制の非能率を生んだ。イギリスはスペイン、フランスなどより官僚制の発達が遅れたために、かえって非効率で費用のかかる官僚制を抱えずに済み、それが18世紀にイギリスにとって有利な条件になった。

21)　国王収入が減少するのは、王領地の売却が大きな理由である。内戦に王党派が敗れる原因の一つは、すでに売却すべき王領地が殆どなくなっていたことである。また、国王だけでなく貴族（領主）の所領売却が一般化しており、それを購入してブルジョアが新貴族となることも多かった。後に述べるように、これが封建的土地領有が近代的土地私有に転化してゆく条件になる。東北アジアでは、中国、朝鮮は中央集権的専制国家であり、租税徴収権が私有化されて近代的土地私有権に転化することはなかったし、日本では領有権は、明治維新において国家に吸収され、土地私有権に転化することはなかった。

第8章 「源蓄国家」の不在　　　229

22)　世界市場への他律的な編入ではないことに注意すべきである。この点は朝鮮
　　も同様であり、世界市場への編入以前に、内部的に財政、更に一般化すれば、
　　国家体制が解体を始めていたのである。日本はこれと異なり、幕藩体制解体の
　　決定的要因は開国・開港、つまり世界市場への編入である。

23)　朝鮮後期の利子率については、中村哲「東北アジア（中国・日本・朝鮮）経
　　済の近世と近代（1600～1900年）――その共通性と差異性――」（中村哲編著
　　『近代東アジア経済の史的構造――東アジア資本主義形成史Ⅲ』日本評論社、
　　2007年、14ページ、本書第7章、参照。

24)　諸藩の幕末（1843年）の債務を維新政権の藩債処理から推測すると、全体で
　　藩財政収入の4年分以上と思われ、西ヨーロッパの18世紀の国家債務と同じ程
　　度か、それより少ないが、貸主の商人・金融業者の受けた影響は西ヨーロッパ
　　と非常に違う。返済の確実性が低く、特に維新政府の政策で大幅に切り捨てら
　　れたため（維新政府が引き継いだ1843年以前の古債・古借滞利は1870・71年の
　　時価にすると1億3,238万円であるが、全額切り捨てられた。それ以後の借り入
　　れには国債が交付されたが、きわめて条件が悪く（きわめて低利）、時価は交付
　　額（額面）の6分の1（1844～67年の旧債）から半分（68年以後の新債）であ
　　り、実質的には全体として8割が切り捨てられた）、貸主の商人・金融業者は大
　　打撃を受け倒産に追い込まれたものが非常に多い（以上については、中村哲「領
　　主制の解体と土地改革」歴史学研究会・日本史研究会編『講座日本歴史7　近
　　代1』東京大学出版会、1985年を参照）。西ヨーロッパでは、特に国債発行と
　　いう借り入れ方式により、利払い・償還（イギリス・オランダの国債は長期や
　　償還のない無期限のものが多かった）が確実になり特に大金融業者は大きな利
　　益を上げた。もっともこれはイギリス、オランダに関して言えることで、フラ
　　ンス、スペインには当てはまらないかもしれない。フランス、スペインは重い
　　負担に比べると財政基盤が相対的に弱かったし、金融制度の発達が遅れていた
　　ので国家の借り入れ条件がイギリス、オランダより悪く、利払い・償還が円滑
　　に行かないことが多かった。中国・朝鮮は国家が財政資金を大規模に民間から
　　借り入れることはなかった。

25)　本源的蓄積の「どの方法も、国家権力、すなわち社会の集中され組織された

230 第Ⅲ編 東アジア三国（中国・日本・朝鮮）の18世紀における分岐と「源蓄国家」の不在

暴力を利用して、封建的生産様式から資本主義的生産様式への転化過程を温室的に促進して過渡期を短縮しようとする」。「封建的農業社会から産業社会への転化に際しては、また、それに対応して行われる世界市場での諸国民の産業戦では、いわゆる自然的な方法によってではなく、強制手段によって達成される資本の加速的な発展が肝要だ……国民的資本がしだいに緩慢に産業資本に転化していくか、それとも、保護関税を媒介としておもに土地所有者や中小の農民や手工業に課される租税によって、独立直接生産者の加速的収奪によって、要するに資本主義的生産様式の諸条件の加速的形成によって、この転化が時間的に速められるかは、非常に大きな相違になる」（K. マルクス『資本論』第1巻24章「いわゆる本源的蓄積」779ページ、大月書店版『マルクス＝エンゲルス全集』23b、980ページ、第3巻47章「資本主義的地代の生成」793ページ、大月書店版全集25b、1,006ページ）。

26）　前近代中国・朝鮮は国家的土地所有（領有）で、農民（地主も含め）はその下で土地占有者である。この場合も、租税と地代は融合している。ただし、その地代は私的地代（封建的地代）ではなく、国家的地代である。註33参照。

27）　新保博・長谷川彰「商品生産・流通のダイナミックス」速水融・宮本又郎編『経済社会の成立──17～18世紀──』日本経済史1　岩波書店、1988年、第5章、234ページ。ただし、この農業生産額はかなり過少であるが。註36を参照。

28）　ただし、西ヨーロッパ諸国は南北アメリカ、東ヨーロッパとは製品輸出・一次産品輸入の貿易であり、また、西ヨーロッパ域内貿易が大きかった。日本は17世紀後半以後、産銀の減少・輸出制限によって外国貿易は後退してゆく。

29）　同時期の中国・朝鮮との比較は、中村哲前掲「東北アジア（中国・日本・朝鮮）の近世と近代（1600～1900年）──その共通性と差異性──」（本書第7章）第2節、参照。

30）　中村哲前掲「東北アジア（中国・日本・朝鮮）経済の近世と近代（1600～1900年）──その共通性と差異性──」10～11ページ、本書第7章173ページ。

31）　前近代の階級的土地所有は、生産者に対する直接的支配・隷属関係を基礎にしている。封建的土地所有もその一つであり、発達した前近代的土地所有であ

第8章 「源蓄国家」の不在　　　231

る封建的土地所有（領有）においては直接的支配・隷属関係は、裁判権・行政権・軍事権という形態をとるのである。

「前資本制的土地所有に付随している直接的支配・隷属関係の農奴制的特質についてみることにしよう。

奴隷制においては、奴隷は人格をもたない物とされているから、奴隷に対する強制は個々の奴隷主の私事であり、それを国家権力が社会的秩序として維持すればよいのであるが、農奴制の場合は、農奴が土地の事実上の所有主体にまで進化しており、したがって人格的独立性をある程度までもっているので、つまりある程度まで社会の一員（平等ではなく身分的差別を持った社会成員）であるので、個々の農奴主の経済外強制もたんなる私的形態をとるのではなく、私的なものが社会的に公認された公的形態をとらなければならない。つまり、農奴主の農奴にたいする私的な経済外強制が、直接に、農奴を含む封建社会の秩序を維持する機能であるという形態をとる。それはイデオロギー的には農民保護という形態をとるのである。したがって、農奴制的経済外強制は発展した形態では裁判権や行政権などという形態をとることになるのである。」中村哲『奴隷制・農奴制の理論』東京大学出版会、1977年、188〜189ページ。

32）　中間的地主制については、中村哲『近代世界史像の再構成——東アジアの視点から——』青木書店、1991年、第 5 章「近代東アジアにおける地主制の性格と類型」、第 6 章「近代世界における農業経営、土地所有と土地改革」、参照。なお、中国では中間的地主制を封建制であるとし、さらにそれを支配的な土地所有であるとして、2000年にわたって中国は封建制であったとする説がいまだに公式的には（個々の研究者は事実上は非封建説であることも多い）認められているが、誤りである。

33）　この点についてはマルクスの次の見解が妥当する。「直接労働者がまだ彼自身の生活手段に必要な生産手段や労働条件の「占有者」であるという形態では、どのような形態でも所有関係は同時に直接的支配・隷属関係として現われざるをえず、したがって直接生産者は不自由人として現われざるをえないということである。不自由といっても、それは夫役を伴う農奴制から単なる貢納義務に至るまでだんだん弱まるものでありうる。……彼らに直接に土地所有者として

232 第Ⅲ編 東アジア三国(中国・日本・朝鮮)の18世紀における分岐と「源蓄国家」の不在

相対すると同時に主権者として相対するものが、私的土地所有者ではなくて、アジアでのように国家であるならば、地代と租税とは一致する。……このような事情のもとでは、従属関係は、政治的にも経済的にも、この国家に対するすべての臣従関係に共通な形態以上に過酷な形態をとる必要はないのである。国家はここでは最高の領主である。主権はここでは国家的規模で集中された土地所有である。」(K.マルクス『資本論』第3巻、47章2節、798～799ページ、大月書店版『マルクス＝エンゲルス全集』25b、1,013～1,014ページ。なお、中村哲前掲『奴隷制・農奴制の理論』、特に第3章「前近代アジアの社会構成」、参照。

34) 中国・朝鮮の国家租税は、本来的に租税と地代は融合されているのにたいし、日本は中世に租税と封建地代がかなり分離していたのが、戦国時代に両者が融合してゆき、織豊時代に完成したと思われる。

35) 西村茂雄『20世紀中国の政治空間——「中華民族的国民国家」の凝集力——』青木書店、2004年、足立啓二『専制国家史論——中国史から世界史へ』柏書房、1998年、第Ⅵ章3節「中国における近代的統合の形成過程」、参照。

36) 貴族、高位聖職者、準男爵、ナイト、エスクワイア、ジェントリーを地主とした。なお、地主の所得の中には地代以外の所得も含まれているが、その額は不明である。地主の人口は15万3,520、全人口550万の2.8%を占める。地主の1人当たり所得は41ポンド、イングランド・ウエールズの1人当たり平均所得は8.9ポンドである。キングの推計は現在の研究からすると相当誤った仮定が含まれている。P.マサイアスは、「表のほとんどは計算の裏付けのない当て推量にとどまっている」(P.マサイアス『最初の工業国家』日本評論社、1972年、25ページ、その24ページにキングの推計表を載せている)と言っている。しかし大変貴重な推計であり、大雑把な数値としては十分利用できるし、実際にも利用されている。

37) 1690年の前後5年間平均の財務府受領額に10%の徴税費を加えた額(パトリック・オブライエン『帝国主義と工業化 1415–1974——イギリスとヨーロッパからの視点』ミネルヴァ書房、2000年、168～169ページ、表4-2により計算)。

38)　地主の負担した租税が二重計算されているがその額は不明である。大勢に影響はない。

39)　斎藤修「前近代経済成長の 2 つのパターン——徳川日本の比較史的位置」『社会経済史学』70-5 、2005年 1 月。

40)　中村哲『明治維新の基礎構造——日本資本主義形成の起点——』未来社、1968年、第 4 章「封建的土地所有解体の地域的特質」（1964年）170ページの表4-2 。推計方法は169・170ページに述べているが、そこでもこの実収石高は実際より 3 割程度少ない数値であるとことわっている。この推計が現在まで広く使われ、アンガス・マディソンも採用している。

41)　開港以後、急激なインフレーションで、労働者の実質賃金は大幅に低下する。それまでの実質賃金の上昇は 1 人当たり所得の上昇とあまり変わらない。

42)　斎藤修・西川俊作「徳川日本の所得分布——1840年代の長州経済——」『経済研究』58-4 、2007年10月。なお、アクバル時代のインドはイギリスよりさらに所得の不平等な社会であり、支配層（日本は武士）の 1 人当たり所得は農民の26倍になる（日本は1.8倍、イギリスは 6 倍）。ただし、これは先述した問題の多いアンガス・マディソンの推計を使っている。また、日本（長州藩で代表させている）の武士人口は総人口の10％を占めるが、インドの支配層は総人口の 1 ％に過ぎない。斎藤・西川両氏も認めるように、日本の武士は階層性が極めて大きい。イギリスと日本の比較は相当程度妥当性を持つが、インドとの比較はなお、今後の研究が必要である。

43)　南亮進『日本の経済発展と所得分布』岩波書店、1996年。なお、日本の所得格差が大きくなるのは、1920～30年代であり、1937年にはジニ係数は0.573となり、現在の世界でも最も格差の大きい国のレベルになる。日本の帝国主義的発展と重化学工業化の進展による。

44)　Alexander Gerchenkron, *Economic backwardness in historical perspective: A book of essays*, 1962, Cambridge, Massachusetts; The Belknap Press of Harvard University（絵所秀紀・雨宮昭彦・峯陽一・鈴木義一訳）『後発工業国の経済史——キャッチアップ型工業化論——』ミネルヴァ書房、2005年、ただし全部ではなく五つの章）。

234　第Ⅲ編　東アジア三国(中国・日本・朝鮮)の18世紀における分岐と「源蓄国家」の不在

45)　最近、西ヨーロッパでも中小・在来型産業の研究が進んできており、今後ガーシェンクロン・テーゼの修正が必要になる可能性が強い。代表的研究として、M. J. Piore and C. F. Sabel, *The second industrial divide*, 1984, Basic Books Inc., New York（山之内靖・永易浩一・石田あつみ訳）『第二の産業分水嶺』筑摩書房、1993年）。

46)　東アジアの小農と小農社会については、宮嶋博史「東アジア小農社会の成立」（溝口雄三・浜下武志・平石直昭・宮嶋博史編『アジアから考える6　長期経済変動』東京大学出版会、1994年）、中村哲『近代東アジア史像の再構成』桜井書店、2000年、同「東アジア資本主義形成史論」（東アジア地域研究会・中村哲編著『講座東アジア近現代史1　現代からみた東アジア近現代史』青木書店、2001年、本書第1章）、参照。

# あ と が き

　本書は、主として2001年から2010年までに発表した東アジア資本主義形成史に関する論文、あるいは報告の原稿を編集したものである。その意味では論文集であるが、ある程度全体の統一性・体系性を持ち、私の東アジア資本主義形成史研究の集大成という面もある。そのような考えに沿って論文・報告を集めたうえで、全体の構成を考えて表現などを若干修正・加筆した。

　収録論文・報告原稿について簡単に説明する。

　第1編は総論として1～3章を収めた。

　第1章　東アジア資本主義形成史序説　東アジア地域研究会（後述）が編集した講座「東アジア近現代史」の中で、私が編集担当した講座の総論に当たる第1巻の第1章。原題は「東アジア資本主義形成史論」で、「序説」はついていなかった。刊行は2001年5月。

　第2章　東アジア資本主義研究の課題　1993年12月25日、東アジア地域研究会の創立大会における報告。この頃になると、東アジア研究もかなり盛んになってきた。しかし、殆どの研究者は個別の国・地域を専門にしており、東アジア経済圏が形成されている現状に対応していないと思われた。そこで関西を中心に西日本の研究者が東アジア経済圏の全体像を議論する場を作った。数年で会員200人規模になった。第2章は、その創立大会での報告原稿であり、本書収録の他の論文よりもかなり古いが、東アジア地域研究会の研究方針とも言うべき報告であるし、私にとって思い出深い論文である。

　第3章　現代の歴史的位置　京都民科歴史部会『新しい歴史学のために』276号、2010年5月、原題には「現代世界をどうみるか」という副題がつ

いていた。この論文はリーマンショックの大不況の直後に、世界が本格的に大変動期に入ったという認識から、人口という切り口で世界の長期的な変化の見通しを立てたものである。

第2編に収めた4〜6章は、私の東アジア資本主義形成史の中心的論点の内、最も基礎的な小農社会論とそれを基盤として形成される複線的工業化論を扱っている。

第4章　小農社会と複線的工業化　2010年12月5日、中国現代史研究会のワークショップ「変動するグローバル資本主義とアジア工業化」の報告を文章化したものである。私の小農社会論と複線的工業化論を簡潔に説明しているので、本書に入れた。

第5章　小農経営の比較史的検討——日本・朝鮮・台湾　台湾人研究者を加えた最初の共同研究の成果をまとめた堀和生・中村哲編著『日本資本主義と朝鮮・台湾——帝国主義下の経済変動』京都大学学術出版会、2004年2月、所収論文。日・朝・台三国の農業統計が出そろう1930年代を中心に東アジア型小農社会である三国の小農経営を比較したもの。

第6章　転換期の1930年代東アジア　原題は「東アジアを中心とする1930年代の歴史的位置付け」で、中村哲編著『1930年代の東アジア経済——東アジア資本主義形成史Ⅱ』日本評論社、2006年2月、所収論文。20世紀前半期、特に両大戦間期は、現在と同様、世界の大変動期であった。東アジアもその中で大変動を経験した。19世紀的な帝国主義と植民地という体制が崩壊に向かい、20世紀後半の体制が形成されてくる時期である。また、日本はこの世界の大変動に逆らい自滅するが、その日本帝国主義の植民地支配体制を欧米帝国主義の植民地支配と異なる中進国型帝国主義と特徴付けた。この規定によって日本帝国主義の性格とその特徴がはっきりすると思う。

あとがき　　237

　第3編の第7・8章は内容的に私の東アジア資本主義史研究の中で一番新しい部分である。

　第7章　東アジア三国経済の近世と近代（1600〜1900年）　原題は「東北アジア（中国・日本・朝鮮）経済の近世と近代（1600〜1900年）——その共通性と差異性」（中村哲編著『近代東アジア経済の史的構造——東アジア資本主義形成史Ⅲ』日本評論社、2007年3月、所収）。

　第8章　「源蓄国家」の不在——西ヨーロッパとの決定的差異　原題は「近代移行期（17〜20世紀初）における東北アジア（中国・日本・朝鮮）経済の特徴——国家・財政を中心とする西ヨーロッパとの比較」（京都民科歴史部会『新しい歴史学のために』267号、2008年1月、所収）。

　私はこの2つの章で、今まで踏み込まなかった国家の政策・財政を取り上げた。その分析によって従来知られていなかったり、漠然としか考えられていなかったことがかなり明確になった。

　この面の私の研究は一番新しく、不十分であり、今後研究を積み重ねる必要がある。

　第8章は2007年10月6日、東アジア地域研究会と京都民科歴史部会共催のシンポジュウム「東アジア資本主義の歴史構造」の基調報告を文章化したものであるが、その趣旨説明をしたのは北原淳氏である。この趣旨説明は私の東アジア資本主義史研究について非常に理解の行き届いた、好意的な解説になっているので、本書だけではない私の考え・仕事の全体を知っていただくのに適当と考えて、ここに採録させていただく。

　北原氏はタイを中心とするが、広く東南アジア全体に関心・知識を持ち、私は東北アジア全体を研究対象にしていたので、彼は私にとって、東アジア全体を議論するのに大変都合のいい相手であった。長年、共に研究してきた親しい友人であり、私の研究のよき理解者であった。東アジア地域研

238　　　　　　　　　　あとがき

究会の創立大会でも北原氏と私の2人が報告し、その後長年委員を務め、私の後を受け継いで次の代表となり、「講座　東アジア近現代史」の編集委員・事務局長も担当した。70過ぎの若さで急逝されたのは痛恨の極みである。


〔北原淳氏の趣旨説明〕

　　中村哲氏の特別報告を京都民科歴史部会と東アジア地域研究会の共催で行うにあたり、本日の報告について、その背景となる以下のような中村氏の枠組、命題を解説し、趣旨説明に代えたいと思う。氏の一貫したテーマは「東アジア資本主義の歴史構造」であろうが、今回はむしろその各論としての国家の諸類型の比較研究の報告であり、とりわけ国家の財政に的を絞り、東アジア三国（日本・中国・朝鮮）の近世・近代移行期の国家の役割を類型的に比較史的な検討を加える、という趣旨である。

　　さて中村氏は「東アジア資本主義の歴史構造」というテーマを一貫してフォローしてきた。氏は、1980年代から、著書『近代世界史像の再構成──東アジアの視点から』（青木書店、1991年）に集約されるような画期的な問題提起を行い、資本主義発展・経済発展に関する欧米中心主義的な研究枠組みの相対化を図ることに努力してきた。眼前で進行中の東アジア経済諸国の中進資本主義国からの先進資本主義国への転化という事実をふまえて、その背景となる経済的、政治的特徴を、欧米と比較分析しながら、全構造的に、また類型的に明らかにしてきた。その成果は、本日のコメントにもあるが、基底となる小農社会（および農村工業等、地域的分業）の発展、植民地での移植型工業化の発展、東アジア全域的・国内的な複線的工業化の進行、各国ごとに異なる国

家＝経済の関係、小農と国家の中間項である農村・都市市場の発展、
といった命題であろう。

このうち全構造的な把握については、今や古典というべき著書『奴
隷制・農奴制の理論』（東京大学出版会、1977年）に集約されるような歴
史理論的な研究のベースがあろう。欧米との比較や欧米的発展の相対
化という視野も、こうしたマルクス等の古典の批判的検討による歴史
理論研究の成果であろう。

さて氏は全構造的な特徴の中では、第一に、東アジア経済発展の基
底にある小農的生産様式および労働力再生産に注目した。また、小農
経営の関連部門、とくに農村工業の発展にも注目した。その集約的な
成果は、たとえば著書『近代東アジア史像の再構成』（桜井書店、2000
年）であろう。さらに、財政等を通じた小農支配体制という国家と小
農との支配関係にも注目した。なお、北原は、1980年代に、それまで
のタイ農業調査・研究の成果をテキスト風にまとめたが（『開発と農業』
世界思想社、1985年）、これが当時たまたま中村氏の目にとまり、これ
を機に研究仲間に入れていただいて来た。これもおそらく、小著が当
時流行した従属理論に批判的なスタンスをとりながら、小農経営をベー
スとし、外資を活用したタイ経済がむしろ発展する可能性を展望し、
中村氏の壮大な枠組みにわずかにふれたからであろう。

第二に、東アジア国家の支配構造に関する全体的および類型的な考
察は、たとえば、編著『東アジア専制国家と社会・経済——比較史の
観点から』（青木書店、1993年）あたりから本格化したもようである。
氏が代表者のころ、2000年前後に、この東アジア地域研究会は一大プ
ロジェクトを組んだ。その成果が『東アジア近現代史講座』（全六巻）
であり、中村編著『現代からみた東アジア近現代史』（同講座第一巻、

青木書店、2001年）の冒頭で前近代東アジア国家支配体制・財政基盤の相対的な弱さにふれている。北原も、現代東南アジアの国家と経済・社会の関係、経済発展への役割、等について、オーストラリアのマードック大学関係研究者の議論の検討を皮切りに（季刊『経済と社会』2、1995年）、国家の中立性と効率性について検討しており、東アジア諸国との比較も興味深いと思う。

　第三の複線的工業化、第四の都市的市場の発展、等のその他の重要な命題についての解説は、理解が不十分なため、本日のコメンテーター諸氏にお任せしたい。

　さて、近作の中村「東北アジア（中国・日本・朝鮮）経済の近世と近代（1600～1900年）」（同編著『近代東アジア経済の史的構造Ⅲ』日本評論社、2007年）はこれらの中村命題を史実によって実証した集大成である。そこでは、小農経営形成、商品・金融市場の形成、国家の財政制度・小農支配体制、複線的工業化、等の中村命題を自ら検討するよう問題提起をし、研究協力者が実証的な検討を加えている。今後とも自ら、「中村命題」の理論的、実証的な検討を積み重ねるという強い意思が伝わってくる作品である。

　最後に、東南アジア経済史の視点からみると、小農基盤説は、濱下・川勝、A・リードらの提唱する東・東南アジア国際貿易基盤説とどう関係するのか、国家（とくに中国）の支配構造が、いくつかの円状の（中心から周辺へとルースに広がる）支配サークルの並列＝重層関係からなる、といった「マンダラ型」説とどう交叉するのか、といった諸点がとくに議論となろうか。簡単ながら以上をもって趣旨説明に代えたい。（京都民科歴史部会『新しい歴史学のために』267号、2008年1月、1～2ページ）

## あとがき

　本書収録論文は第2章を除けば2000年代に書かれ、一番新しいものでも公表されてから8年経っている。本書刊行が遅れたのは主として私の病気のためである。2010年、79歳で胃がんとなり、以後いろいろな病気を経験した。私にとって大変苦しい時期だった。昨年夏ようやく体が回復してきたので、まとめの作業を始めた。

　本書の刊行については、渡辺信一郎氏には汲古書院への紹介をはじめ校正に至るまで大変お世話をかけた。厚く御礼申し上げる。岡田和一郎氏には校正をお願いした。

　本書刊行を引き受けてくださった汲古書院三井久人社長、編集を担当された小林詔子氏に感謝の意を表する。

# 事項索引

### あ 行

| | |
|---|---|
| アメリカ資本主義 | 109 |
| インフラストラクチャー | 141 |
| （インフラ整備） | 66, 105, 188, 189, 204, 207, 216 |
| 移植工業 | 47 |
| （移植型近代的大工業） | 23 |
| （移植型工業化） | 22, 104, 105, 189, 201, 238 |
| （移植型大企業） | 225 |
| （移植型大工業） | 105, 143, 188, 225 |
| （移植大工業） | 56 |
| 域内経済 | 21 |
| 域内市場 | 34, 104 |
| 域内貿易 | 21～24, 34, 44, 45, 104, 230 |
| 欧米資本主義 | i, ii, 22, 44, 46, 54 |
| 欧米主導の世界体制 | 21, 38 |
| 欧米帝国主義 | 147, 236 |

### か 行

| | |
|---|---|
| 家族経営 | 147 |
| 家族労働力 | 18, 101, 115～117, 124, 168, 192 |
| 過剰労働力 | 50, 118 |
| 開発途上国 | 42, 47, 49, 50, 52, 53, 56～60, 149 |
| 開発独裁 | 25, 34, 41, 43, 57 |
| （開発独裁体制） | 57 |
| （独裁体制） | 57 |
| 外国資本 | 25, 63, 108, 141, 201 |
| 間接税 | 206, 212～214, 226, 227 |
| 環シナ海交易圏 | 11～14, 16, 20, 23, 126 |
| 機械制工場 | 190 |
| 技術移転 | 14, 15, 48, 102, 127, 170, 219 |
| （先進技術の移転） | 121 |
| （先進技術を導入） | 18, 126, 127 |
| 休閑除草 | 37, 100 |
| 休閑農法 | 16, 191 |
| 近代化 | 22, 23, 29, 53, 55, 57, 58, 110, 119, 142, 143, 156, 187, 200, 213～216, 224 |
| （近代経済化） | 144 |
| （経済近代化） | 57 |
| （政治体制の近代化） | 58 |
| 近代工業社会 | 165 |
| 近代的大農場 | ix |
| （ラティフンディオ） | ix, 52, 201 |
| 金融資本主義 | 45, 66, 68 |
| 銀 | 10～12, 15, 16, 21, 29, 46, 48, 65, |

66, 87, 103, 111, 143, 153, 158, 170,
181〜183, 186, 188, 195, 197, 207,
208, 219, 224, 230

（銀ドル） 111

（南米銀） 12

（日本銀） 12

（メキシコドル） 111

グローバル資本主義 66, 113, 236

（資本主義のグローバル化） 74

経営の多角化・複合化 118, 192

経済社会 172, 193, 194, 230

兼業化 17, 18, 50, 128

（兼業の発達） 50, 127, 129

権威主義 35, 57, 58

権威主義体制論 57

（東アジアの権威主義体制） 58

源蓄国家 104, 217, 218, 225, 237

雇用労働力 116, 117, 130, 168

（雇用労働） 117, 148, 168

工業化 vi, 19, 21〜23, 25, 28, 32〜34,
30, 31, 42, 46〜50, 53〜56, 59, 62,
63, 87, 102〜105, 108, 110〜113,
122〜125, 128, 131, 132, 135, 137,
140〜146, 148, 154〜156, 159, 163,
174, 186〜192, 199〜201, 204, 214
〜216, 219, 224, 225, 232, 233, 236,
238, 240

工場制手工業 110, 111, 143, 156, 190,
200

交易ネットワーク 11

後進資本主義国 71

国際分業 14

国内市場 25, 51, 66, 111, 112, 139, 145

国家財政 19, 80, 182, 187, 188, 196,
208, 210, 212, 213, 215, 218, 228

国家資本主義 71〜73, 88〜90

（戦時国家資本主義） 72, 89

## さ 行

在来型工業化 105, 143, 191

（在来的中小工業化） 189

在来産業 22〜24, 105, 110, 111, 128,
156, 158, 199, 225

在来産業の近代化 23

財政的物流 177

産業革命 iv, ix, 7, 20, 22, 23, 34, 38, 84,
103, 104, 117, 136, 156, 163, 196,
217, 219, 223〜225

産業資本 20, 38, 45, 110, 143, 152,
156, 230

市場経済 41, 43, 54, 103, 171, 172

資本主義化 i, iv, vi, x, 16, 19, 32〜35,
41, 43, 44, 53, 55, 59, 60, 74, 76, 79,
80, 82, 104, 108, 109, 124, 125, 128,
135, 147, 148, 164, 199, 201, 223

資本主義人口 76

資本主義成熟 71

（資本主義の成熟） 73, 74, 77, 81

事項索引 シ～ショウ 245

（資本主義は成熟期） 75

（成熟資本主義） 83, 108

資本主義的関係 53, 74, 75, 89, 147

資本主義的工業化 34, 46～49, 59

資本主義的広域経済圏 163

資本主義的大経営 164, 165

資本主義的農業 165

資本主義の形成 i, ix, 6, 60, 135, 163,
164, 201, 204, 217

資本主義の終焉 68, 73

資本主義部門 72, 75, 86, 109, 147～
149

資本制家内工業 190

自立的小農 166, 167, 169, 170, 171,
192

（小農の自立） 170

自立的小農の形成 165, 166, 171, 201

（自立的小農が成立） 166

（自立的小農経営） 137, 164

（自立的小農の一般的形成） 101, 169

（小農の経営的自立性） 168, 192

社会主義経済 54, 214

集権 172, 183, 185, 189, 207, 208, 218,
220, 228

19世紀資本主義 63, 68, 71, 83, 89,
107, 112, 136～138, 146

（19世紀資本主義体制） 48

19世紀的産業資本主義 20

重化学工業化 32, 48, 49, 146, 233

重化学工業部門 28, 54

初期資本主義 19, 23, 143, 156, 173

小家族 10, 98, 164, 169

（単婚小家族） 10

小経営 19, 79, 86, 147, 157

（小経営生産様式） 79, 85～87

小経営的発展 49, 50

小資本家経営 19, 110, 143

小商品生産的小農の一般的成立 171

小農 ix, x, 10, 12, 17, 18, 27, 98, 100,
101, 105, 115, 116, 127～129, 164
～171, 173, 192, 193, 201, 218, 223
～225, 234, 239

（自立的・安定的な小農が形成） 98

小農化 117, 130

小農基盤説 240

小農経営 16, 18, 19, 52, 54, 101, 115～
118, 121, 126～130, 137, 145, 164,
165, 167, 169, 171, 186, 192, 215,
236, 239, 240

（小規模な農業経営） 164

小農経営の一般的形成 117, 127, 128

（小農経営が一般化） 116

（小農経営の一般的・社会的形成） 115

小農経営の発達 12, 17, 18, 50, 102,
116, 118, 122, 192

小農経済 12, 99, 182

小農支配体制 239, 240

小農社会 vi, 10, 11, 18, 35, 36, 87, 98,

99, 103, 104, 112, 115, 116, 123,
126, 127, 129, 132, 164, 165, 171,
172, 189, 191, 196, 201, 204, 219,
234, 236, 238

小農社会の形成　103, 115, 126, 133,
169

（小農社会形成）　　　　　112

小農社会の成立　8, 10, 35, 98, 101,
103, 110, 117, 118, 126, 127, 133,
170, 193, 234

（小農社会が成立）　10, 98〜100, 102,
105, 116, 126, 127, 164, 171, 201,
210

（小農社会の一般的成立）　　171

（自立的・安定的小農の形成）　10

小農的生産様式　　　　　　239

小農民　　　　　　　　　　61

小農民経営　　　50〜52, 62, 63

小農民の多角的・複合的な発展　50

商業資本　16, 45, 54, 55, 176, 178, 179,
182

商品化　119〜122, 124, 128, 129, 133,
182

商品化率　　　　119, 120, 131

（小農経営の商品化・集約化）　129

商品貨幣　　　　　　　　　12

商品経済　11, 120, 182, 185, 197, 206

商品経済化　　　　　　11, 182

商品経済の発達　10, 127, 209, 216

商品生産化　　　50, 119, 120, 125

植民地　　i, iv〜viii, 6, 20, 27〜29, 31〜
33, 38, 39, 45〜47, 58〜63, 71, 87,
88, 99, 105, 106, 108, 109, 111, 112,
116, 119〜121, 124, 125, 127〜132,
135〜137, 139〜142, 144〜147,
150〜152, 154〜158, 169, 189, 191,
193, 199, 209, 221, 236, 238

植民地支配　iv, v, 58, 60, 61, 63, 147,
151, 152, 236

（欧米帝国主義の植民地支配）　236

（開発主義的植民地支配）　　147

（資本主義的な植民地支配）　　iv

（日本帝国主義の植民地支配）　iv, 236

植民地の資本主義化　　　　iv

新興国　　　　59, 65〜68, 79, 89

（新興資本主義国）　　　67, 107

（新興諸国）　　　　　80, 112

世界経済　i, 20, 33, 41, 42, 44, 47, 49,
65〜69, 74, 87, 88, 106, 108, 137,
150, 152, 158, 193, 194

世界市場　20, 21, 23, 32, 34, 38, 44, 45,
47, 49, 54〜56, 59, 65, 66, 72, 103,
104, 106, 124, 128, 129, 138, 149,
189, 191, 200, 217, 218, 221, 225,
229, 230

世界資本主義　ix, 33, 44, 45, 51, 56, 62,
68, 69, 99, 107, 138, 149, 172, 191,
196

事項索引　セ〜チュウ　　247

世界資本主義の成立　　74, 136

政府主導の工業化　　188

先進国　　6, 23, 33, 41, 42, 46〜49, 56,
59, 60, 67, 71, 73, 77, 78, 80, 89, 90,
97, 106, 112

（先進諸国）　　63, 77, 109

先進国化　　6, 43, 48, 53, 54, 75, 81, 90,
105, 135

先進資本主義　　43, 47, 72, 74, 82, 88

先進資本主義化　　34, 74, 82

先進資本主義国　　33, 42, 47, 54, 66, 68,
74, 76, 77, 80, 83, 148, 238

（先進資本主義諸国）　　79, 80

専制国家　　81, 129, 172, 183, 193, 195,
197, 207, 208, 210, 211, 217, 218,
220, 221, 222, 228, 232, 239

（専制帝国）　　7

（前近代専制国家）　　210

前小農社会　　115

### た　行

他人労働力　　116

多角化　　17, 50, 101, 117, 118, 127, 131,
142, 192

台湾人資本　　32

大規模経営　　168

大工業　　23, 50, 53, 56, 104, 105, 143,
188, 204, 225

（工場制）　　111, 200, 204

地代　　38, 218, 221, 222, 226, 230, 232

中央集権的専制国家　　172, 183, 208,
218, 220, 228

（中央集権国家）　　183, 185, 189, 207

中間層　　x, 53, 148, 157

（中間階層）　　148

中間的地主制　　116, 130, 192, 221, 222,
231

中耕農法　　16, 191

（中耕除草）　　16, 37, 100, 167

中国資本主義　　25, 26, 135

中国の資本主義的発展　　26, 27

中小企業　　49, 54, 55, 139

（中小零細企業）　　x, 104, 105, 225

中小工業　　x, 23, 54, 55, 128, 187, 189,
191, 199〜201

（在来型中小零細工業）　　112, 143, 150

（在来的中小工業化）　　189

（中小零細工業）　　53〜56, 105, 112,
143, 150, 201

（零細工業）　　23, 53〜56, 105, 112,
129, 143, 150, 201

中小資本　　vi

中進国　　75, 90, 148〜150, 152, 157

（中進諸国）　　77

中進国型帝国主義　　236

中進国的条件　　147

中進資本主義　　110, 157

中進資本主義化　　33, 34, 43

（中進資本主義的発展）　　43

中進資本主義国　　65, 67, 80, 81, 109,
　　110, 147, 238

（新興中進資本主義国）　　109, 110

中進資本主義段階　　75

（中進資本主義国段階）　　74

中農標準化　　122〜124, 167

朝鮮人資本　　vi, 28, 32, 63

直接税　　181, 206, 213, 226

賃労働　　17, 19, 50, 53, 55, 74〜76, 84,
　　88, 90, 101, 115, 129, 131, 164, 165,
　　192, 224

帝国主義　　iv, vi, viii, 6, 27, 33, 45, 46, 59
　　〜61, 63, 71, 109, 110, 112, 123,
　　130〜132, 137, 138, 147, 155, 157,
　　199, 201, 232, 233, 236

帝国主義的工業化　　48

帝国主義的・植民地体制　　137

土地資本　　101, 166

途上国　　6, 41, 42, 47, 49, 50, 52, 53, 56
　　〜60, 66, 67, 76, 79, 89, 149, 156

（途上諸国）　　67, 80

東北アジア　　i, iii, v, ix, 6, 8, 10, 11, 16〜
　　20, 33, 35, 41, 50, 64, 93, 99, 101〜
　　106, 112, 115, 116, 140, 150, 154,
　　163〜166, 171, 172, 187, 189, 192,
　　193, 196, 201, 203, 204, 210, 217,
　　220〜223, 228〜230, 237, 240

（東北アジア沿海部）　　10, 11, 98〜100,
　　102, 126, 164〜166, 171

（東北アジア、特にその沿海部）　　164

東北アジア工業化　　186

東北アジア三国　　187, 191, 203, 204,
　　211, 217

（東アジア三国）　　237, 238

東北アジアの小農経営　　121, 165, 192

銅銭　　12, 183, 208, 227

独自的資本主義的生産様式　　86

問屋制家内工業　　19, 110, 111, 143,
　　148, 190, 200


### な　行

NIEs　　33, 34, 42〜44, 47, 48, 53, 54, 57,
　　60, 62, 74, 88, 135, 215

（NIEs化）　　32〜34, 43, 44, 135, 142

（NIEs論）　　43

（アジアNIEs）　　33, 34, 43, 47, 48, 54,
　　60, 74

（東アジアNIEs）　　43, 48, 74

NICs　　42, 60

（NICs論）　　42

20世紀型産業　　145

20世紀資本主義　　27, 35, 42, 48, 63, 68,
　　69, 71, 73, 83, 88, 89, 107, 112, 136
　　〜138, 146, 155

（20世紀システム）　　73

（20世紀世界資本主義システム）　　68

21世紀資本主義　　35, 42, 73, 83, 88,

107, 136, 155

日本資本主義　vii, x, 22, 26, 28, 32, 34, 54, 105〜107, 109, 121, 128, 132, 138, 149, 155, 157, 158, 195, 199, 201, 233, 236

日本人資本　32, 119

日本大資本　vi

日本の工業化　21〜23, 104, 105, 140, 141, 143, 154, 187, 199

（日本の工業化・資本主義化）　148

西ヨーロッパ　ii, ix, x, 6〜8, 10〜12, 14 〜16, 18, 19, 33, 36〜39, 41, 42, 50, 52〜54, 57〜59, 71, 78, 82, 87, 91, 98〜103, 115, 126, 163, 164, 166, 174, 175, 181, 189, 191, 196, 203〜 207, 210〜213, 217〜225, 227〜 230, 234, 237

西ヨーロッパ資本主義　70

西ヨーロッパの小農経営　165, 192

農業労働力　116〜118

農村工業　18, 19, 23, 99, 102, 192, 204, 223, 224, 238, 239

（農村工業化）　192

農村定期市　175

（農村の定期市）　175〜177

は　行

非資本主義　73

非資本主義的関係　74, 147

非資本主義部門　72, 75, 86, 109, 147, 148

東アジア域内貿易　22, 44

東アジア型小農　225

東アジア経済　i〜iii, v, viii, ix, 5, 22, 34, 35, 29, 66, 93, 108, 109, 113, 135, 137, 146, 147, 198, 200, 203, 229, 235〜240

東アジア経済圏　i, ii, 34, 35, 66, 108, 113, 235

東アジア経済発展　i, 34, 239

東アジア工業化　137

東アジア広域交易圏　101, 102, 126, 170, 171, 219

東アジア交易　12, 36, 126, 127

東アジア交易圏　121, 126, 127

東アジア資本主義　i〜iv, viii, 5, 6, 20, 41〜44, 54, 59, 60, 63, 93, 109, 112, 129, 158, 163, 191, 194〜196, 198, 200, 204, 226, 229, 234〜238

東アジア資本主義の形成　i, 6, 60, 163, 204

東アジア・太平洋経済圏　28, 33, 112, 146

東アジアの国際経済関係　152

東アジアの小農経営　118

東アジアの発展　97

ブロック経済化　32, 106, 138, 152, 154

プロト工業化　19, 102, 103, 132, 156

複合経営　　　　　　　　　　18

複線的工業化　104, 105, 110, 112, 143,
　　187, 189, 204, 219, 225, 236, 238,
　　240

複線的発展　　　　　23, 143, 148

（複線的な発展）　　　　　　23

分益農制　　　　　　　　　168

分権　　　　　　　　　　　172

本源的蓄積　　38, 104, 223, 229, 230

## ま 行

マニュファクチュア　　　19, 111

ミニフンディオ　　　　ix, 52, 201

## や 行

輸入代替　　15, 25, 48, 112, 138, 139,
　　144, 146, 195

（第1次輸入代替）　　　　　25

（第2次輸入代替）　　　　　48

輸入代替工業化　25, 46, 110～112, 143
　　～146

輸入代替路線　　　　　　　144

## ら 行

労働需要　　　　　17, 101, 192

労働集約化　　　　　　　　118

労働力再生産　　75, 84～86, 90, 147,
　　148, 239

（労働力の再生産）　　75, 90, 147, 148

（労働力の再生産・供給システム）　149

**著者略歴**

中村　哲（なかむら　さとる）

1931年7月15日　愛知県岡崎市に生まれる
1959年　京都大学大学院文学研究科博士課程中退・京都大学人文科学
　　　　研究所助手
龍谷大学経営学部助教授、京都大学経済学部教授、福井県立大学経済・
経営学研究科教授、鹿児島国際大学経済学研究科教授を歴任

〔主著〕
『明治維新の基礎構造』未来社、1968年
『奴隷制・農奴制の理論』東京大学出版会、1977年
『近代世界史像の再構成——東アジアの視点から』青木書店、1991年
『明治維新』（日本の歴史16）集英社、1992年
『近代東アジア史像の再構成』桜井書店、2000年


# 東アジア資本主義形成史論

2019（平成31）年4月25日　発行

著　者　中　村　　哲

発　行　三　井　久　人

製版印刷　窮　狸　校　正　所
　　　　　株式会社 理　想　社

発行所　汲　古　書　院
〒102-0072　東京都千代田区飯田橋2-5-4
電話 03（3265）9764　FAX 03（3222）1845

ISBN 978-4-7629-6631-6　C3022
Satoru NAKAMURA　©2019
KYUKO-SHOIN, CO., LTD. TOKYO
＊本書の一部又は全部及び画像等の無断転載を禁じます。